세계
민담
전집

세계 민담 전집

13

아랍 편

김능우 엮음

세계 민담 전집을 펴내면서

민담이란 한 민족이 수천 년 삶의 지혜를 온축하여 가꾸어 온 이야기들입니다. 그 민족 특유의 자연관, 인생관, 우주관, 사회 의식이 속속들이 배어 있는 민담은 진정 그 민족이 발전시켜 외부와 교통해 온 문화를 이해하는 골간입니다. 세계화 시대를 맞아 국경의 의미가 나날이 퇴색되고 많은 사람들이 인류 공통의 문제를 피부로 느끼는 지금, 한편으로는 국가와 민족, 인종 간의 몰이해로 인한 충돌이 더욱 빈번해져 가고 있습니다. 서로의 문화를 진정으로 이해해야 할 필요성이 더욱 커진 오늘, 한 민족의 문화에서 민담이 갖는 중요성을 생각할 때, 우리나라에 아직 믿고 읽을 만한 민담 전집이 없다는 것은 여러모로 불행한 일이 아닐 수 없습니다.

지금까지 세계 여러 민족의 옛이야기들이 전혀 출판되지 않았던 것은 아니지만, 개별적으로 나와 망실되고 절판된 데다가 영어나 일본어 판에서 중역된 것이 대부분이었고, 그나마 아동용으로 축약 변형되어 온전한 모습으로 소개되지 못했습니다. 황금가지에서는 각 민족의 고유 문화를 이해하는 실마리가 될 민담을 올바르게 소개하고자 다음과 같은 원칙에 따라 편집을 진행하였습니다.

첫째, 근대 이후에 형성된 국가의 구분에 얽매이지 않고 더 본질적인 민족의 분포와 문화권을 고려하여 분류하였습니다. 국가적 동질성과 문화적 동질성이 반드시 일치하지는 않기 때문입니다.

둘째, 각 민족어 전공자가 직접 원어 텍스트를 읽은 후 이야기를 골라 번역했습니다. 영어 판이나 일본어 판을 거쳐 중역된 이야기는 영어권과 일본어권 독자들의 입맛에 맞도록 순화되는 과정에 해당 민족 고유의 사유를 손상시켰을 우려가 높습니다. 황금가지 판 『세계 민담 전집』은 해당 언어와 문화권을 잘 이해하고 있는 전공자들이 엮고 옮겨 각 민족에 가장 널리 사랑받는 이야기, 그들의 문화 유전자가 가장 생생하게 드러나는 이야기들을 가려 뽑도록 애썼습니다.

셋째, 기존에 알려져 있던 각 민족의 대표 민담들뿐 아니라 그동안 접하기 힘들었던 새로운 이야기들을 여럿 소개합니다. 또한 이미 들은 적이 있는 이야기일지라도 축약이나 왜곡이 심했던 경우에는 원형에 가까운 형태로 재소개했습니다.

황금가지 판 『세계 민담 전집』은 또한 작은 가방에도 들어가는 포켓판 형태로 제작되어 간편하게 들고 다니며 읽을 수 있게 하였습니다. 세계를 여행하면서 그 지역에 뿌리를 두고 자라난 이야기들을 읽고 확인하는 것도 이 전집을 읽는 또 다른 즐거움이 될 것입니다.

세계 민담 전집 편집부

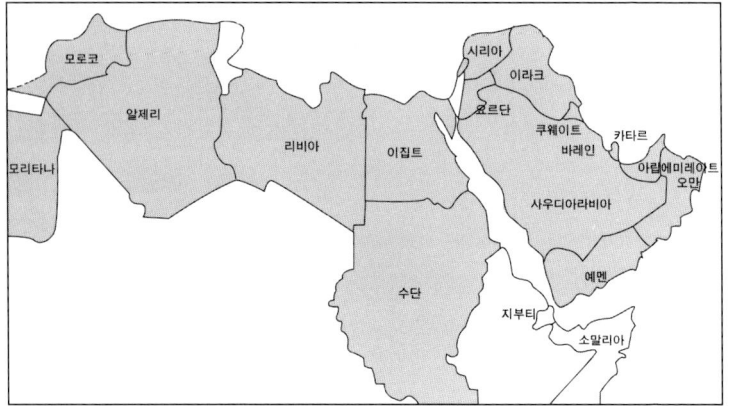

●──오늘날 아랍 국가라고 하면 중동 지역과 북아프리카 일대에 걸쳐 이어진 20여 개국을 말한다. 그중에는 아라비아 반도와 그 주변에 위치한 사우디아라비아·예멘·쿠웨이트·이라크·시리아·요르단 등과 북아프리카의 이집트·알제리·튀니지·모로코 등이 있다. 이들 국가의 유일한 공통점은 바로 단일 언어인 아랍 어를 모국어로 사용하고 있다는 점이다. 곧 이들은 아랍 어라는 매개체로 통합된 문화와 역사 의식을 공유하고 있다.

차 례

황금가지 세계 민담 전집   아랍 편

새의 말을 알아듣는 현자 ●●● 9
돌팔이 의사와 아들 ●●● 22
돈을 주고 산 격언 ●●● 25
세 동행자가 겪은 고난 ●●● 43
굴의 방귀에서 생긴 딸 ●●● 48
나무꾼과 보물 ●●● 57
방탕한 주인집 아들을 깨우친 청년 ●●● 66
공주에게 받은 수모를 되갚은 왕자 ●●● 78
지혜로써 생계 문제를 해결한 미망인 ●●● 88
순결한 처녀와 혼인해야 하는 이유 ●●● 103
용감한 도둑을 사랑한 술탄의 외동딸 ●●● 113
주하 이야기 하나: 정령 흉내를 낸 주하 ●●● 127
주하 이야기 둘: 친구의 정원을 되찾아 준 주하 ●●● 131
주하 이야기 셋: 배우자 선택에 관한 주하의 충고 ●●● 134
세 가지 유언 ●●● 137
영양을 구해 준 왕자 ●●● 151
이혼을 밥 먹듯 하는 남자 ●●● 164
용감한 청년 쿠라이아 ●●● 171
영리한 하산과 명마 수루르 ●●● 184
죽음의 문턱에서 살아난 룸마나 공주 ●●● 197
나무꾼 마르주크와 세 딸 ●●● 215
사냥꾼과 깃털 모자를 쓴 미녀 ●●● 234
세 자매가 겪은 기이한 이야기 ●●● 249
이프리트에게 납치된 처녀 ●●● 266

무할할의 맹세 ●●● 275
이프리트를 만난 부자 형과 가난뱅이 동생 ●●● 282
카마르 알 자만 왕자와 샴스 알 둔야 공주 ●●● 291

해설 | 아랍 민담을 소개하며 ●●● 319

새의 말을 알아듣는 현자

옛날 옛적 페르시아 지방에 어느 왕국이 있었다. 영토는 사방으로 끝없이 펼쳐져 있었고 아버지에서 아들로 대대손손 왕위가 이어져 내려오는 기반이 탄탄한 왕국이었다. 왕국은 번영을 거듭했고 통치자의 권위는 절대적이었다.

이 왕국의 역대 통치자 중 한 사람인 술탄^{이슬람교국을 다스리는 왕. 군주}은 방탕하고 놀기를 좋아했다. 신하들 역시 방탕한 생활을 하면서 술탄의 비위를 맞추고 알랑거렸으며 옳은 말을 하는 충신들을 술탄한테서 멀리 떨어뜨려 놓았다.

지방을 다스리는 족장들과 총독들도 술탄이 나랏일을 제대로 돌보지 않는다는 것을 알고 있었다. 술탄은 그들에게서 값비싼 선물이나 보물을 받는 대가로 그들이 멋대로 백성을 부리는 것을 내버려두었다.

나라를 다스리는 데 무관심한 술탄 때문에 왕국은 점차 가난해졌고 백성도 살기 어려워졌다. 지방 총독들과 족장들이 수탈과 폭정을 일삼는 가운데 땅에서는 곡식이 나지 않았고 가축들은 젖이 나오지 않았다. 충직한 신하들은 기회가 있을 때마다 이런 상황을 술탄에게 알리려고 했으나 간신들 때문에 술탄을 만날 수조차 없었다.

날이 갈수록 백성의 생활은 더욱 비참해졌다. 그러나 술탄은 백성의 어려움을 모른 채 향락에만 빠져 지냈다. 백성은 불안해했고 날로 어려워지는 생활에 초조해졌다.

그러던 어느 날 한 지방의 백성이 견디다 못해 다급히 현자를 찾아갔다. 현자에게 나라의 위급한 상황을 설명하고 도움을 청하기 위해서였다.

"당신이 우리 대신 술탄을 만나 지금 우리가 겪는 폭정과 수탈이 얼마나 고통스러운지 말씀해 주십시오. 또한 지금 당장 부정한 지방 총독들을 새로운 사람으로 바꿔 달라는 것도요. 공정하게 일을 처리하지 않고 백성을 못살게 구는 관리들한테 가차없이 벌을 내려 달라는 말씀도 전해 주십시오."

그들의 간절한 부탁을 듣고 나서 현자가 답했다.

"당장은 술탄을 뵐 방법이 없으니 내게 시간을 좀 주시오. 술탄을 뵐 방법을 찾아보도록 하겠소. 그러고 나서 술탄의 마음을 움직일 간언을 드려 보리다."

사람들은 현자의 말에 동의했고 며칠 후 다시 만나기로 약속하고 돌아갔다.

며칠이 지나 다시 만난 자리에서 현자가 말했다.

"술탄을 만날 수 있는 방도를 알아냈소. 이제 술탄을 만나 지방 총독들과 족장들의 폭정을 막아 달라고 설득해 보겠소."

사람들은 현자가 무슨 방법을 생각해 냈는지 궁금했지만 더는 묻지 않았다. 생각이 깊고 학식과 견문이 높은 현자가 어렵히 알아서 잘하리라고 믿었던 것이다. 그들은 현자에게 감사를 표하고 일이 성공리에 끝나기를 기원했다.

"이 일을 성공적으로 끝내기 위해서는 금화와 은화가 한 자루씩 필요하오."

현자의 말에 사람들은 궁핍한 처지였음에도 불구하고 얼마 남지 않은 식량 중 일부를 팔아 금화와 은화를 마련해 주었다. 그러자 현자가 말했다.

"여러분 중에서 두 명을 뽑아 주십시오. 그 두 사람에게 이 돈을 놓아둘 비밀 장소를 알려 줄 것이오. 나머지 분들은 각자 일터로 돌아가도록 하십시오."

사람들은 두 사람을 뽑은 뒤 각자 흩어졌다. 현자는 선택된 두 사람에게 말했다.

"이 금화 자루를 내가 정하는 장소에 묻고 난 뒤 그 위에 나만 알아볼 수 있는 표시를 해 주시오. 또 은화 자루도 내가 정하는 다른 장소에 묻고 역시 표시를 해 두시오. 그리고 절대 비밀을 지켜야 한다는 것을 잊지 마시오. 만약 누군가 이 비밀을 아는 날에는 우리 계획은 수포로 돌아갈 것이고 모든 노력은 허사가 될 것이오."

두 남자는 금화와 은화 자루를 들고 가서 각각 지정된 장소에 묻었다. 일이 끝난 후 현자는 술탄을 만나러 도시로 갔다. 그러고는 술탄의 궁전 근처에 있는 어느 집에 묵었다.

현자는 그 집에서 여행의 피로를 풀고 난 뒤 준비해 간 고급스러운 옷으로 갈아입었다. 그러자 현자는 위엄과 덕망을 갖춘 인물로 보였다. 술탄의 궁전으로 향한 현자는 궁전 대문 앞에 멈춰 서서 문지기에게 말했다.

"나는 먼 나라에서 온 사람으로 술탄께 문안 인사를 드린 뒤 긴히 전할 계시가 있소."

"그러면 당신이 받은 계시 내용을 이 종이에 쓰도록 하시오. 내가 그것을 술탄께 전해 드리리다."

문지기의 말에 현자는 자신이 직접 궁 안으로 들어가야 하는 이유를 밝혔다.

"이 계시는 복잡한 의미를 갖고 있소. 또 계시를 설명하려면 많은 상징과 기호가 필요한데 이를 글로 적는 것은 불가능하오. 그러니 술탄을 직접 뵙고 그 비밀에 관해 말씀드렸으면 하오."

술탄 주위에 들끓는 간신들은 술탄과 만나려는 모든 사람의 접근을 막았고 문지기한테도 아무나 들여보내지 말라고 일러두었다. 그러나 문지기는 현자의 품위와 위엄에 마음이 움직여 술탄을 직접 찾아가서 현자의 이야기를 전했다. 때마침 간신들의 무리가 자리를 비운 상태였고 술탄도 기분이 좋았으므로 현자의 계시를 듣고자 했다.

현자는 술탄 앞으로 나아가 공손히 예를 갖추고 격조 높은 말투로 이야기했다. 술탄은 그의 말에 신중히 귀를 기울였다. 그러나 현자는 다른 이야기를 할 뿐 계시에 대한 말은 꺼내지 않았다. 술탄이 계시에 대해 묻자 현자는 답했다.

"사실 계시 같은 것은 없습니다. 전하를 뵙기 위해 어쩔 수 없이 계시라는 묘책을 꾸며 냈던 것입니다. 하지만 제게는 계시보다 더 나은 것이 있습니다."

"그게 무엇이오?"

"알라_{이슬람교의 유일 · 절대 · 전능의 신}께서는 제게 새의 말을 알아들을 수 있는 힘을 주셨습니다. 가령 '까악까악'이나 '구구구' 새의 휘파람 소리 등 모든 새소리의 뜻을 알아들을 수 있습니다. 전하, 새들은 사람이 볼 수 없는 것을 보는 눈이 있습니다. 알라의 은총으로 새들은 단시간에 먼 거리를 날아갑니다. 특히 새들 중 후투티^{날개와 꽁지에 검고 흰 줄무늬를 가진 몸길이 28센티미터 정도의 새}는 땅속을 꿰뚫어 보는 능력을 갖고 있어 땅 밑에 있는 물이나 보물을 쉽게 찾아냅니다."

이 말에 귀가 솔깃해진 술탄은 흥미가 당겨 현자에게 말했다.

"그대는 얼마 동안 궁에 머물러 있도록 하시오. 그대의 말이 사실인지 확인하고 싶소."

이렇게 해서 현자는 궁에 머무르게 되었다. 하루는 두 사람이 함께 있을 때 까마귀 두 마리가 머리 위로 날아갔다. 그중 한 마리가 다른 까마귀에게 울음소리를 내자 술탄이 현자에게 물었다.

"저 까마귀가 뭐라고 하는 거요?"

"저 까마귀가 지금 어떤 장소에 금화가 있다고 말했습니다. 저는 그곳이 어디인지 설명할 수 있습니다."

술탄은 즉시 현자가 일러 준 장소로 사람들을 보내 금화를 가져오도록 했다. 몇 시간 후 부하들이 손에 보물을 들고 돌아오자 술탄은 매우 흡족해했다. 기분이 좋아진 그는 현자를 극진하게 대접하라고 명했다.

다음 날 술탄은 시종들을 거느리고 현자와 함께 앉아 있었다. 그날도 현자는 새가 지나가기를 기다리며 또 다른 새의 말을 술탄에게 해석해 줄 기회를 엿보고 있었다. 잠시 후 까마귀 두 마리가 날아가며 한 마리가 다른 한 마리를 향해 '까악까악' 하고 울자 술탄이 현자에게 까마귀가 또 무슨 말을 하는지 물었다.

"저 새는 어떤 장소에 은화가 묻혔다고 말했습니다. 제가 그곳이 어딘지 말씀드리겠습니다."

현자의 말을 듣고 술탄은 시종들을 시켜 그 장소에 가 보라고 했다. 그리고 몇 시간 후 그들은 은화를 들고 돌아왔다.

두 차례의 시험이 성공적으로 끝나자 술탄과 신하들은 현자가 정말로 새의 말을 알아듣는 놀라운 능력을 지녔다고 믿게 되었다. 그들 눈에 현자는 대단한 사람처럼 보였다.

술탄은 현자에게 자신의 고문이 되어 달라고 청했고 현자는 그 제안을 흔쾌히 수락했다. 이렇게 해서 현자는 궁에 머물며 술탄이 신하들과 함께 나랏일을 의논하는 회의에도 참석할 수 있게 되었다. 회의 때마다 술탄은 현자의 식견과 정확한 판단, 그리고 뛰어난 말솜씨에 감탄했다.

하루는 회의 중에 참석자들 머리 위로 까마귀 두 마리가 다시 날아갔다. 이번에도 까마귀 한 마리가 다른 한 마리에게 '까악까악' 하고 울어 댔고 술탄은 현자에게 까마귀가 무슨 말을 하는지 물었다. 현자는 지금이야말로 까마귀의 말을 빌려 술탄에게 간언을 드릴 수 있는 절호의 기회라고 생각했다. 술탄이 재차 묻자 현자는 잠시 고개를 떨어뜨리고 깊은 생각에 잠긴 듯한 표정을 지은 뒤 고개를 들며 말했다.

"저 까마귀는 저 혼자만 알고 있어야 할 일을 말하고 있습니다. 까마귀가 하는 말의 의미를 정말로 알고 싶으시다면 전하만 계신 자리에서 따로 말씀드리겠습니다."

그러자 술탄은 즉시 자리에서 일어나 현자의 손을 잡고 옆방으로 들어갔다. 단둘이 있게 되자 현자가 말했다.

"까마귀는 자기 동료에게 전하의 왕국 이야기를 했습니다."

그러자 술탄이 궁금해하는 표정을 지으며 물었다.

"대체 까마귀가 뭐라고 했단 말이오?"

"까마귀는 이대로 간다면 왕국은 가난해지고 백성도 점차 살기 어려워질 거라고 했습니다. 그러다 결국 온 도시와 마을이 폐허가 되어 부엉이와 까마귀들의 소굴로 변해 버릴 거라고 했습니다."

현자의 말에 귀 기울이던 술탄이 긴장한 표정으로 물었다.

"까마귀 말대로라면 이 나라에 무슨 안 좋은 일이라도 일어나고 있단 말인가?"

"까마귀는 지방 총독들이 백성을 가혹하게 대하고, 법이 아닌 자신들의 독단으로 백성을 다스리며, 자신들의 이익만을 위해 일한다고 했습니다. 그리고 어느 누구도 이처럼 제멋대로 일처리를 하고 있는 총독들한테 벌을 주도록 술탄께 청할 수 없는 안타까운 사정에 대해 말했습니다."

술탄은 현자의 말을 주의 깊게 듣고는 나라 형편이 이토록 나빠졌다는 데 놀라움을 금치 못했다.

"내가 알지 못하는 사이에 어떻게 그런 일이 일어날 수 있단 말인가?"

술탄은 어이없다는 듯 물었다.

"이 나라의 기강을 바로잡고 위험한 악의 근원을 제거할 방안을 그대가 마련해 주겠소? 어떻게 하면 왕국이 발전하고 안정과 번영의 길을 갈 수 있을지 말이오."

"이 문제는 신중하게 생각할 필요가 있습니다. 그러니 제게 시간을 주십시오. 여러 가지를 궁리하다 보면 좋은 방안이 떠오를 것입니다."

술탄에게 허락을 받은 현자는 며칠 동안 혼자 지내면서 여러모로 생각하고 궁리한 끝에 마침내 적절한 해결책을 찾아냈다. 그는 이 해결책이야말로 각 지방의 총독과 족장이 저지르는 부정과 부패를 없애고 제대로 나라를 다스릴 수 있는 가장 좋은 길이라고 믿었다. 현자는 술탄을 찾아가서 자신의 의견을 말했다.

"저는 전하께서 왕국에 정의가 넘치고 잘못된 일들이 바로잡히기를 원하신다고 알고 있습니다. 제가 확인한 바에 따르면 악의 근원은 총독들과 족장들이 저지르는 극악무도한 독재와 횡포입니다. 억압 받고 정당한 권리를 빼앗긴 온 지역 백성의 의견을 모을 수 있는 문을 열어 놓으시고, 지방 총독들에게는 정의와 진리를 실천하도록 명하시어 만일 정도에서 벗어난 자가 있을 때에는 엄중한 벌을 내리시는 것이 어떠할는지요."

술탄은 현자의 직언을 받아들여 온 나라의 총독들에게 부당하게 억압 받고 해를 입은 백성을 돕는 구호의 문을 열어 놓으라는 명령을 내렸다. 또한 관리들에게는 정의롭고 공평하게 백성을 대하고 자선을 베풀 것, 백성의 권리를 빼앗지 말 것 등을 엄하게 일렀다.

이 놀라운 소식이 왕국 전역에 전해지자 백성은 크게 기뻐하며 술탄의 결정을 반겼다. 반면에 총독들과 족장들은 두려움에 떨며 불안해했다. 그리고 그제야 정신을 차려 일을 공정하게 처리하고 백성을 위해 열심히 일하기 시작했다.

또한 술탄은 궁전 대문에 종을 매달고 종지기를 두었다. 그러고는 억울한 일을 당한 백성이 이곳에 와서 종을 치면 종지기가 그를 데리고 궁 안으로 들어와 자신에게 직접 억울한 사정을 호소하도록 했다.

하루, 이틀, 사흘이 지나도 종은 울리지 않았다. 그러다 나흘째 되는 날 종이 울렸다는 소식이 술탄에게 전해졌다. 술탄은 곧바로 종을 친 자의 사정을 듣고자 그를 데려오라고 했다. 그러나 뜻밖에도 종이 있는 곳에는 아무도 없었다.

닷새째 되던 날 다시 종이 울려 종지기가 재빨리 가 보니 거기에는 사람 대신 뱀이 있었다. 그는 술탄에게 이 사실을 알렸다. 술탄은 종지기에게 뱀이 어디로 가는지 잘 살펴보라고 명했다. 술탄은 뱀의 사정을 알아본 뒤 만약 부당한 대우를 받았다는 것이 확실하다면 그 억울함을 풀어 주기로 마음먹었다.

뱀은 자기가 살고 있는 굴로 향했고 종지기는 뱀의 뒤를 쫓아갔다. 굴로 들어간 뱀은 새끼 한 마리를 데리고 나왔다. 새끼 뱀의 턱에는 화살이 꽂혀 있었다. 이로 인해 새끼 뱀은 그동안 아무것도 먹지 못해 숨이 끊어지기 직전이었다. 어미 뱀은 어려운 일을 당한 사람들이 술탄에게 문제를 터놓고 말할 수 있게 되었다는 소식을 듣고 종을 쳤던 것이다. 종지기가 새끼 뱀의 턱에서 화살을 뽑아 주자 새끼 뱀은 그제야 입을 열었다 닫았다 하며 크게 기뻐했다.

종지기는 술탄에게 돌아와 이 기이하고 흥미로운 이야기를 보고했다. 이야기를 들은 술탄은 뛸 듯이 기뻐했다. 그날 술탄은 자신이 한 생명을 구함으로써 한 가족에게 큰 기쁨을 가져다주었다는 사실에 보람을 느꼈다.

다음 날 다시 종이 울렸고, 종지기가 가 보니 그곳에 어제 왔던 어미 뱀이 있었다. 술탄은 다시 종지기에게 뱀의 뒤를 따라가라고 명했다. 뱀을 뒤쫓아간 종지기는 뱀이 굴 안으로 들어가자 굴 앞에서 무슨 일이 일어나는지 지켜보았다.

잠시 후 뱀이 커다란 진주 두 알을 굴리며 나왔다. 이제까지 그렇게 크고 빛나며 맑은 빛을 띤 진주는 한 번도 본 적이 없었다. 종지기는 진주 두 알을 술탄에게 가져왔다. 술탄 또한 그토록 크고 아름다운 광채를 지닌 진주를 본 적이 없었다.

"이 진주는 새끼의 목숨을 구해 준 데 대한 감사의 표시로 뱀이 선물한 것이다. 이것이야말로 우리가 공정하고 정의로운 일로써 거둔 첫 결실이로다."

술탄은 감격해하며 말했다. 그리고 이 진주 알에 대해 더 알아보고 싶어 진주를 거래하는 대상인들과 진주의 품질을 감정할 수 있는 전문가들을 데려오게 했다. 술탄은 진주 상인들과 전문가들에게 진주 두 알을 보여 주었다.

"이 진주 알을 잘 보고 평가해 주시오. 그리고 혹시 진주의 원래 주인이 있었는지, 그렇다면 어떻게 팔리게 되었는지 알거나 들은 바가 있으면 말해 주시오."

진주를 감정한 상인들은 하나같이 알의 크기와 투명도에 감탄해 마지않았다. 특히 진주 표면의 빛나는 물결 무늬는 상인들의 탄성을 자아낼 정도로 훌륭했다.

그들은 이 진주 알은 비교할 만한 진주가 없을 정도로 뛰어난 물건이지만 그 주인에 대해서는 듣거나 아는 바가 전혀 없다고 말했다. 그러나 술탄의 호기심은 사그라지지 않았다.

"나는 이 진주 알들이 어디서 나왔는지 꼭 알고 싶소. 알아낼 좋은 방법이 없겠소?"

상인들과 전문가들은 한참 동안 방법을 궁리했다. 그때 한 상인이 오랜 침묵을 깨고 말했다.

"전하, 방법이 딱 한 가지 있습니다. 진주에 대해 모르는 것이 없는 노인이 한 사람 있는데, 그에게 진주 알들이 어디서 났고 원래 주인이 누구인지 물어보십시오. 그 노인조차 모른다면 이 진주에 대해서는 영원히 알 길이 없을 것입니다."

상인이 일러 준 노인은 나이가 무려 150세인 것으로 알려져 있었다. 심지어 200세라고 말하는 이들도 있었다.

술탄은 이 고령의 장인(匠人)을 데려오게 했다. 노인이 대령하자 술탄은 진주 알을 보여 주며 살펴보라고 했다.

"이 진주들이 어디서, 어떻게 생겼는지 알고 있소? 그리고 세상에 이 진주 알들에 버금가는 진주가 또 있소?"

진주를 살펴본 노인이 말했다.

"수많은 진주 알들을 보았지만 이처럼 훌륭한 것은 본 적이 없습니다. 다만 제가 오래전에 들은 이야기가 하나 있는데 어쩌면 그 속에 등장하는 진주 두 알이 이것일지도 모른다는 생각이 듭니다."

노인은 자신이 들은 이야기를 시작했다.

"이 이야기는 아버지가 제 할아버지에 대해 말해 준 것입니다. 제 할아버지는 전하의 먼 조상 되시는 한 술탄께서 다스리던 때 살았습니다. 그 시절 어느 가족이 다른 가족과 토지 매매 계약을 맺은 뒤 돈을 받고 농토를 팔았다고 합니다. 그런데 땅을 산 가족이 농사를 짓기 위해 땅을 갈던 중 땅속에서 값진 보물을 발견했습니다. 땅을 산 가족은 땅을 판 가족한테 가서 말했습니다.

'우리는 땅을 산 것이지 그 안에 든 보물을 산 것이 아닙니다. 그러므로 땅의 원래 주인인 당신에게 보물을 돌려주러 왔습니다.'

그러자 땅을 판 가족이 말했습니다.

'우리는 땅을 팔 때 당연히 땅속에 들어 있는 것까지 함께 팔았습니다. 그러니 보물은 땅을 산 당신들의 것입니다.'

두 가족은 서로 자기 주장이 옳다 하며 보물을 가지려 하지 않았습니다. 전하의 조상이신 술탄께서는 이 문제에 끼어들고 싶어 하지 않으셨습니다. 그래서 그 문제를 두 가족이 알아서 해결하도록 내버려두셨습니다.

두 가족은 각자의 주장을 굽히지 않았습니다. 그러다가 마침내 그들 모두가 신뢰하는 인생 경험과 식견이 뛰어난 학자를 모셔와 의견을 듣기로 했습니다.

학자는 이 문제를 깊이 생각해 보았습니다. 그는 두 가정의 가족 관계를 알아보다가 한 가지 묘안을 생각해 냈습니다. 각 가정에는 혼인할 나이가 된 딸과 아들이 있었습니다. 학자는 이 젊은 남녀의 혼인을 제안하며, 그 젊은 부부한테 혼인 선물로 그 보물이 묻힌 땅을 주어 그곳에서 농사를 지으며 살아가도록 하자고 말했지요. 양쪽 집안은 이 제안에 흔쾌히 따랐습니다.

혼인식 후에 보물이 묻힌 농토는 혼인 선물로 젊은 부부한테 주어졌고, 부부는 땅을 갈아 그곳에 옥수수를 심었습니다. 전하, 그런데 지금부터가 저는 참으로 기막힌 이야기입니다. 옥수수가 여물어 추수할 시기가 되었을 때 옥수수에 달린 열매가 다름 아닌 진주였다는 것입니다. 진주 알들은 크기도 다양해서 큰 것, 작은 것, 중간 것 등 여러 가지였는데, 그중에는 보기 드물게 큰 것도 몇 알 있었습니다.

이 진주 알 두 개는 그때 옥수수에 열렸던 진주들 중 일부인 것 같습니다. 뱀이 몇 개를 가져가서 굴 안에 두었다가 화살에 맞아 목숨이 위태로웠던 자기 새끼를 살려 준 사람에게 자기가 보관하고 있던 진주를 보답으로 준 것입니다."

이야기를 들은 술탄은 크게 기뻐하며 말했다.

"나는 우리 조상님들보다 정의롭지 못한 통치자가 되지는 않을 것이로다. 진주 알이 묻혔던 땅의 주인을 수소문하도록 하라!"

그러나 오랫동안 진주 주인을 수소문하던 신하들이 전한 소식은 땅 주인 가족 중 살아 있는 사람이 하나도 없어서 진주 알을 돌려줄 수 없다는 것이었다.

술탄은 신하들에게 말했다.

"이 진주 알은 우리가 행한 공평하고 정의로운 일의 보답으로 받은 것이다. 정의롭고 공평한 처사는 백성을 위해 우리가 당연히 행해야 할 의무다. 따라서 우리는 보답을 받을 자격이 없으니, 진주 알을 국고에 두어 나라 살림에 보탬이 되도록 하겠다."

곁에 있던 간신 무리는 이 말을 듣고 감격한 척하며 술탄의 정의로움과 청렴함과 넓은 식견을 칭송했다. 그러나 새의 말을 해석했던 현자는 술탄에게 이렇게 말했다.

"전하, 우리 백성은 전하의 위대하신 조상님들의 은혜로 안정되고 정의로우며 풍요롭게 살아왔습니다. 그래서 전하의 조상님들은 백성의 사랑과 감사, 복종을 받으며 지내셨습니다. 전하께서도 조상님의 행실을 본받아 진주를 백성에게 나눠 주시어 가난하고 헐벗은 백성을 기쁘게 하심이 어떨는지요. 그리하시면 전하께서도 백성과 진정으로 사랑을 나누며 행복하게 지내실 수 있을 것입니다."

술탄은 현자의 말을 듣는 순간 망치로 머리를 얻어맞은 듯한 느낌이 들었다. 이러한 간언을 술탄은 처음 들었던 것이다. 그 후 술탄은 부정하고 부패한 신하들을 멀리했으며, 진실하고 성실한 자들을 가까이 두어 그들을 대신과 총독으로 임명하고 관리 임무를 맡겼다.

왕국에는 다시 번영과 복락이 깃들기 시작했고 백성들은 삶에 만족하며 행복하게 살아갈 수 있었다. 이 이야기는 그때 살았던 백성의 입에서 입으로 전해져 오늘까지 내려오고 있다.

돌팔이 의사와 아들

옛날에 돌팔이 의사가 있었다. 어느 날 그가 아들에게 말했다.
"얘야, 의술은 의학 지식보다는 관찰하는 능력에 달린 거란다."
"어째서 그렇지요?"
"내가 왜 그런지 직접 보여 주마."
 돌팔이 의사는 의원을 개업하고 '내과 전문'이라는 팻말을 문에 달았다. 그러고는 팻말 아래에 진료 시각을 적고 병원에 앉아 손님을 기다렸다. 첫 번째 손님이 들어왔다.
"의원님, 제 아들놈이 갑자기 배가 부풀어 오르더니 몸을 비비 꼬면서 아프다고 난리입니다. 대체 왜 그런지 이유를 모르겠으니 저희 집에 가서 한번 봐 주십시오."
 첫 번째 손님이 왕진을 요청하자 의사는 치료에 필요한 도구를 챙겨 아들과 함께 환자의 집으로 갔다. 환자 집에 도착한 의사는 집 안 여기저기에 흩어진 닭의 깃털을 눈여겨보았다. 그리고 환자 곁에 앉아 맥박과 체온을 잰 후 손가락으로 배를 두드리고 눌러 보면서 환자의 상태를 살펴보았다.

　기본적인 진찰을 끝낸 다음 그는 환자 가족을 둘러보았다. 가족은 긴장한 표정으로 의사의 진단 결과가 나오기를 기다리고 있었다. 의사가 희소식을 전했다.

　"환자의 상태는 양호합니다. 그저 닭고기를 많이 먹어 체한 것뿐입니다. 소화제와 배에 찬 가스를 없애는 약을 보낼 테니 시간 맞춰 먹이십시오. 그러면 알라의 뜻에 따라 병이 나을 것입니다."

　이 말을 듣고 환자의 가족은 기뻐했다. 특히 환자는 기분이 좋아져서 활기를 되찾았다. 그 덕분에 의사는 가족한테 진료비를 두둑하게 받을 수 있었다.

　병원으로 돌아온 의사는 맹물에 색소를 타서 만든 약을 치료제라며 환자의 집으로 보냈다. 약을 받아 먹은 환자는 알라의 은총으로 완쾌되었고, 환자 가족은 병원을 찾아와 의사에게 깊은 감사를 표했다.

　환자 가족이 돌아가고 나자 의사가 아들에게 말했다.

　"애야, 내가 직접 관찰한 몇 가지 사항만으로 어떻게 병의 원인을 알아냈는가를 잘 보았느냐? 나는 환자의 집 안과 문 근처에 닭 깃털이 있는 것을 보고 그 가족이 닭을 잡아먹었다는 사실을 알아냈단다. 어떠냐, 의술은 의학 지식이기보다 관찰하는 능력이라는 말을 이제 잘 알겠느냐?"

　아들은 아버지의 가르침을 잘 새겨들었다. 세월이 지나 아버지는 세상을 떠났고, 아들이 뒤를 이어 의사를 자처하며 병원을 물려받았다. 어느 날 의사 행세를 하는 아들에게 한 남자가 찾아왔다.

　"제 아내가 병들었습니다. 함께 가셔서 치료해 주십시오."

　의사는 자리에서 급히 일어나 가방에 필요한 의료 도구를 챙긴 후 환자의 남편과 함께 길을 나섰다. 이윽고 환자 집에 도착한 돌팔이 의사는 아버지가 생전에 가르쳐 준 대로 좌우를 살피면서 혹시 병의 원인을 추측할 만한 것이 있는지 찾아보았다. 그러나 불행하게도 그의 눈에 들어온 것은 당나귀 등에 없는 안장뿐이었다. 의사는 걱정스러웠지만 일단 환자에게 다가가서 항상 하던 대로 진찰을 했다. 옆에서는 환자의 남편이 불안하고 애타는 기색으로 진찰 결과를 기다리고 있었다. 의사가 사뭇 진지한 표정으로 그에게 고개를 돌리며 말했다.

"부인께서 당나귀 고기를 먹었군요. 고기를 너무 많이 드셔서 병이 생긴 것입니다."

환자의 남편은 이 진찰 결과를 믿을 수가 없었다. 그들은 당나귀 고기를 먹은 적이 없었기 때문이다.

"지금 뭐라고 하셨습니까?"

어이없다는 표정으로 남편이 되물었지만 의사는 같은 말만 되풀이할 뿐이었다. 그러자 남편은 벌컥 화를 내면서 의사를 집 밖으로 끌어냈다.

"도대체 어느 놈이 네게 의술을 가르쳤고, 병원을 열라고 허가해 주었단 말이냐? 사람 목숨을 갖고 장난을 치다니!"

아버지의 엉터리 가르침을 따랐던 아들은 얼굴이 벌게진 채 그 집에서 나왔다. 그는 곧바로 자기 병원으로 가서 문에 걸린 병원 간판을 떼어 부수고는 병원을 그만두었다. 그러고는 가족의 생계를 위해서 의술이 아닌 다른 일거리를 찾아 나섰다.

돈을 주고 산 격언

안자흐 부족에 어느 한 남자가 살고 있었다. 그는 사촌 누이동생과 혼인해¹ 사미라 마을에서 살았다. 부부는 아들 하나를 낳아 키우면서 온갖 애정을 쏟아 부었다. 그들은 아이가 신앙심 강하고 믿음직하며 명예로운 사람으로 자라기를 바랐다. 그러나 알라가 아이의 아버지를 일찍 데려가고 말았다. 어머니는 비록 홀몸이었지만 아들을 성실한 인물로 키우기 위해 최선을 다했다.

어느덧 아이는 늠름한 베두인^{시리아·북아프리카 등지의 사막에서 낙타·양·염소 등을 사육하는 유목민} 청년이 되었고, 종교 순례를 떠날 시기가 다가왔다. 어머니는 아들이 메카^{이슬람교의 창시자 무함마드의 출생지로 이슬람교의 발상지이자 순례객들이 찾는 성지}를 순례하여 알라에게 도리를 다하면서 많은 것을 보고 들어 경험을 쌓기를 바랐다.

"나도 순례 여행을 하고 싶다만 괜히 네게 짐만 될 것 같구나. 나는 몇 년 전 이미 순례를 다녀왔으니 다시 가지 않아도 될 게다. 그동안 열심히 모아 둔 3,000리얄^{아랍 화폐 단위의 일종}을 줄 테니 메카로 가서 순례를 한 다음 물건을 사서 장사를 해 보아라."

 어머니의 말을 듣고 아들은 여행 채비를 갖춘 뒤 메카로 가는 순례객 무리에 끼었다. 어머니는 비록 같이 가지는 못했지만 마음만은 항상 아들과 함께 있었다. 매일같이 알라께 아들을 보호해 주시길, 아들이 일에 성공하도록 도와주시길, 아들의 순례를 기꺼이 받아 주시길, 아들이 무사히 돌아오게 해 주시길 빌었다.

 한편 아들은 메카에 도착하여 순례 의무를 행한 다음, 거리와 시장을 돌아다니면서 봇짐 장사꾼들과 이야기를 나누고 장사에 대해 알아보았다. 그러던 중 누군가가 외치는 소리를 들었다.

 "1,000리얄로 내게서 지혜를 사 가시오."

 청년은 그에게 다가가 물었다.

 "어떤 지혜입니까?"

 "우선 내게 1,000리얄을 주면 당신께 그 지혜를 알려 주겠소."

 청년은 그에게 1,000리얄을 지불했다.

 "각자 저마다 바라는 것이 있을지니……."

 이 말을 하고 그는 입을 다물었다. 청년이 다음 내용을 묻자 남자가 답했다.

 "나는 1,000리얄만큼 지혜로운 말을 알려 주었소."

 청년은 이 말을 기억하고는 가던 길을 계속 갔다.

 다음 날 청년은 여느 때처럼 시장 안을 돌아다니면서 살 만한 물건이 있는지 찾아보았다. 그가 어제처럼 봇짐 장사꾼들이 있는 곳을 지나갈 때 또다시 큰 소리가 들려왔다.

 "1,000리얄을 내고 나의 지혜를 살 사람이 있습니까?"

 청년이 소리친 사람에게 가서 지혜에 대해 묻자 그가 답했다.

 "1,000리얄을 주면 당신께 알려 주리다."

청년은 돈을 지불하고 지혜로운 말을 청했다.

"선한 의도에서 나온 생각이라면 동의하라."

"그다음은 무엇입니까?"

청년이 묻자 남자가 대답했다.

"이게 바로 지혜로운 말이오."

청년은 이 말을 마음속 깊이 새기며 길을 갔다.

셋째 날에도 청년은 시장을 돌아다니다가 봇짐 장사꾼들이 모여 있는 장터를 지나갔다. 그때 또 한 사람이 외쳤다.

"1,000리얄을 내고 지혜를 사 가실 분 없으십니까?"

청년이 그 남자에게 다가가 물었다.

"어떤 지혜입니까?"

"1,000리얄을 주시오. 그러면 지혜로운 말을 알려 주리다."

청년에게 돈을 받은 남자가 말했다.

"배신은 알라께 저주 받을 행위요!"

"그다음은요?"

남자는 그게 전부라고 했다. 청년은 이 말을 마음속에 새기며 자리를 떠났다.

순례 기간이 끝나자 순례객들은 메카를 떠나 각자 집으로 돌아갔다. 청년도 고향 사람들과 함께 집으로 향했다.

한편 아들이 돌아올 날이 가까워질수록 어머니의 기대는 커져 갔다. 그녀는 이번 순례 여행에서 아들이 장사하여 번 돈으로 생활이 나아지길 바랐다.

드디어 낙타를 탄 청년이 어머니의 시야에 들어왔다. 두 사람은 서로를 보고 기뻐했고, 어머니는 아들의 이마에 여러 번 입맞춤을 했다. 서로 정겨운 인사를 나눈 뒤 어머니가 아들에게 어떤 물건을 가져왔는지 묻자 아들이 말했다.

"어머니, 저는 물건 대신 지혜와 충고의 말을 샀습니다. 지혜의 말이 가지고 다니기에 훨씬 수월하고 더 오래 지속된다고 생각해서요."

아들의 말을 들은 어머니는 깜짝 놀라며 믿을 수 없다는 표정을 지었다.

"대체 그 지혜로운 말이란 게 무엇이냐?"

아들은 자신이 어떻게 지혜를 샀는지 설명했다. 이야기를 다 들은 어머니는 화난 표정으로 흙을 한 줌 쥐어 아들의 얼굴을 향해 있는 힘을 다해 뿌리고 나서 통곡하기 시작했다.

"어이구, 이 어리석은 놈아. 네게 걸었던 꿈이 모두 사라졌구나. 젊은 시절 내내 애써 모은 돈을 네놈이 탕진해 버렸어. 그것도 뭐에 썼다고? 그놈의 알량한 몇 마디 말에 써 버렸단 말이냐? 사기꾼들이 너를 속여서 그 비싼 돈을 받고 말 몇 마디를 팔아먹었구나. 그런 말이라면 어미인 나도 많이 갖고 있다. 지혜로운 말이나 격언을 그렇게 듣고 싶다면 내가 얼마든지 들려주마. 너를 속인 놈들보다 지혜로운 말을 이 어미가 더 많이 들려줄 수 있단 말이다."

어머니는 계속 울부짖었다.

"격언을 사고판다는 것을 내가 들어나 봤다면 네게도 변명의 여지는 있겠지. 하지만 나는 이런 허튼소리를 그렇게 비싼 가격에 거래한다는 말은 난생처음 들어 보는구나."

아들은 어머니의 호된 질책에 큰 충격을 받았다. 그처럼 가혹한 꾸지람을 들어 본 적이 없었기 때문이다. 어머니가 집어서 뿌린 흙은 아들의 눈과 코, 얼굴을 뒤덮었다. 그는 마음에 커다란 상처를 입었다.

아들은 집을 나가기로 결심하고 자리에서 일어났다. 어머니께 그런 호된 꾸지람을 듣고 더는 집에 머무를 수가 없다고 생각했기 때문이다. 그래서 친구 집으로 가서 잠시 머무르다가 샴_{요르단·시리아·레바논·팔레스타인 등의 아랍 어 지명} 지역으로 가는 무리가 있으면 그들을 따라가기로 결심했다.

이틀 뒤 청년은 샴으로 가는 대상 무리에 섞여 여행을 시작했다. 샴에 도착한 청년은 그곳에서 이집트로 가는 무리와 합류했다. 이집트의 수도 카이로에 도착한 청년은 일자리를 알아보았으나 구할 수가 없었다. 지낼 곳을 찾던 중 청년은 공동묘지 옆에 있는 허름한 빈 집 한 채를 발견했다. 그는 집 안을 말끔히 청소하고 나서 그곳에 살기 시작했다.

청년은 계속 그곳에서 지내면서 오가는 개들을 쫓고 묘지를 찾는 사람들을 맞이했다. 다른 사람들의 눈에 그는 묘지 관리인처럼 보였다.

얼마 후 관청에서 묘지에 묻는 시신에 세금을 매기겠다고 발표했다. 죽은 자를 묻으려는 가족은 시신마다 금화 1주나이흐_{아랍의 화폐 단위}의 돈을 내야 했다. 묘지를 돌보는 청년을 술탄이 임명한 관리라고 여긴 사람들은 그에게 기꺼이 세금을 냈다. 이렇게 해서 시신을 그 공동묘지에 묻으려는 사람들은 모두 청년에게 찾아와 돈을 내는 것이 관례처럼 되었다.

하루는 높은 신분의 사람들이 참여한 장례 행렬이 나타났다. 그들이 묘지로 들어가려고 할 때 청년이 길을 막아섰다.

"무슨 일이오?"

그들이 묻자 청년이 답했다.

"세금을 내시오. 그렇지 않고서는 이곳에 들어올 수 없습니다."

"세금이 얼마요?"

"1주나이흐입니다."

청년이 답하자 참석자들은 화를 내며 소리쳤다.

"이 못된 놈아! 돌아가신 분은 술탄의 따님이시다."

"그렇다면 2주나이흐 정도는 내야 합니다. 어서 주십시오. 그래야만 묘지에 들어갈 수 있습니다."

참석자들은 2주나이흐를 줘 버리고 순조롭게 일을 처리하는 게 좋겠다고 여겼다. 그래서 돈을 내고 장례식을 무사히 끝마쳤다.

그 후 그들은 술탄에게 어느 젊은 유목민이 세금을 받고 있다는 사실을 보고했다. 술탄은 시종들에게 당장 그를 데려오라고 명을 내렸다. 시종들은 법을 어긴 죄인을 다루듯 강제로 그를 궁으로 데려왔다. 술탄이 노한 기색으로 청년에게 말했다.

"네놈은 왜 사람들에게서 세금을 걷었느냐? 누가 네놈에게 세금을 거두라고 했더냐?"

청년은 당황하지 않고 대답했다.

"저는 묘지를 돌보고 청소하며 관리해 왔습니다. 이 일을 오랫동안 해 왔고 어느 누구도 이를 막지 않았지요. 또한 저는 전하를 위해 그 세금을 모아 왔으며 모은 돈에서 1주나이흐도 쓰지 않았습니다. 세금을 보관하다 관청에서 담당자가 오면 돌려주려고 준비했을 뿐입니다."

청년의 논리와 기지에 감탄한 술탄은 시종들에게 청년이 세금을 거둔 때부터 지금까지 공동묘지에 묻힌 시신의 수를 세어 보도록 명했다. 그리고 청년에게 모은 돈을 어디다 보관했는지 물었다.

"지금 제가 살고 있는 낡은 집에 돈을 보관해 두었습니다."

시종들과 함께 집으로 간 청년은 그동안 모은 돈을 고스란히 내

주었다. 시종들이 확인한 결과, 묘지에 묻힌 시신의 수와 돈의 액수는 정확히 일치했다. 이 사실을 보고 받은 술탄은 청년의 철저한 금전 관리와 말솜씨, 넘치는 지혜에 감탄하여 청년을 다시 불렀다.

"네가 지금 묘지에서 일하고 있는 줄은 안다만 이제부터 그 일은 다른 사람한테 넘기고, 궁으로 들어와서 나랏돈 관리를 맡았으면 한다."

청년이 술탄의 제안을 수락하지 않을 이유가 없었다. 그는 이제 죽은 사람들 대신 살아 있는 사람들을 돌보게 되었다. 시간이 지날수록 그에 대한 술탄의 신임은 두터워졌고, 청년의 지위도 계속 높아졌다. 그리하여 청년이 술탄의 궁전에서 일한 지 3, 4년이 지났을 무렵엔 청년에 대한 술탄의 믿음과 배려를 모르는 사람이 없을 정도가 되었다.

술탄에게는 사랑하는 왕비가 있었는데, 그녀는 아직껏 이슬람의 의무인 순례를 행하지 않았다. 이 사실을 듣고 술탄은 왕비에게 알라의 신전이 있는 메카로 순례할 것을 권했다. 그리고 자신이 가장 신뢰하는 유목민 청년에게 왕비를 수행하는 임무를 맡겼다.

청년은 자신을 믿어 주는 술탄의 명을 거스를 수가 없었다. 그리하여 왕비의 수행원으로서 알라의 신전에 도착할 때까지 무리의 선두에서 그녀를 안전하게 지키는 중책을 맡게 되었다.

일행은 메카로 가는 길에 광활한 사막을 지나야만 했다. 하루는 행렬이 사막의 오아시스에 머물렀는데 왕비가 청년을 불렀다. 청년이 천막 안으로 들어서자 왕비가 시종과 하인들을 내보냈다. 그날 왕비는 몸치장을 화려하게 했고 속살이 보이는 옷을 걸쳤으며 진한 향수 냄새를 풍기고 있었다. 그녀는 노골적으로 청년을 유혹하려고 했다.

"나는 네 젊음과 활력이 마음에 들었다. 그리고 이렇게 단둘이 되길 기다렸지. 너를 향한 내 흠모와 번뇌를 고백할 기회를 말이야."

청년은 너무도 뜻밖의 일이라 정신을 차리지 못할 정도였다. 그는 이런 일을 좋아하지 않을 뿐 아니라 떳떳하지 못한 일은 절대로 하지 않겠다고 스스로 다짐했다. 청년은 심각한 표정으로 왕비에게 말했다.

"왕비님, 저는 왕비님의 고귀함에 못 미치는 자입니다. 저는 미천한 하인일 뿐이며, 국고를 관리하는 자에 불과합니다. 더구나 지금은 거룩한 순례의 길에 있으므로 이런 일로 신을 노엽게 해서도 안 됩니다. 뿐만 아니라 저는 감히 전하를 배신할 수 없습니다. 저는 일전에 1,000리얄이라는 비싼 대가를 치르고 '배신은 알라께 저주 받을 행위다.'라는 격언을 산 일이 있습니다. 죄송하지만 저는 왕비님의 분부를 들어드릴 수가 없습니다."

그러자 왕비가 말했다.

"술탄은 여기서 일어난 일을 모르실 거야. 그리고 알라는 용서와 자비를 행하는 분이지. 순례의 험난한 역경은 우리의 죄, 아니 이보다 더 큰 죄도 용서 받게 해 줄 것이다. 네가 비싼 돈을 주고 샀다는 격언을 그 값의 몇 배를 주고 네게서 다시 사마. 그러니 안심하고 내 요구를 들어다오."

그러나 청년은 단호하면서도 예의를 갖추어 말했다.

"목숨을 버리는 한이 있더라도 저는 왕비님의 분부를 따를 수가 없습니다. 신뢰를 저버리는 일을 제외하곤 왕비님께서 시키는 일이라면 어떤 것이든 하겠습니다."

왕비는 청년의 확고한 의지와 결심을 깨닫고 체념한 듯 말했다.

"그렇다면 나가 보도록 하라. 하지만 지금 있었던 일은 너와 나만 알고 다른 자는 절대 알지 못하도록 주의해야 한다."

"저를 믿으십시오. 아무 일도 없었던 것처럼 이 일을 제 가슴에 묻겠습니다."

청년은 단단히 약속한 뒤 왕비의 천막에서 나와 사람들이 모여 있는 곳으로 가서 맡은 일을 했다. 그러나 왕비의 마음은 혼란스러웠다. 혹시 청년이 비밀을 발설하지 않을까, 그래서 자신의 수치스러운 행동이 만천하에 드러나지 않을까 두려웠던 것이다. 그녀는 궁지에서 벗어날 방도를 궁리한 끝에 청년을 죽여 비밀을 영원히 묻어야겠다는 생각에 이르렀다. 그가 살아 있는 한 자신이 결코 안전하지 않을 거라 생각했던 것이다.

왕비는 청년을 없앨 방법을 궁리하던 중 마침내 좋은 생각이 떠올랐다. 일행이 여행 도중에 들르게 될 우물에서 그를 없앨 계략을 세운 것이다. 왕비는 일전에 그 우물에 관한 이야기를 들은 적이 있었다. 우물 아래로 내려가는 자는 누구든 돌아오지 못하고 죽는다는 이야기였다. 그녀는 하인을 불러 이렇게 일렀다.

"우리 일행이 우물에 도착하면 나는 너희한테 우물에서 물을 길어 달라고 할 것이다. 그러면 너희는 내려가길 두려워하며 제자리에 서 있도록 하라. 그때 내가 우리 일행의 책임자인 청년한테 '우리 하인들은 모두 겁쟁이라서 이 일을 할 수 있는 사람은 용감한 유목민인 당신밖에 없소.'라고 말할 것이다."

예정대로 순례 행렬이 우물에 도착하자 왕비는 하인에게 우물 밑으로 내려가 물을 길어 오라는 명을 내렸다. 그러나 그 하인은 좀처럼 움직이려고 하지 않았다. 다른 하인들에게도 차례로 명이 내려졌지만 그들은 두려워하며 내려가려고 하지 않았다. 그러자 왕비가 청년에게 말했다.

"이 일을 할 자는 당신밖에 없소."

그러자 청년은 소매를 걷어붙이고 우물 밑으로 내려갔다. 우물 안에는 어둡고 음산한 동굴이 여러 개 있었다. 청년이 그중에서 한 동굴로 다가가자 눈앞에 몸집이 크고 흉측하게 생긴 이프리트^{악마, 도깨비의 일종}가 나타났다. 이프리트가 멈춰 설 것을 명하자 청년은 제자리에 섰다. 이프리트 옆에는 두 여자가 있었는데 그중 하나는 괴물의 딸처럼 끔찍한 외모를 지녔고, 다른 여자는 보름달처럼 아름다웠다. 이프리트는 청년에게 두 여자를 가리키면서 질문을 던졌다.

"어느 여자가 더 아름다우냐?"

단호하고 근엄한 목소리가 대답을 재촉했다. 청년은 어떻게 답할 것인지 잠시 궁리했다.

'이프리트는 못생겼고 두 처녀 중 하나도 추녀다. 못생긴 자는 항상 자신처럼 못생긴 자를 동정하게 마련이다.'

청년은 만일 자기가 못생긴 처녀 대신 아름다운 처녀를 선택한다면 이프리트가 자신에게 벌을 내릴까 봐 두려웠다. 그는 기지를 발휘해서 두 가지 의미를 갖고 있는 말로 대답해야겠다고 생각했다. 그리고 이전에 1,000리얄을 주고 샀던 "각자 저마다 바라는 것이 있을지니……."라는 격언을 떠올렸다.

이 말에 따르면 제아무리 미녀라도 외면당할 수 있고, 아무리 추녀라도 마음에 드는 점이 있다는 것이다. 청년은 곧바로 이프리트에게 말했다.

"각자 저마다 바라는 것이 있을지니……."

그러자 이프리트가 말했다.

"이 대답으로 너는 목숨을 건지게 되었다. 만일 미녀를 택했다면 너를 죽였을 것이다. 왜냐하면 나는 추녀를 좋아하기 때문이지. 그리고 못생긴 여자를 택했어도 너를 죽였을 것이다. 그것은 네가 거짓말을 했기 때문이지. 너는 내 질문을 용케도 잘 피해 가는구나. 이제 가도 좋다. 가서 일행에게 물을 길어다 주어라."

청년은 아무 해도 입지 않은 채 물을 길어서 안전하게 밖으로 나왔고, 일행은 당연히 죽을 줄로만 알았던 청년이 살아오자 진심으로 기뻐했다. 우물에 내려갔다가 살아 돌아온 자는 이제까지 아무도 없었기 때문이다.

얼마 후 일행은 성지 메카에 도착했고 순례 의식을 행했다. 순례를 마치고 돌아오면서 왕비는 다시 한 번 청년을 제거할 방법을 궁리했다. 술탄의 왕국에 가까워질수록 그녀는 점점 초조해졌다.

마침내 한 가지 묘안이 떠올랐다. 일행이 어느 도시에 이르렀을 때 왕비는 술탄에게 편지를 썼다.

이 편지가 도착하는 대로 청년의 목을 베십시오. 그자는 피 흘리며 죽어도 될 만한 불미스러운 짓을 했습니다. 자세한 사정은 궁에 도착해 찾아뵙고 말씀드리겠나이다.

편지를 쓰고 나서 그녀는 청년을 불러 말했다.
"우리가 곧 도착할 거라는 내용의 이 서신을 술탄께 전해라. 다른 사람은 안 되고 반드시 네가 전해야 하느니라. 너야말로 이 기쁜 소식을 술탄께 전하고 상을 받을 만한 자이기 때문이다."

왕비는 편지를 봉투에 넣은 뒤 붉은 촛농으로 봉인하고 서명을 하여 청년에게 건네주었다.

편지를 받아 든 청년은 서둘러 술탄이 있는 궁으로 떠났다. 저녁 무렵 어느 마을에 도착한 청년은 그곳에서 잠시 휴식을 취하기로 마음먹었다. 사람들이 나와 청년을 반갑게 맞아들였다. 그날 밤 마을에서는 혼인식이 거행되었는데 손님들을 위한 커다란 잔칫상이 마련되어 있었다. 그들은 청년에게 마을에 머물면서 혼인식에 참석해 마음껏 잔치를 즐기라고 말했다. 그러나 청년은 이를 정중하게 사양했다.

"초대해 주셔서 정말 기쁘고 감사합니다만 제게는 술탄께 전해 드려야 할 중요한 편지가 있어 오래 지체할 수가 없습니다."

그러자 한 사람이 말했다.

"그 일이 그렇게 중요한 일이라면 내가 믿을 만한 사람을 시켜 그 편지를 가장 빠른 시간 내에 술탄께 전해 달라고 부탁하겠소."

마을 사람들은 청년에게 그렇게 하라고 당부했다. 그러자 청년은 일전에 1,000리얄의 돈을 주고 샀던 "선한 의도에서 나온 생각이라면 동의하라."는 격언을 떠올리고 그들의 제안을 받아들였다. 그들은 편지를 한 남자에게 맡겨 술탄에게 보냈다.

청년은 마을에서 아침까지 머무른 뒤 다시 도시로 향했다. 물론 청년을 대신하여 편지를 전한 남자는 그 자리에서 처형당했다. 그렇게 해서 청년은 왕비의 계략에 걸려들지 않고 목숨을 건질 수 있었다.

왕비와 그녀의 수행원들이 도시에 도착했다. 왕비는 청년이 멀쩡하게 살아서 환영 인파 속에 끼어 있는 것을 보고 소스라치게 놀랐다. 그녀는 그 상황에 대해 갖가지 상상을 했다.

'아마 술탄은 편지를 보고 내 말을 믿지 않았을지도 몰라. 그래서 확인하기 위해 청년한테 사실대로 말하라고 했을 테고, 청년은 있었던 일을 그대로 전했을 거야. 아니면 청년이 도착 전에 편지를 열어서 내용을 읽은 다음 편지를 찢어 버리고 우리가 돌아온다는

소식만을 직접 알렸을 수도 있지.'

모두 있을 법한 일이었다. 그러나 술탄은 쾌활한 표정과 미소로 왕비를 맞이하면서 무사히 돌아온 것과 알라의 뜻에 따른 순례를 축하해 주었다. 이에 왕비는 거룩한 순례의 기회를 마련해 준 술탄에게 감사하면서 장수와 건강을 빌었다.

왕비는 분위기로 미루어 술탄이 어떤 의심도 품고 있지 않음을 깨닫고, 청년이 술탄에게 지난 일을 알리지 않았음을 확신했다. 그렇다면 그 청년은 어떻게 죽지 않고 살아났을까?

왕비가 자신이 보낸 편지에 대해 묻자 술탄이 말했다.

"사신이 왔었소. 나는 편지를 읽자마자 그자의 목을 베라는 명령을 내렸다오. 대체 무슨 일이 있었는지 내게 자초지종을 말해 주시구려."

그러자 왕비는 깜짝 놀란 표정으로 이렇게 말했다.

"사건이 일어난 원인은 그 청년입니다. 당신이 순례 행렬의 책임자로 임명했던 그 젊은이 말이에요. 그런데 그자가 어떻게 멀쩡히 살아 있지요?"

"편지를 갖고 온 자는 그 청년이 아니었소. 나는 당신 요구대로 편지를 전한 사람을 처형했을 뿐이오."

"이 사건에는 석연치 않은 구석이 있습니다. 청컨대 그 청년의 목을 쳐 주시기 바랍니다. 그놈은 제게 못된 짓을 저질렀습니다."

술탄은 분노가 치밀어 당장 청년의 목을 치라는 명을 내리려다가 일순 신중해야 한다고 생각을 바꿨다.

'그래, 일단은 아내를 달래 주면서 바라는 대로 하겠다고 약속하자. 그런 다음 청년을 불러 사건에 대해 물어봐야겠군.'

술탄은 이런 조치가 옳다고 판단했다. 더구나 왕비와 청년 중 과연 누가 잘못을 저질렀는지 아직 모르는 일이었다. 그는 청년에게 반드시 죄에 따른 벌을 내리겠다는 약속으로 왕비를 안심시키고 방에서 나왔다. 왕비는 남편이 방에서 나가자마자 그 유목민 청년의 목을 치라고 명령하리라는 걸 믿어 의심치 않았다.

술탄은 대신들과 회의하는 방으로 가서 즉시 그 청년을 데려오라는 분부를 내렸다. 시종들이 전한 술탄의 부름에 청년은 두려움과 함께 불길한 느낌이 들었다. 방에는 술탄 혼자 있었다. 술탄에게 인사를 드렸지만 그는 아무런 대답을 하지 않았고, 청년은 더욱 두려움에 사로잡혔다. 술탄은 문을 닫으라고 명령하고는 다른 사람은 아무도 들어오지 못하게 했다.

술탄은 초조한 기색으로 서 있는 청년에게 물었다.

"이것이 너를 믿고 높은 직위까지 주며 보살펴 준 사람에 대한 보답인가?"

"전하께서는 다른 사람이 말한 것을 믿으신 듯한데 저는 전하의 신뢰를 배신한 일이 없습니다. 저는 그동안 전하와 전하의 바라시는 바를 이루려고 최선을 다해 왔습니다."

그러자 술탄은 흥분과 분노의 기색이 역력한 얼굴로 말했다.

"왕비의 말로는 네가 그녀를 유혹하려 들었고, 간신히 뿌리쳤다고 했다. 그녀는 너의 무례한 행동과 배신에 대한 징벌로 너를 죽여 달라고 했다."

청년은 술탄의 말에 깜짝 놀라 이렇게 말했다.

"그동안 일어났던 일에 대해 빠짐없이 말씀드리겠으니, 전하께서 잘 판단해 주십시오. 그리고 사실을 아시고 난 뒤 공정하고 올바르게 처리해 주시기를 바랍니다."

술탄은 이야기를 들어 줄 테니 사실대로 말해 보라고 했다. 청년은 지금까지 자신이 살아온 인생에 대해 이야기하면서 3,000리얄을 주고 "각자, 저마다 바라는 것이 있을지니…….", "배신은 알라께 저주받을 행위다.", "선한 의도에서 나온 생각이라면 동의하라."는 세 개의 격언을 산 일을 말했다. 이야기를 들으면서 술탄의 분노는 점차 가라앉았다. 청년은 계속 이야기를 해 나갔다.

"전하께서는 저를 믿어 주시고 높은 직위까지 내려주셨습니다. 제가 어떻게 전하를 배신할 수 있겠습니까? 얼마 전 일을 말씀드리겠습니다. 왕비께서 저를 자신의 거처로 오라고 하신 후 불미스러운 일을 요구했습니다만 저는 완강히 거절했습니다. 왕비께서는 요구대로 되지 않자 이번 일을 비밀로 해 달라고 부탁하셨고 저는 그렇게 하겠다고 약속을 드렸습니다. 전하의 마음을 상하게 해 드리고 싶지 않았기 때문입니다."

술탄은 청년의 말에 더욱 귀를 기울였다.

"그런데 왕비께서는 비밀을 지키겠다는 저의 약속을 믿지 않고 제게서 벗어나려, 아니 더 정확하게는 잔인한 방법으로 저를 없애려고 하셨습니다. 왕비께서는 우리 일행에게 내려가면 살아 돌아오는 자가 없는 우물을 지나가라는 명을 내리셨습니다. 그리고 시종들에게 아무도 우물 아래로 내려가지 말라고 하셨습니다. 남은 사람은 저밖에 없었으므로 저는 명령에 따라 우물로 내려갔습니다.

그때 알라께서 죽을 수밖에 없던 저를 살려 주셨습니다. 이는 제가 1,000리얄을 주고 샀던 '각자, 저마다 바라는 것이 있을지니…….'라는 격언 덕분이었습니다.

여행을 계속해서 순례를 마치고 돌아오는 길이었습니다. 이곳에 도착할 무렵 왕비께서는 우리 일행이 도시에 돌아오는 중임을 전하께 알리는 편지를 썼다며, 그것을 제게 주며 반드시 제가 직접 전해 드릴 것을 명하셨습니다. 저는 편지를 들고 신속히 달려오다가 어느 마을을 지나게 되었습니다. 그곳에서 혼인식이 열리고 있었는데 마을 사람들은 제게 하룻밤 쉬어 가라고 권했습니다. 저는 전하께 드릴 급한 편지가 있어 머물 수 없다고 양해를 구했지요.

그러나 마을 사람들은 제게 꼭 머물다 가라고 하면서 편지는 자신들이 알아서 최대한 빨리 전하께 보내겠다고 했습니다. 저는 그들의 간청을 뿌리칠 수가 없어 편지를 건네주고는 그곳에서 하룻밤을 보냈습니다. 그들의 환대와 제가 1,000리얄을 주고 샀던 '선한 의도에서 나온 생각이라면 동의하라.'는 격언 덕분에 저는 왕비님의 두 번째 흉계에서 살아날 수 있었습니다."

청년의 말을 신중하게 들은 술탄은 상황을 정확하게 파악할 수 있었다.

"네 말을 잘 알겠다. 그러나 내 눈으로 확인할 증거가 필요하다. 왕비의 말과 너의 말을 듣고 어느 쪽이 진실인지를 가려내겠다."

"그렇다면 간단한 방법이 있습니다. 전하께 청을 한 가지 드리겠습니다. 믿을 수 있는 사람 하나를 큰 가방에 들어가게 하신 다음 그 가방을 왕비님 방에 두십시오. 물론 가방 안에 사람이 있는 것을 왕비께서 절대 눈치 채지 못하도록 하셔야 합니다. 그러면 제가 왕비님을 뵈러 가서 죄 없는 저를 왜 해치려 하셨는지, 왜 흉계를 꾸며 저를 모함하셨는지 따져 보겠습니다."

"너의 제안에 따르도록 하겠다. 내가 직접 가방 안에 들어가겠노라. 너는 즉시 왕비를 만나겠다고 해라."

가방 안에 들어간 술탄은 왕비의 방 한쪽 구석에 놓이게 되었다. 잠시 후 청년은 왕비에게 뵙기를 청했다. 그녀는 곧바로 방으로 와서 기다렸다. 방으로 들어온 청년은 왕비에게 정중히 인사를 드린 뒤 말을 꺼냈다.

"왕비님, 저는 전하와 왕비님 두 분을 위해 최선을 다해 성실하게 일해 왔습니다. 그런데 왕비님께서는 저를 해치려고 우물 안으로 내려 보내셨습니다. 그렇지만 저는 1,000리얄을 주고 산 격언 덕택에 살아났습니다. 그러자 왕비님은 또다시 음모를 꾸미며 전하께 서신을 전하라고 하셨습니다. 그때도 저는 1,000리얄을 주고 산 '선한 의도에서 나온 생각이라면 동의하라.'는 격언에 힘입어 살아날 수 있었습니다. 왕비님, 저는 지금 왕비님께서 또 어떤 계략을 꾸미실 것인지 참으로 두렵습니다. 이제 제게 남은 지혜가 아무것도 없기 때문입니다. 아마 이번에는 앞서 그랬던 것처럼 살아남지 못할 것입니다. 청컨대 부디 저를 용서해 주십시오. 그리고 제 신앙심과 명예를 훼손하지 않는 한 어떤 일이든지 시켜 주신다면 모두 행하겠습니다."

청년의 말에 왕비는 여전히 굳은 표정으로 대답했다.

"그래, 나는 너를 없애려고 두 차례 계략을 꾸몄다. 네가 내 뜻을 저버리고 내 명을 거역한 것은 정말 참을 수 없는 모욕이다."

"왕비님, 지금 제게 명령을 내려 주십시오."

청년이 공손하게 말했다.

"좋아. 나는 네가 술탄의 곁에 있는 한 비밀을 지킬 수 있을 거라는 말을 믿을 수가 없다. 그러니 방법은 한 가지뿐이다. 살고 싶으면 술탄의 곁을 떠나라. 이외에는 다른 방도가 없다."

청년은 기회가 닿는 대로 술탄의 곁을 하루라도 빨리 떠나겠다고 약속하고 방을 나왔다. 술탄은 가방 안에서 이 모든 대화를 듣고 있었다. 술탄은 청년의 정직함과 충성심, 성실함이 마음에 들었고 그에 대한 믿음이 더욱 커졌다. 그 일이 있은 뒤 청년은 왕비의 모함에서 벗어나기 위해 궁을 떠나려고 했으나 술탄이 허락지 않았다.

청년은 성실하고 경건하며 지혜로운 남자로, 또한 여러 차례 기적처럼 죽음의 위기에서 살아난 자로 사람들에게 알려지기 시작했다. 많은 사람은 그를 알라의 보호를 받는 정직한 인물이라고 여기게 되었다.

그러나 이제 왕궁에서 허무함을 느낀 청년은 하루라도 빨리 그곳을 벗어나고 싶었다. 그래서 방법을 궁리하던 끝에 그는 일부러 미친 사람처럼 행세하기 시작했다. 아무 뜻 없는 허튼소리를 지껄이고 다니는 청년은 한눈에도 정신병자처럼 보였다. 이 소문은 장터 사람들한테까지 알려지게 되었고 할 수 없이 술탄은 그를 궁 밖으로 내보내야만 했다. 이렇게 해서 청년은 술탄 곁을 떠났으며 왕비의 계략에서 살아남을 수 있었다.

●──주

1 아랍 사회에서 부계 혈족 내의 근친결혼은 일반적이다. 즉 사촌 간의 결혼이 많으며 이는 동족 간의 결혼을 통해 순수한 혈통을 지킬 수 있다고 믿는 데서 비롯된 부족사회의 전통이다.

세 동행자가 겪은 고난

남자 셋이 함께 여행을 하게 되었다. 그들 중 하나가 여행 중의 지루함을 달래기 위해 돌아가며 이야기를 하자고 제의했다.

"이야기를 하면서 가면 여행의 피로도 덜 수 있고 먼 길을 가는 무료함도 없어지지 않겠는가? 우리 각자 사는 동안 겪었던 괴상한 사건에 대해 이야기해 보세."

그의 제안이 그럴듯해서 그중 한 사람이 자신의 경험담을 털어놓기 시작했다.

"어느 날 나는 이야기하기 좋아하는 친구와 함께 앉아 있었네. 물론 그의 이야기를 열심히 듣고 있었지. 그런데 얘기를 듣던 중 등쪽 옷 속에서 무언가 기어가는 것을 느꼈다네. 나는 그 느낌을 무시한 채 계속 귀를 기울였어. 그렇지만 그 느낌은 점점 강해졌고, 뭔가가 살을 무는 것 같은 아픔을 느꼈지만 여전히 아무 일 없다는 듯 가만히 자리에 앉아 그 친구 이야기에 열중했네. 그러던 중 통증이 심해지는 걸 느낀 나는 안 되겠다 싶어 잠시 할 일이 있다고 친구한테 양해를 구하고 자리에서 일어났지. 그리고 한쪽 구석에 가서 옷을 벗었더니 그 안에 검은 전갈 한 마리가 있지 뭔가. 전갈의 독은 이미 내 몸에 퍼진 뒤였지. 나는 옷에 매달린 전갈을 죽여 불에 태운 뒤 그것을 물린 자리에 붙였네. 그러고는 친구한테 돌아왔고, 그런 상태로 스물네 시간을 아무 일도 없다는 듯 지냈다네. 독이 온몸에 퍼져 고통을 느끼면서도 말이야. 그 친구가 내 상황을 전혀 모를 정도로 난 아무렇지도 않은 척했지."

두 번째 남자가 자신이 겪은 고난에 관해 이야기했다.

"동료들과 함께 사막에 가는 중이었어. 우리는 사냥감을 찾고 있었지. 사람, 가축, 야생 동물, 모든 게 우리의 사냥감이었네. 우리는 도적 떼였거든.

어느 날 사냥감을 찾던 우리에게 다른 도적 떼가 다가왔어. 그들은 우리보다 수도 많고 더 강력한 무기를 갖고 있었지. 우리는 도망치려고 했지만 마땅한 곳이 없었다네. 그들이 우리를 따라잡을 것이 분명했지. 맞서 싸워 볼까도 생각했지만 그래 봤자 우리만 당할 것이 뻔했다네. 우리 모두는 항복하자고 의견을 모았어. 그것만이 살길이라고 생각했지. 우리가 항복한다면 그들은 우리가 가진 것 전부, 아니 그중 일부라도 그대로 놔둘 거라고 여겼지. 그들을 우호적으로 대하면 잘되리라 생각했던 거야. 그런데 그들은 우리를 밧줄로 묶고 물건을 모두 빼앗은 뒤 어디론가 끌고 갔어. 그리고 사막의 낮은 지대에 우리를 멈춰 세우고는 옷을 벗겼지. 그러고는 한 사람씩 들어갈 구덩이를 여러 개 판 뒤 각자 그 속으로 들어가게 했네. 그러더니 간신히 숨만 쉴 수 있게 얼굴은 땅 위로 나오게 하고 몸을 땅속에 파묻더군. 정말 꼼짝할 수가 없었어.

'너희는 원래 죽은 목숨이나 다름없지만 특별히 자비를 베풀어

이렇게 해 주는 거야.'

이 말을 끝으로 그들은 말 안장에 올라타더니 떠나 버렸어.

밤이 되었지. 늑대 떼가 몰려오더니 한 마리가 우리 중 하나한테 달려들어 뜯어 먹기 시작했네. 머리를 먹은 늑대는 땅속에 묻힌 몸을 먹으려고 땅을 파더군. 내게 눈독 들인 늑대는 가까이 오더니 내 머리를 건드리기도 하고 살짝 물어 보기도 했어. 그러다가 내 옆에 드러눕더군. 녀석은 이따금 나를 건드렸는데 이미 배가 부른 것 같았네. 아마도 나를 건드리며 장난을 치다가 배고파지면 잡아먹으려는 속셈이었을 거야.

늑대가 내게 장난을 치던 중 놈의 몸이 내 얼굴과 종종 스치기도 했다네. 늑대의 머리와 귀가 내 입 가까이 스칠 때 나는 목을 조금 빼서 이빨로 놈의 귀를 힘껏 물어뜯었지. 늑대는 온 힘을 다해 껑충껑충 뛰었지만 나는 늑대 귀를 꽉 물고 놓지 않았어. 늑대가 뛰어오를 때마다 몸을 움직일 수 있는 조그만 틈이 생겼고, 내가 몸부림치자 거의 빠져나올 수 있을 정도가 되었네. 나는 손을 움직여서 몸을 감고 있던 밧줄을 끊고 그제야 늑대를 놓아주었지. 예상치 못했던 공격에 겁을 먹은 늑대는 소스라치게 놀라서 줄행랑을 치더군. 그렇게 해서 나는 동료들 중 유일하게 목숨을 부지했다네."

세 번째 남자가 말했다.

"어느 해 나는 낙타 떼한테 풀을 먹이고 있었다네. 낙타들 중에 수컷이 한 마리 있었는데 이놈은 요란한 울음소리를 내면서 암컷들 사이를 오갔지. 그러다가 자기가 원하는 암낙타가 있으면 닥치는 대로 위에서 덮쳐 댔어.

나는 그 수낙타가 멋대로 하도록 내버려두었지. 하루는 낮에 그놈이 또 어린 암낙타 한 마리를 덮치고 있었네. 수낙타는 그 어린 암놈의 목덜미를 물더니 무릎을 꿇게 만들더군. 그러고는 위에 올라타려고 했지. 내가 보기에 어린 낙타는 그 공격을 견뎌 내지 못할 것 같더라고. 그래서 갖고 있던 나무 막대기로 수놈의 목덜미를 아플 정도로 세게 때렸다네. 그제야 수놈은 암놈을 놓아주더군. 나는 암놈을 일으켜 세우고 놈이 접근하지 못하도록 멀리 떨어뜨렸네.

그런데 얼마 지나지 않아 수낙타가 다시 그 암낙타를 거세게 공격하더라고. 이번에도 나는 수놈한테 달려가 막대기로 때려서 암놈한테서 떼어 냈어. 그리고 암낙타를 더 멀리 몰고 갔지. 그런데 말이야, 내가 한눈을 파는 사이에 무언가 달려오는 소리가 들렸다네. 아니나 다를까 그 수놈이 내게 돌진해 오지 않았겠나. 아마도 내게 증오심을 품고 복수하려 했던 모양이야. 놈과 맞서기엔 내 힘이 모자랐으므로 나는 도망치는 수밖에 없었지.

내가 걸음아 나 살려라 하고 달음질치자 수낙타가 내 뒤를 바싹 따라붙는 거야. 좌우를 둘러보았지만 피할 곳이 없더군. 이제 꼼짝없이 당하겠다 싶었지.

그 순간 묘안이 떠올랐어. 작은 나무 한 그루가 보이기에 나는 그 나무 위에 내 겉옷을 얼른 씌웠네. 그러고는 나무 뒤쪽으로 기어서 빠져나갔지. 곧 수낙타가 겉옷 있는 곳에 도달했지. 그놈은 내가 옷 아래에 있다고 여겼는지 옷 위에 앉더니 가슴으로 마구 짓눌러 대더군. 겉옷 위로 그 무거운 몸을 흔들며 내 겉옷을 갈기갈기 찢었어.

수낙타가 그러고 있는 사이 나는 근처 산으로 도망쳤지. 뭔가 이상하다고 여긴 수낙타는 주변을 둘러보다 뛰고 있는 나를 발견하고는 다시 바싹 쫓아왔어. 나는 더욱 속력을 내어 드디어 산에 도착했네. 그놈도 내 뒤를 쫓아 산으로 올라오더군. 나는 사람이 간신히 들어갈 만한 좁은 동굴을 발견하고 안으로 들어갔네.

쫓아온 낙타는 동굴 입구에 멈춰 서더니 머리를 굴 안으로 들이밀고 이빨로 나를 물려고 하더군. 나는 이빨에 닿지 않으려고 굴 안으로 더 들어갔고, 낙타는 동굴이 떠내려갈 정도로 쩌렁쩌렁한 울음소리를 냈어. 입에서도 거품이 나더군. 그럴수록 나는 놈한테서 도망치려고 동굴 안으로 더 깊숙이 들어갔다네. 그런데 안에 뱀 한 마리가 누워 있지 뭔가. 한 가지 위험에서 벗어났다고 생각했는데 또 다른 위험에 빠진 거야. 나는 도저히 빠져나갈 길 없는 두 불길 사이에 놓인 신세가 되고 말았다네. 가장 안전한 방법은 동굴 한쪽 구석에 웅크린 채 가만히 있는 거라고 생각했지.
　굴 입구에서 수낙타는 머리를 들이밀고 계속 으르렁거렸어. 결국 놈의 울음소리가 잠자던 뱀을 깨우고 말았다네. 뱀이 몸을 움직이자 낙타는 머리를 더욱 안으로 들이밀며 괴성을 지르기 시작했지.
　그러자 뱀은 낙타가 자기를 공격해 잡아먹으려 한다고 여겼던 모양이야. 성난 뱀이 굴 입구 쪽으로 기어가더니 펄쩍 뛰어 낙타의 입을 물었네. 뱀에게 물린 낙타는 있는 힘을 다해 자기 머리를 굴 밖으로 빼냈지. 뱀도 낙타와 함께 굴 밖으로 나둥그라지고 말았어. 그 후 두 동물 간에 무시무시한 싸움이 벌어졌다네. 뱀은 온 힘을 다해 낙타를 물고 늘어졌고 낙타는 뱀을 땅바닥에 내동댕이쳤지.
　싸움은 계속 되었고 뱀이 낙타를 놓친 순간, 낙타가 뱀의 몸을 갈기갈기 찢었어. 낙타가 이긴 것 같았지만 결국 녀석의 몸에도 뱀의 독이 퍼지고 말았지. 그놈은 이내 땅에 고꾸라져 죽고 말았어. 나는 그제야 동굴 밖으로 나왔네. 원수 같은 그 동물들은 둘 다 땅에 나자빠져 있었지. 나는 그렇듯 나를 돌봐 주시는 생명의 은인, 알라께 감사를 드렸다네."

굴의 방귀에서 생긴 딸

　부모를 잃은 오누이가 살고 있었다. 누이에게 오빠는 이 세상에서 가장 소중한 존재였다. 그런데 오빠는 워낙 돌아다니기를 좋아해서 여행에서 돌아오기가 무섭게 다음 여행을 준비할 정도였다. 게다가 오빠의 아내는 시누이와 한집에 사는 것을 좋아하지 않았다. 그래서 시누이를 떼어 버릴 방도를 궁리했지만 마땅한 방법이 떠오르지 않았다.
　오빠가 여행을 떠나고 없던 어느 날 올케는 좋은 방법을 생각해 냈다.
　"아가씨, 집에만 있으니 답답하지요. 우리 먹을거리를 싸들고 나가 숲이나 어디 풀밭에 앉아 즐기다 와요. 푸른 나무도 보고 상쾌한 공기도 마시고요."
　"언니, 참 좋은 생각이네요."
　두 사람은 도시를 벗어나 사막을 걸어서 멀리 떨어진 숲에 이르렀다. 숲 한구석에 자리잡은 그들은 땔감을 찾아와 요리할 준비를 했다. 그러나 불을 지필 성냥이 보이지 않았다. 물건을 다 뒤져 보아도 찾을 수 없자 일부러 성냥을 집에 두고 온 올케가 말했다.

"성냥을 깜빡 잊어버리고 왔거나 오는 도중에 떨어뜨린 것 같네요. 내가 돌아가서 찾아볼게요. 만약 못 찾으면 다시 집에 가서 가져올 테니 아가씨는 여기 계세요. 최대한 빨리 돌아올 테니까요."

누이는 혼자 있는 게 두려우니 늦지 말라고 당부했다. 올케는 되돌아갔고 누이 혼자 남게 되었다. 그러나 한 시간, 두 시간, 아니 세 시간이 지나도 올케는 돌아오지 않았고 날은 점점 어두워졌다. 누이는 발길 닿는 대로 정처 없이 걷다 보면 안전한 곳에 다다를지도 모르고, 설령 그러지 못한다고 해도 숲에 그냥 머물러 있는 것보다는 나을 거라고 생각했다.

누이가 물건을 챙기고 숲에서 나올 무렵 해는 벌써 많이 기울었고, 어둠 때문에 앞이 제대로 보이지 않았다. 누이는 낯선 길을 열심히 걸어갔다. 한참을 걷다 보니 먼 곳에서 불빛이 보였고, 그쪽으로 걸음을 재촉한 그녀는 불빛이 새어 나오는 커다란 궁전 앞에 도착했다. 마침 열려 있는 문으로 들어가 보니 아무런 인기척이 없었다. 그녀는 궁전이 비어 있다고 생각하고, 몸을 쉴 만한 방을 찾아 자리를 깔고 누웠다.

그러나 눈을 감으려는 순간 문 쪽에서 심상치 않은 소리가 들렸다. 황급히 자리에서 일어나 소리 나는 곳을 바라보니 덩치 큰 굴[시신을 먹는 것으로 알려진 흉측한 귀신]이 들어오고 있는 것이 아닌가!

누이는 두려움에 떨며 몸을 숨길 만한 곳을 찾았다. 그러다 마침 화장실을 발견하고는 그곳으로 들어가 문을 걸어 잠그고 한쪽 구석에 몸을 숨겼다. 팔다리는 심하게 떨리고 심장이 마구 뛰었다.

마침 굴이 화장실 문을 열고 일을 보러 들어왔다. 누이는 꼼짝도

하지 않은 채 아무 일 없기만을 기원했다. 그런데 굴이 일을 보던 중 큰 소리로 방귀를 뀌었고, 그 소리를 들은 누이는 너무 우스워 자신도 모르게 웃음을 터뜨렸다.

그러자 굴이 물었다.

"그렇게 웃어 대는 당신은 누구요?"

겁에 질린 누이는 잠시 생각한 뒤 침착하게 대답했다.

"나는 당신 방귀에서 생긴 딸이에요."

"내 방귀에서 생긴 딸이라고? 어쨌든 반갑군."

굴은 누이를 맞아들이며 두려워하지 말고 편히 쉬라면서 잠자리를 마련해 주었다. 그녀는 굴의 만수무강을 축원한 뒤 피곤해서 곯아떨어졌다.

다음 날 아침, 굴은 누이에게 궁전에 있는 모든 방의 열쇠를 건네주었다. 그리고 각 방에 있는 금은보화와 재물의 종류를 알려 주면서 마음대로 가지라고 했다. 다만 방 하나에 대해서는 아무런 설명 없이 절대 열지 말 것을 당부했고, 누이는 그 방 가까이에는 가지도 않고 문을 열어 보지도 않겠다고 약속했다.

굴의 딸이 된 누이는 모든 것이 풍족한 이 거대한 궁전에서 오랫동안 편안하게 지냈다. 굴은 그녀에게 음식과 의복 등 생활에 필요한 모든 것을 갖다 주었다. 물론 사람들을 만날 수는 없었지만 그건 그리 큰 문제가 되지 않았다. 올케가 꾸민 계략에 상처 받아 이미 사람이란 배신하고 속이며 질투하는 존재라고 체념한 것이다. 숲으로 소풍을 가자고 꾀어 낸 다음 홀로 내버려두어 길을 잃게 한 올케가 아니었던가!

그러던 어느 날, 굴이 밖으로 나간 뒤 누이는 일전에 주의를 받은 방에 대해 궁금증이 일었다. 그 방의 비밀이 무엇일까 궁금해진 그녀는 호기심을 억누르려 했으나 그럴수록 궁금증만 더해 갔다.

마침내 굴의 딸은 열쇠로 그 방문을 열고 안으로 들어갔다. 방은 텅 비어 있었고 벽에도 창문 하나만 있을 뿐이었다. 창문을 열자 창문 밖으로 술탄의 궁이 보였고, 마침 술탄의 며느리인 왕자비와 시선이 마주쳤다.

왕자비는 창문에 있는 그녀에게 물었다.

"당신이 굴의 딸인가요?"

굴의 딸이 그렇다고 대답하자 왕자비가 말했다.

"굴은 당신을 살찌운 다음 잡아먹을 거예요."

그 말을 들은 굴의 딸은 충격을 받고 두려움에 빠져 아무것도 먹지 못했다. 딸의 건강이 나빠진 모습을 보고 굴이 물었다.

"내 소중한 딸아, 대체 네게 무슨 일이 있었느냐?"

"저는 몹시 슬프답니다. 그만 아버님의 명을 어기고 어리석은 짓을 저지르고 말았어요."

"내가 열지 말라고 했던 그 방을 열어 보았구나."

"예, 열어 보았어요."

굴은 딸이 방에 들어가 무엇을 보고 들었는지 물었고, 그녀는 왕자비와 나눴던 얘기를 해 주었다.

"왕자비는 저더러 잡아먹힐 것이라고 했지만 저는 그 말 때문에 슬픈 게 아니에요. 사람 목숨은 알라의 손 안에 있으니까요. 다만 아버님 말씀을 따르지 않아 죄송할 따름이에요."

"괜찮다, 내 딸아. 두려워하지도 말고 슬퍼하지도 마라. 이제 가장 좋은 옷과 장식을 걸치고 다시 한 번 그 방에 들어가 창문을 열고 그 왕자비를 만나도록 해라. 왕자비는 지난번 했던 것과 같은 말을 네게 할 것이다. 그러면 이렇게 답해라. '나는 굴의 딸이지요. 그런데 아버님은 나를 키우고 살찌워서 왕자와 혼인시켜 준대요.' 라고 말이다."

굴의 딸은 굴이 시킨 대로 했다. 그러자 왕자비는 몹시 화를 내며 자리를 박차고 일어났다. 그러고는 남편인 왕자에게 이 일을 알리고, 직접 남편에게 창문에 있는 딸을 보여 주며 그녀를 벌할 것과 그녀가 사는 궁전을 허물 것을 요구했다. 하지만 왕자는 아내를 화나게 만든 굴의 딸을 본 순간 벌은커녕 마음을 빼앗겨 버렸다. 왕자의 반응을 본 왕자비는 여자의 육감으로 상황이 어떻게 돌아가는지 알았다. 불안해진 왕자비는 남편에게 거듭 자신의 요구 사항을 말했지만 왕자는 무심히 대하면서 들은 척도 하지 않았다. 왕자비는 질투와 분노를 이기지 못하고 창 밖으로 몸을 던져 싸늘한 시신이 되고 말았다.

그 일이 있은 뒤 왕자는 굴에게 사신을 보내어 굴의 딸한테 청혼했다. 왕자는 마흐르(신랑이 신부에게 주는 결혼 지참금)를 지급했고 신랑과 신부 두 집안은 혼인 준비를 했다. 혼인식 날 밤 흥겨운 노랫가락 속에 잔치가 열렸고, 식장은 하객들로 시끌벅적했다.

신부의 이름은 타타르였다. 굴은 딸에게 왕자가 그녀의 이름을 부를 때까지는 왕자와 얘기하지 말고, 그가 스스로 알아낼 때까지 절대 이름을 알려 주지 말라고 지시했다.

그래서 왕자가 말을 걸어 와도 그녀는 아무 말도 하지 않았다. 왕자는 이 일을 문제 삼지 않고 그저 자연스럽게 내버려두었다. 이런 상태가 한동안 지속되었다. 왕자는 아내에게 말을 걸지 않고 그녀가 먼저 말을 걸어 주기를 기다렸다. 그러나 굴의 딸은 끝까지 왕자에게 아무 말도 하지 않았다. 답답해진 왕자는 더는 참지 못하고 으름장을 놓았다.

"당신이 나와 말을 하지 않는다면 다른 아내를 맞이할 것이오."

그러나 다른 아내와 달리 굴의 딸은 왕자의 말에 도통 반응하지도, 화를 내지도 않았다. 마침내 왕자는 새 아내를 맞이했다. 그리고 새 아내를 궁으로 데려와 살게 했지만, 굴의 딸은 흔들리지 않고 담담하게 그 상황을 받아들였다.

새 아내가 들어와 살게 되자 굴의 딸인 첫째 아내는 그녀를 찾아갔다. 두 여자는 서로 인사를 나누었고, 굴의 딸은 잔치를 열어 새 아내를 초대했다. 새 아내는 기쁜 마음으로 초청에 응했다. 첫째 아내의 사는 모습도 보고, 남편에게 일러바칠 만한 결점도 발견할 수 있을 것이라 여겼기 때문이다.

두 사람은 정답게 얘기를 나누었다. 그런데 굴의 딸은 손님에게 내놓을 음식이나 음료를 준비해 놓지 않았다. 한동안 서로 재미난 얘기를 나눈 다음 굴의 딸은 가까이에 있는 주전자와 차와 설탕을 바라보며 말했다.

"차야! 끓여진 다음 내게 오렴."

그러자 잠시 후 차가 다 끓여진 주전자가 다가와서 저절로 찻잔에 차를 부었고, 두 여자는 맛있게 차를 마셨다. 차를 마신 뒤 굴의 딸은 생선을 보고 말했다.

"생선아! 튀겨져 내게 오렴."

그러자 잠시 후 저절로 튀겨진 생선이 접시에 놓인 채 두 사람에게 왔다. 두 사람은 맛나게 생선 요리를 먹은 뒤 역시 같은 방식으로 커피를 마셨다.

식사를 마친 뒤 굴의 딸은 손님을 데리고 자신이 사는 곳을 보여 주었다. 부엌에는 화덕이 있었다. 굴의 딸은 거기에 불을 피우고, 그 속에 들어갔다가 다시 걸어 나왔다. 하지만 그녀는 아무런 상처도 입지 않았다.

 새 아내는 자신의 거처로 돌아가기 전에 첫째 아내한테 말했다.

 "내일은 제가 당신을 초대해서 점심을 대접하겠어요."

 굴의 딸은 초대에 응했다. 다음 날 새 아내는 예의를 갖춰 굴의 딸을 맞이했다. 응접실로 가자 새 아내는 어제 굴의 딸이 보여 준 묘기를 자신도 해보겠다고 했다. 첫째 아내와 경쟁에서 지기 싫었던 것이다.

 새 아내는 차에게 말했다.

 "차야! 준비해서 내게 와라."

 그러나 시간이 지나도 차는 그녀에게 오지 않았다. 그녀는 생선에게도 말했다.

 "생선아! 튀겨져 내게 와라."

 생선 역시 오지 않았다. 새 아내는 첫째 아내를 데리고 자기가 사는 곳을 구석구석 보여 주었고, 이윽고 부엌에 도착했다. 그녀는 먼젓번 굴의 딸이 했듯이 화덕에 불을 피우고 그 속으로 들어갔다. 그러나 뜨거운 불길이 새 아내를 삼켜 버리고 말았다.

 새 아내가 불에 타 죽었다는 말을 들은 왕자는 하인들에게 무슨 일이 일어났는지 물었다. 그들은 부엌에서 있었던 일을 알려 주며 새 아내가 스스로 목숨을 끊었다고 말했다.

 왕자는 굴의 딸을 만나 이전처럼 말을 걸었지만 여전히 첫째 아내는 한 마디도 하지 않았다. 그는 그녀가 아무 말도 하지 않으면 다시 새 아내를 맞겠다고 위협했다. 그러나 아내는 침묵을 지키고 남편의 위협에 겁내지 않았다.

 화가 난 왕자는 사신을 보내 불에 타 죽은 둘째 아내의 누이동생에게 청혼을 했다. 그 누이동생은 청혼을 받아들였고 혼인식이 치러졌다. 왕자는 새 아내를 데려와 죽은 언니가 살던 곳에서 지내도록 했다.

굴의 딸은 두 번째 새 아내를 찾아가 자신의 거처에 초대하고 싶다고 말했다. 새 아내는 초대를 받아들여 다음 날 첫째 아내의 거처로 찾아왔다.

첫째 아내는 이전에 했던 것처럼 저절로 만들어진 차와 생선 요리를 대접했고, 불길 속에서 살아 나오는 묘기도 보여 주었다. 다음 날 새 아내 역시 굴의 딸을 초대하고, 언니가 하던 것처럼 음식을 대접하려 했으나 실패했다. 그리고 불길 속에서 묘기를 보이려다가 언니처럼 불에 타서 목숨을 잃고 말았다.

왕자는 두 번째 새 아내마저 스스로 불 속에 뛰어들었다는 말을 들었다. 굴의 딸을 향한 그의 분노는 극에 달했고 모든 비극이 그녀 때문에 일어났다고 생각했다. 만일 그녀가 자기에게 한 마디라도 했다면, 혼인을 두세 번씩 하지도 않았을 뿐 아니라 이처럼 끔찍한 일도 일어나지 않았을 거라고 여겼다.

왕자는 오랫동안 슬픔에 잠겼고 굴의 딸에게 크게 화를 냈다. 그렇다고 새로 아내를 구할 수도 없는 노릇이었다. 또다시 새 여자와 혼인해서 그녀를 죽이는 죄를 지을 수는 없었기 때문이다.

얘기도 하지 않고 자신의 이름을 알려 주지도 않는 아내 때문에 고심하던 왕자는 어느 날 그녀의 거처로 향했다. 거기서 그는 이상한 대화를 듣게 되었다. 자기 주전자가 놋쇠 주전자에 대한 불만을 주인인 굴의 딸에게 늘어놓고 있었던 것이다.

"타타르 주인 마님, 보세요. 놋쇠 주전자가 저를 때렸어요."

이 말을 놓치지 않고 들은 남편은 곧바로 아내에게 말했다.

"타타르, 달덩이 같은 여인이여. 내게 말을 해 주오. 당신을 향한 사랑에 내 심장은 쪼개질 것만 같소."

그러자 아내는 남편을 바라보며 기쁨에 찬 표정으로 웃으며 말했다.

"어떻게 제 이름을 아셨나요?"

그녀가 또렷한 발음으로 말을 하자, 그 순간 왕자는 지난날 상처받았던 마음이 모두 치유되는 것을 느꼈다. 남편은 자기 주전자의 불평을 듣다가 알게 되었다고 말해 주었다.

그 뒤 두 사람은 자유롭게 대화를 나눌 수 있었다. 아내는 자신이 겪은 일을 남편에게 즐겁게 말해 주었고, 남편 역시 자신의 이야기를 아내에게 들려주었다. 두 사람은 아들딸을 여럿 낳고 오래오래 행복하게 살았다.

나무꾼과 보물

어느 가난한 나무꾼이 아내와 살고 있었다. 그는 나무를 베어 당나귀 등에 싣고, 시장에 내다 팔아 번 돈으로 자신과 아내가 먹을 식량을 마련했다. 그는 여름철에는 나무를 하고, 겨울에는 마른풀을 시장에 내다 팔아 근근이 생활을 유지했다.

그러던 어느 날 밤, 나무꾼은 누군가가 자신을 깨우는 듯한 느낌을 받았다. 낯선 자가 그에게 말했다.

"너의 생활이 참으로 어렵고 고단하구나. 내 말을 귀담아듣고 시키는 대로 하면 부와 재화가 생길 것이다. 바그다드로 가서 동쪽 문 아래를 파 보아라. 거기에 순금이 있을 것이니 너와 네 후손에게 부가 넘치기를 바라노라."

잠에서 깬 나무꾼은 꿈속에서 들은 말을 또렷하게 기억했다. 여전히 그 사람이 눈앞에 있고, 그의 목소리가 들리는 것 같았다. 궁핍한 나무꾼에게 꿈에서 들은 이야기는 충분히 구미가 당기는 것이었다.

●──아랍 민담

나무꾼은 혼자 중얼거렸다.

"내가 사는 곳이 바그다드의 어느 쪽이지? 나는 우샤이카르에 살고 보물은 바그다드에 있다고 했는데, 도대체 바그다드는 어디쯤에 있을까?"

그러다가 그는 자신이 허황된 꿈을 꾸었다고 생각했다. 자신의 간절한 바람이 꿈에서 환상으로 나타난 것이라고 단정 지었다.

다음 날 밤 나무꾼의 꿈에 어제 그 사람이 또다시 나타났다. 남자는 나무꾼의 손을 잡아 잠자리에서 일어나 앉게 하더니 어제 했던 것과 같은 말을 다시 들려주었다. 정말 이상한 꿈이었다. 그러나 나무꾼은 그 꿈을 잊고 평소대로 자신의 일에 몰두했다.

사흘째 밤 나무꾼은 베개에 얼굴을 묻고 알라의 이름을 외면서 사탄으로부터 벗어나게 해 달라는 기도를 드린 뒤 잠자리에 들었다. 그러나 그날 밤도 어김없이 그 사람이 나타나 나무꾼에게 보물에 대해 알려 주면서 보물의 모습을 그려 보였고, 바그다드로 가서 값진 보물을 찾아 가지라고 부추겼다. 또한 보물을 차지할 자격이 없는 사람이 그것을 가질까 봐 걱정스럽다는 말도 덧붙였다.

나무꾼은 꿈에서 본 환상에 대해 골똘히 생각했다. 그는 다른 사람이 보물을 가로챌 것을 염려하여 아무에게도 그 이야기를 하지 않았다.

보물에 대한 호기심과 욕구가 커진 나무꾼은 드디어 바그다드로 가기로 마음먹었다. 그는 보물을 찾으면 이렇다 할 수입 없이 고생만 하는 지금의 일을 그만두어도 되리라 생각했다. 나무꾼은 나귀를 팔아 여비를 마련한 뒤 떠날 채비를 했다. 그러자 평상시와 다른 그의 모습을 보고 아내가 말했다.

"여보, 도대체 무슨 일이에요? 나귀를 팔면 우리는 무얼 먹고 살아요?"

"나는 지금 하는 일에 지쳤소. 그래서 생계를 위한 다른 방도를 알아보러 떠날 생각이오. 알라께서 나를 인도해 주실 것이오."

아내는 아무 말 없이 남편의 일이 잘되고 그가 건강하게 돌아오기를 기원했다.

나무꾼은 이라크로 가는 대상을 찾아가 함께 여행길에 올랐다. 대상은 밤늦게 바그다드에 당도했고, 다음 날 아침 나무꾼은 동쪽 문을 찾아 보물이 있을 만한 장소를 물색했다. 문제는 사람들이 오가는 곳에 위치한 문 아래의 땅을 어떻게 파느냐 하는 것이었다. 관청에서도 그가 땅 파는 것을 눈치 채면 당장 중지시킬 것이다. 또 사람들이 그 일에 대해 묻고 혹시 비밀을 알아차린다면 보물을 나눠 갖자고 하거나 관청에 신고할 수도 있었다.

나무꾼은 일어날지도 모르는 곤란한 상황을 피하려고 궁리한 끝에 좋은 방법을 생각해 냈다. 보물이 있는 장소에 작은 움막을 짓고 그곳에 사는 방법이었다. 그러면 안전하게 작업을 할 수 있을 것 같았다.

나무꾼은 움막을 짓기 시작했다. 나무 기둥을 세워 그 위에 천을 덮고 옆면에는 판자를 대어 벽을 만들었다. 그는 낮에는 밖에 나가 아무 일이나 해서 생계를 꾸리고 밤에는 움막으로 돌아와 잠을 잤다. 사람들은 이 움막을 지은 자가 누구인지 알게 되었지만 특별히 관심을 두지 않았다. 얼마 뒤 나무꾼은 보물을 파내는 데 필요한 도구들을 장만했다.

그는 주변 사람들이 모두 잠들어 동쪽 문의 통행이 끊긴 어느 날 밤에 땅 파는 작업을 시작했다. 한참을 파들어 갔으나 아무것도 발견하지 못했다. 다시 더 깊이 파 보았지만 보물은 흔적조차 찾을 수 없었다. 결국 구덩이 주변에 보물이 있을 거라 생각한 나무꾼은 땅을 더 넓게 파기 시작했다. 범위를 점점 넓힌 탓에 거의 다 움막 터 전체를 팠으나 아무것도 찾지 못했다.

나무꾼은 크게 실망해서 성과 없는 일에 매달린 것을 후회하기 시작했다. 그리고 왜 꿈을 믿었던가, 왜 그리도 허황된 생각을 했던가 탄식하며 자신을 나무랐다.

나무꾼은 파던 구덩이를 메운 뒤 밖으로 나갔다. 그는 마음에 큰 상처를 입었으며 걷잡을 수 없는 실망의 그늘에 뒤덮이고 말았다. 시장을 거닐다가 포도 가게에서 탐스러운 포도 한 송이를 산 그는 포도를 어디에서 먹을까 궁리했다. 실망을 안겨 준 움막으로 돌아가기 싫었다. 그래서 포도송이를 들고 모스크^{이슬람 사원}로 가기로 마음먹었다. 그곳에서 포도를 먹고 예배를 드리면 근심이 조금이나마 사라지겠거니 하는 생각에서였다.

큰 모스크를 찾아 들어간 나무꾼은 안을 둘러보았다. 한쪽 구석에서 한 노인이 잠을 자고 있었다. 나무꾼은 노인과 포도를 나눠 먹으면 되겠구나 하고 생각했다. 함께 먹으면서 자신이 겪은 실패담을 들려주면 노인이 작은 위로라도 해 줄 것 같았다. 그는 노인에게 인사를 건넨 후 포도를 권했고, 두 사람은 함께 포도를 먹으면서 대화를 나누었다. 노인은 나무꾼에게 평소에 못 보던 얼굴인데 어디서 왔으며 무슨 일을 하는지 물었다. 그러자 나무꾼은 자신은 나즈드^{아라비아 반도의 고원 지대} 지역에서 왔고, 실은 이상한 꿈을 꾼 뒤 이곳에 왔노라고 답했다. 그리고 꿈속에 나타난 사람이 지시한 대로 이곳에 와서 땅을 파다가 결국 실패로 끝난 그동안의 일을 얘기해 주었다.

"저는 요즘 자나깨나 그 고민뿐입니다."

나무꾼의 말에 노인이 답했다.

"자네는 참으로 공상 속에 사는 사람이로군. 허공에서 부를 얻으려 드니 말일세. 하긴 자네한테 일어난 일이 내게도 있었지. 그래도 나는 자네처럼 성급하게 굴거나 무모하게 일을 벌이지는 않았다네."

"대체 어르신께서는 어떤 일이 있었습니까?"

"밤에 한 남자가 꿈속에서 잠을 깨우더니 내게 우샤이카르 마을로 가서 아무개를 찾으라고 하더군. 그자가 당나귀를 매둔 장소 아래에 값진 보물이 있다고 말일세."

나무꾼은 소스라치게 놀랐다. 그 꿈속의 남자가 말한 마을은 바로 자신이 사는 마을이었고, 그가 언급한 이름은 바로 자신의 이름이었으며, 그가 말해 준 집도 바로 자신의 집이었기 때문이다.

노인은 계속 말을 이었다.

"잠에서 깨어났을 때 환영이 들려준 말은 너무도 또렷했다네. 그러나 나는 이를 무시했지. 환영은 여러 차례 반복해서 나타났지만 나는 외면했다네. 나즈드 지역의 우샤이카르라는 곳이 도대체 어디 있고, 그곳을 어떻게 찾을 수 있는지 도무지 모르겠더군. 그리고 주인이 살고 있는 땅에서 어떻게 보물을 파낼 수 있단 말인가? 설령 내가 보물을 발견한다 해도 그 마을에서 무사히 빠져나올 수 있을까? 만약 마을에서 무사히 빠져나온다 해도 사막 도처에 깔린 도적 떼를 피해 살아남을 수 있을까? 그런 걱정을 하느니 차라리 여기 이렇게 있는 게 낫다고 생각했다네."

노인의 말에 나무꾼의 걱정거리는 사라졌고, 다시 한번 노력하면 좋은 결과가 있을 것이라는 희망을 가질 수 있었다. 바그다드 문 아래에서는 실패했지만 집 마당의 나귀를 묶어 두는 곳에서 보물을 찾을 기회가 생겼으니 말이다.

　나무꾼은 노인에게 작별 인사를 건네고 나즈드로 향하는 대상 무리에 끼어 가능한 한 빨리 마을로 돌아왔다. 집에 돌아오니 아내가 나무꾼을 반갑게 맞이해 주었다. 기쁨으로 마음이 들뜬 아내는 남편이 이번 여행에서 많은 재물을 갖고 왔으리라고 기대하고 있었다. 그러나 남편은 빈손이었다. 아내는 남편이 무일푼으로 돌아온 것에 충격을 받았다.

　아내의 굳은 표정을 본 남편은 오히려 다행스럽다는 생각을 했다. 불만스러운 태도를 핑계 삼아 아내와 다투고 나서 그녀를 처갓집에 보내 버릴 수 있었기 때문이다. 나무꾼은 집 마당의 보물 얘기를 아내한테도 비밀로 하기로 마음먹었다. 만약 이 얘기가 알려지면 사람들이 질투하거나 탐낼 수 있기 때문이다. 더욱이 여자는 비밀을 지키기엔 입이 너무 가벼우니 그러는 것이 안전하다고 생각한 것이다.

　나무꾼은 아내의 화를 돋운 다음 한바탕 싸우고, 곧바로 처가에 데려다 주면서 장인에게 말했다.

　"아내가 제게 화를 많이 내더군요. 저는 아내를 기쁘게 해 줄 준비가 되었지만 아직은 때가 아닙니다. 아내가 화를 가라앉히고 마음이 진정되어 집 생각이 간절해질 때까지 이곳에 있으라고 하겠습니다."

　집으로 돌아온 나무꾼은 나귀를 매어 두는 곳에 있는 나귀 똥을 깨끗이 치우고 나서 그곳을 파기 시작했다. 그는 낮 동안만 땅을 파기로 했다. 그래야 땅을 팔 때 나는 소리가 낮에 사람들이 바쁘게 일하는 소리에 섞여 잘 들리지 않기 때문이다. 만약 밤중에 작업을 한다면 땅 파는 소리가 또렷하게 들려 사람들의 이목을 끌 터였다.

그는 작업하는 순간마다 자신의 곡괭이가 보물에 부딪히기를 기대했다. 그러나 오랜 시간 파 내려갔지만 아무것도 나오지 않았다. 그래도 그는 희망을 갖고 계속 작업을 해 나갔다. 그러다가 마침내 재가 나왔는데 이는 보물이 있다는 증거였다. 대개 보물을 파묻을 때는 부식과 녹을 방지하려고 재를 주변에 묻기 때문이다. 나무꾼의 심장은 쿵쾅거리며 뛰었다. 몇 분 후 뚜껑이 단단히 덮힌 항아리가 나왔다. 열어 보니 그 안에 금과 은이 가득 들어 있었다.

엄청난 보물을 본 나무꾼은 놀라움을 금치 못했고 기쁨을 말로 표현할 길이 없었다. 머릿속은 두려움과 기쁨, 희망 등 여러 가지 생각이 교차했다. 보물은 찾았지만 이로 인해 생길 일들을 떠올리니 두려운 생각이 들었다. 그는 곡괭이를 한쪽에 놓고 땅에 누워 이런저런 상상에 빠졌다. 인생은 천국과 같다는 상상을 하는가 하면, 다른 한편으로는 도적들과 질투하는 자들, 경쟁자들, 사기꾼들, 배신자들이 들끓는 지옥 같다고도 생각했다. 잠시 휴식을 취한 뒤 자리에서 일어난 나무꾼은 무거운 보물 항아리를 땅속에서 꺼냈다. 그리고 항아리를 감출 만한 외지고 어두운 장소를 찾아보았다. 그러다가 좁고 어두운 지하실이야말로 적당한 장소라고 여겨 그곳에 보물 항아리를 두었다.

그러고는 구덩이 있는 곳으로 돌아와 흙을 덮고 그 위에 원래대로 나귀 똥을 얹어 놓았다. 그곳은 누구도 알아챌 수 없을 만큼 평소와 똑같았다.

나무꾼의 생각은 온통 보물에 쏠려 있었다. 그는 보물을 이렇게 지하실에 내버려둘 수는 없다고 생각했다. 그렇게 두었다가는 자칫 누군가에게 발견될지도 모르는 일이었다. 그렇다면 어떻게 해야 할까? 그는 일 년 정도 생활에 필요한 양만 꺼내고 나머지 보물은 땅

● ——아랍 민담

속에 다시 묻는 것이 최상의 방법이라고 여겼다. 그래서 필요한 양만큼만 보물을 꺼낸 뒤 항아리를 구덩이에 다시 묻고, 그 위에 쓰레기 등을 놓아 자연스럽게 보이도록 만들었다.

다음 날 그는 아내의 비위를 맞춰 다시 집으로 데려왔다. 그러고는 예전처럼 땔감을 모으고 풀을 베어 거두는 일을 하겠다고 했다. 아내는 남편을 격려하며 말했다.

"지난날 우리는 이마에 땀을 흘리며 일용할 양식을 구하면서 살았잖아요. 알라께서 우리한테 건강을 주시는 한 양식도 허락하실 거예요."

나무꾼은 나귀 한 마리를 사서 보물이 묻힌 땅 위에 다시 매어 두었다. 그러나 그는 여전히 보물에 온 정신을 빼앗겼다. 낮에도 보물을 걱정했고 밤에는 두려움이 몰려왔다. 그는 잠도 제대로 잘 수가 없었고 깨어 있으면서도 잠을 자는 것처럼 멍했다. 나무를 하거나 풀을 모으다가도 집에 달려와 나귀를 매어 둔 땅이 원래 상태로 있는가를 눈으로 확인하고서야 비로소 안심할 수 있었다.

나무꾼은 여러 해 동안 불안과 두려움, 유혹에 시달려야 했다. 그는 매년 꺼내 둔 보물을 다 써 버릴 무렵이 되면 이런저런 이유를 들어 아내를 처갓집에 보내고 나서 다시 필요한 양만큼 보물을 꺼냈다. 그러나 그가 쓴 양은 적었으며, 나머지 보물들은 그대로 땅에 묻힌 채 긴 세월 잠을 잤다.

시간이 흐를수록 나무꾼은 병색이 완연했고, 뚜렷한 원인도 모르는 채 몸이 약해졌다. 여러 가지 약을 먹었지만 그의 병은 낫지 않았다. 주위 사람들은 나무꾼 가족이 어떻게 생활을 꾸려 가는지 무척 궁금하게 여겼다.

"도대체 일도 별로 안 하고 늘 아프기만 한 그 나무꾼이 어떻게 해서 먹고사는 거야? 그와 아내의 겉모습을 보면 제대로 먹고 사는 것 같은데 말이야."

나무꾼은 사람들이 말하는 대로 자신이 병에 걸렸다고 생각하기에 이르렀다. 실제로 그는 너무 오랫동안 움직이지 않아서 병에 걸렸고, 이제는 거동조차 제대로 하지 못했다.

나무꾼은 더 이상 힘든 일을 할 수 없었다. 그에게는 간단한 집안일도 버거웠다. 그러나 나귀만은 극진히 보살폈다. 동네의 어떤 당나귀도 나무꾼의 당나귀가 받는 보살핌의 10분의 1도 받지 못할 정도였다. 사람들은 그가 왜 그렇게 나귀한테 각별한 정성을 쏟는지 알지 못했다. 나무꾼이 나귀의 발굽 밑 땅속에 있는 보물 때문에 그렇게 한다는 사실을 알 턱이 없었던 것이다.

나무꾼은 내내 이런 식으로 살았고 병과 근심, 두려움이 그의 곁을 떠나지 않았다. 세월이 흐를수록 그는 더욱 자신과 아내에게 인색해졌고 살고자 하는 욕망은 더욱 강해졌다. 그럴수록 보물에 대한 욕심은 점점 커져 갔고 보물이 묻힌 장소에 대해서는 아내에게조차 알려 주지 않았다. 그렇게 병이 깊어지는 가운데, 이윽고 나무꾼이 생의 마지막 숨을 쉴 순간이 다가왔다. 죽음의 문턱에 다다른 그의 혀는 이미 굳어 버렸다. 그는 죽음의 순간을 피할 길이 없다는 것을 느끼고 아내에게 보물에 대해 말하려 했지만 혀가 움직이지 않았다. 남은 힘으로 할 수 있는 것은 손짓뿐이었다. 애석하게도 그는 아내에게 보물에 대해 제대로 알려 주지 못한 채 세상을 떠나고 말았다.

이처럼 그의 보물은 돈으로도 절대 살 수 없는 몸과 마음의 건강을 빼앗아 갔다. 나무꾼은 보물을 제대로 써 보지도 못하고 그저 땅속에 묻어 둔 채 빈손으로 저 세상으로 가고 말았다.

●──아랍 민담

방탕한 주인집 아들을 깨우친 청년

　어느 부부에게 쳐다보는 것만으로도 행복을 느끼게 해 주는 아들이 있었다. 아들은 부부에게 삶의 소망이자 행복의 원천이었다.
　그러던 어느 날 남편이 병에 걸려 알라의 부르심을 받고 세상을 떠나는 바람에, 아내는 과부가 되어 홀로 외아들을 돌봐야 했다. 어머니는 몸과 마음이 모두 잘 자랄 수 있도록 온갖 정성을 기울여 아들을 교육시키고 훌륭한 품성을 심어 주었다. 그녀에게 청혼하는 남자들도 꽤 있었지만 그때마다 아들의 교육을 이유로 거절했다. 자칫 어린애를 학대하는 남편을 만나면 자라나는 아들에게 나쁜 영향을 끼칠 것이라고 생각했기 때문이다. 어머니는 아들을 제대로 키우기 위해서라면 자신의 모든 것을 희생하리라 결심했다.
　아직 혼자서 앞가림을 하기에는 이르지만 그래도 아들이 제법 성장했을 무렵, 한 남자가 어머니에게 청혼을 했다. 그녀가 보기에 그는 성실하고 이치에 밝으며 남편으로서 충분한 자격을 갖춘 듯했다. 아이도 어느 정도 자랐고, 이제 외롭게 지내는 생활에 지친 어머니는 결혼을 결심했다. 그녀는 청혼한 남자에게 결혼을 하더라도 자기 아들을 뒷바라지하며 함께 키워야 한다는 조건을 내세웠다. 남자는 이에 동의했고 두 사람은 결혼하여 세 식구가 한집에서 살게 되었다.

어머니는 새 남편에게 충실했지만 여전히 자신의 외아들한테 큰 관심을 쏟았다. 결혼 초에는 새 남편도 의붓아들에게 온갖 애정을 쏟아 다정하게 대했고, 부인도 남편의 그런 자상한 면을 지켜보면서 그에 대한 사랑을 키워 갔다.

그러나 날이 갈수록 아들에 대한 새 남편의 태도가 변해 갔다. 그의 애정과 다정함은 점점 시들해졌고, 심지어 아들을 푸대접하기에 이르렀다. 결국 집안 분위기는 험악해졌다. 새 남편은 아들을 업신여기는 행동을 하루에도 몇 차례씩 되풀이했고, 이를 지켜보는 어머니의 마음은 편치 않았다. 세 사람의 마음에는 서로에 대한 불만과 불신이 싹트기 시작했고, 가정에서 화목과 웃음이 사라졌다.

어느 날 안방에 들어온 남편이 모자가 다정하게 앉아 있는 것을 보았다. 아들 앞에는 대추야자가 든 그릇과 우유가 든 그릇이 놓여 있었다. 순간 남편의 마음에 질투심이 솟구쳤다.

"부인, 당신의 관심거리는 오직 아들뿐이구려. 당신한테는 아들을 보살피겠다는 생각밖에 없는 것 같소. 가장 좋은 음식도 아들한테만 주고 밤낮 정성을 쏟고 있잖소. 오, 알라여, 이게 온당한 일인지 모르겠나이다."

아들은 이 말을 듣고 분노하여 입속에 든 대추야자 열매를 뱉고 손에 들고 있던 열매도 던져 버렸다. 그러고는 열매가 든 그릇의 뚜껑을 덮은 뒤 화가 난 채로 방을 나갔다.

아들은 어머니와 헤어져 살기로 결심했다. 자신이 집을 떠나는 것이 두 사람을 위해서도 좋고, 자신의 모습이 눈앞에서 사라지면 어머니도 새아버지와 편안히 지낼 수 있으리라 여겼던 것이다. 그래서 자기 방으로 들어가 옷가지를 챙긴 뒤 그 길로 집을 나왔다.

집을 나온 아들은 어느 집의 머슴으로 들어갔다. 그러면서 몇몇 상인들에게 자신은 대상과 함께 먼 도시로 여행하고 싶으니 혹시라도 이곳을 지나는 상인 무리가 있으면 알려 달라고 부탁했다. 마침 그 지역을 지나는 대상이 있어 아들은 그들 일행에 섞여 여행을 떠나게 되었고, 마침내 어느 도시에 다다랐다.

아들은 물건을 사고 파는 시장으로 갔다. 그때 어느 가게 주인이 가게 앞을 지나가던 아들을 불렀다.

"우리 가게에서 일해 보겠나?"

아들은 기뻐하며 이에 동의했다. 정해진 급여는 없었지만 가게 주인은 아들이 일한 만큼 계산해 주겠다고 약속했다.

처음에 아들은 잔심부름 같은 허드렛일을 맡았다. 다행히 그는 글을 읽고 쓸 줄 알았으며, 머리도 좋았기 때문에 점차 탁월한 솜씨를 발휘하여 주인이 맡기는 일들을 척척 해냈다. 그에 대한 주인의 신뢰는 점점 두터워졌다. 어엿한 청년이 된 아들은 자신이 일하는 분야에서 두각을 나타내기 시작했고 모든 일을 지혜롭게 처리하여 주인에게 예상치 못한 이득을 가져다주었다.

청년은 노력과 성실, 청렴, 신뢰를 몸소 보여 주었다. 주인은 그를 전적으로 믿었고 나중에는 청년이 자신과 함께 지내면서 모든 업무를 맡아 주기를 바랐다. 그러기 위해 주인은 청년을 학교에 보내야겠다고 생각했다. 미래를 내다보면 장사 기술도 중요하지만 교양과 지식도 그에 못지않게 중요하다고 생각했기 때문이다. 또 자신의 아들을 함께 보내면 아들도 청년을 본받아 공부도 열심히 하고 성실해질 것으로 기대했다. 그리하여 주인은 아들과 청년을 함께 학교에 보내기 시작했다.

  청년은 오전에는 학교에서 열심히 공부를 하고 오후에는 부지런히 가게 일을 돌보았다. 학교를 졸업한 후 청년은 주인의 사업에 더욱 몰두했다. 학교에서 배운 지식을 토대로 그는 장사에서 더욱 뛰어난 수완을 발휘했고 그의 손을 거친 사업은 눈에 띄게 성장했다. 청년은 항상 정확한 판단으로 현명한 결정을 내렸고, 이제 주인은 청년의 의견을 구하지 않고는 바늘에 실 꿰는 일도 하지 못할 정도가 되었다.

  이렇듯 청년은 주인과 서로 믿고 의지하며 희망과 활기로 충만한 행복한 삶을 보냈다. 그러면서 지난 세월의 고통과 근심에서 조금씩 벗어날 수 있었다.

  한편 청년의 어머니는 오가는 사람들에게 아들의 소식을 물으며 아들에 대한 걱정과 그리움으로 하루하루를 보냈다. 그러던 어느 날 한 상인한테서 아들이 어느 도시에 자리를 잡아 가게에서 일하며 잘 지내고 있다는 소식을 전해 들었다.

  어머니는 아들에게 편지를 썼다. 그리하여 집을 떠난 지 여러 해가 지난 뒤에야 비로소 아들은 어머니한테서 처음으로 집안 소식을 들을 수 있었다. 편지에서 어머니는 새아버지한테서 딸 셋을 낳았는데, 그 사람마저도 알라의 부르심을 받아 일찍 죽고 말았다고 했다. 게다가 남편이 죽기 전에 가족들이 살아갈 대책을 마련해 두지 않아서 먹고살 일이 막막하다는 내용과 함께 아들이 돌아와 자신과 누이들의 생계 문제를 해결해 주었으면 한다는 간절한 부탁이 들어 있었다. 또한 어머니는 그가 집에서 가족과 함께 살든지 아니면 다시 집을 떠나 지금 장사하는 곳에 와서 살든지 그것은 마음대로 정하라는 말을 끝에 덧붙였다.

청년은 편지를 읽고 나서 마음이 크게 흔들렸다. 실망해서 집을 떠나긴 했지만 마음속 깊은 곳에서는 자신을 교육시키려고 그토록 애쓴 어머니의 모습이 아련히 떠올랐다. 청년은 아들의 도리를 다하기로 결심했다. 일단 어머니를 모시고 난 뒤에 자신의 나아갈 길을 결정하기로 마음먹었다.

청년은 가게 주인에게 편지 내용을 이야기하면서 지금 어머니가 처한 안타까운 상황을 그냥 두고 볼 수 없으니 일단 집으로 돌아가서 가족을 돌보아야겠다고 말했다. 주인은 청년의 의견을 존중했다. 그러나 헤어짐을 못내 섭섭해하며 말했다.

"네가 떠나는 것은 좋다. 아들의 도리를 행해야 하니까. 하지만 가능한 한 빨리 돌아와서 내 장사 일을 맡아 주길 바란다. 알다시피 나는 이미 나이가 많아서 일할 힘도, 무슨 일이 일어나면 대처할 만한 능력도 없어졌다. 게다가 내 아들 녀석은 장사에는 도무지 관심을 두지 않는구나. 그놈은 그저 또래 친구들과 어울려 시간만 헛되이 보내고 있어."

청년도 자신에게 큰 은혜를 베푼 주인 곁을 쉽게 떠날 수 없었다. 그래서 집안 문제를 해결하고 가족의 형편이 나아지는 대로 다시 돌아오겠노라고 약속했다.

주인은 청년이 가게에서 10년 동안 일한 대가로 4만 루비야^{아랍의} _{화폐 단위}를 주고 이에 같은 액수의 상여금을 더하여 총 8만 루비야를 주었다. 또 청년 가족에게 줄 값진 선물에다 여행에 필요한 물건을 살 돈까지 따로 챙겨 주었다. 청년은 주인이 처음의 약속을 지켜 자신이 일한 대가를 넉넉히 지불하자 기쁨을 감추지 못했다. 하지만 주인은 청년의 뛰어난 장사 수완 덕분에 예상치 못한 엄청난 이익을 거두었으므로 이 정도의 보답은 당연하다고 여겼다.

큰 돈을 갖고 어머니가 계신 집으로 향한 청년은 고향에 도착하자 주민들로부터 성대한 환영을 받았다. 어머니와 세 누이는 그가 돌아오자 기뻐 어쩔 줄 몰라 했다. 그의 귀향은 마치 가뭄에 내린 단비 같았다. 그동안 어머니와 세 누이는 사람들로부터 소외당하고 버림받았지만 부자가 된 아들이 돌아오고 나니 상황이 완전히 달라졌다. 친척들은 자신들이 얼마나 가까운 관계인지를 떠들어 댔고, 옛 친구들은 이전의 추억을 되살리려 애썼다. 그들은 앞 다투어 청년에게 친밀감과 우정을 보이려 들었다. 청년은 그 고장에서 고귀한 인물로 대접 받기에 이르렀다.

그렇게 세월을 보내는 중에 첫째 누이가 유력한 집안의 남자와 혼인하고, 얼마 후 둘째 누이도 혼인했다. 그러나 셋째 누이는 아직 혼인할 나이가 되지 않았다. 청년은 고향을 떠나 좀 더 전망 있는 고장으로 이사하기로 마음먹었다. 그는 재산도 있고 고향에서 영향력도 갖고 있었지만, 사업성과 수익성을 고려하면 이곳은 장사하기에 유리한 환경이 아니었다. 그는 어머니에게 자신의 생각을 말하고 동의를 얻었다.

그리하여 청년은 어머니, 셋째 누이와 함께 상거래가 활발한 다른 도시로 이사한 뒤 여러 종류의 화폐로 거래할 수 있는 가게를 열었다. 가게는 점차 성장하여 은행으로 발전했고, 은행은 점차 커져 여러 도시에 점포를 열고 뛰어난 직원들을 거느리게 되었다.

청년은 일 처리가 정확하고 신용이 좋아 멀리까지 명성이 자자했다. 또한 경솔하지 않고 매사에 정확한 원칙과 기준을 적용했으며 안정된 운영을 한 덕에 큰 부자가 되었다.

한편 이전에 청년이 일하던 가게 주인은 모든 재산을 경솔하고 어리석은 아들에게 넘긴 채 세상을 떠났다. 재산을 물려받은 주인의 아들은 평소 습관대로 돈 있는 자에게 빌붙어 편하게 놀고 지내려는 게으른 친구들과 어울려 향락에 빠진 나머지 조금씩 재산을 탕진하기 시작했다. 못된 친구들은 그의 낭비를 부추겼다.

"어이 친구, 재산을 불리는 방법에 대해 새겨들을 만한 말이 있어. 어떤 사람은 세상 사는 동안 재물 모으는 것을 낙으로 삼지. 그러고는 상속자한테 자기 재산을 넘겨주는데 그건 부질없는 짓이야. 죽으면 어차피 하늘의 심판을 받는 법이니까. 재물을 모으면서 저지른 잘잘못이 가려져 벌이나 상을 받는 거야. 반면에 상속자는 그 부와 즐거움을 누리는 거고."

못된 친구들의 유혹에 넘어간 아들은 물려받은 재산을 탕진해 버렸다. 그렇게 해서 무일푼이 되자 친구들은 모두 그의 곁을 떠나 버렸고, 그를 모른 척했다.

주인의 아들은 오랫동안 굶주림을 참으며 헐벗은 상태에서 지내야 했다. 그러던 어느 날 한 친구가 이전에 같이 살면서 함께 공부하고 지내던 청년에게 가 보면 어떻겠느냐고 조언해 주었다. 아들은 맞장구를 치며 어쩌면 그 청년이 도와줄지도 모른다고 생각했다. 그가 자신에게 장사할 밑천을 마련해 주든가, 적어도 전국에 깔린 그의 은행들 가운데 한 곳에 취직 정도는 시켜 줄 것으로 예상했다.

그는 여행을 떠나 청년이 사는 도시에 도착했다. 청년은 주인집 아들이 아버지에게 물려받은 재산을 모조리 탕진했다는 소식을 이미 들어 알고 있었다.

주인의 아들은 초라한 모습으로 청년이 주인으로 있는 은행에 들어와 그에게 인사를 건넸다. 그러나 반갑게 맞이할 것으로 기대하던 아들의 바람과는 달리 은행장 청년은 전혀 반가워하는 기색 없이 대충 인사를 건넬 뿐이었다. 아들은 어색한 침묵이 흐르는 방 한 구석에 앉아 기다리면서 직원이 내준 차를 마셨다. 얼마 후 청년은 은행 일을 보러 방에서 나갔다. 마치 그의 앞에 있는 옛 주인의 아들은 전혀 안중에도 없다는 태도였다.

아들은 얼굴이 어두워졌고 큰 충격을 받은 나머지 이렇게 중얼거렸다.

"그래, 세상이 이토록 사람의 운명을 바꿔 놓았구나. 내게 명예를 되돌려 주어야 할 자가 치욕을 안기고 외면하다니……. 나를 이토록 경멸하고 무시하다니……."

크게 상심한 아들은 은행 밖으로 나와 비틀거리며 길을 걸어갔다. 아들이 은행을 나가자 청년은 직원을 불러 말했다.

"지금 나간 남자의 뒤를 따라가시오. 만나서 인사를 한 뒤 전혀 모르는 사이인 것처럼 하고 그한테 용돈으로 10주나이흐를 주시오. 그리고 그를 당신 집에 머물게 하고 필요한 것이 있으면 무엇이든 들어주도록 하시오. 그런 다음에 또 당신이 할 일을 알려 주겠소."

그 직원은 아들의 뒤를 따라가 은행장 청년이 시킨 대로 했다. 아들은 그 직원의 집에서 열흘 정도 머물렀다. 얼마 후 청년이 다시 그 직원에게 말했다.

"당신 집 손님한테 당신이 맡고 있는 은행 점포에 일자리를 마련해 주고 월급을 500리얄 정도 주도록 하시오."

가난한 주인집 아들은 청년의 은행에 일자리를 구하게 되자 뛸듯이 기뻐했다. 그는 완전히 달라졌다. 자신의 일에 최선을 다했으며, 일한 대가로 받는 돈으로 생활하며 성실하고 모범적인 직원이 되고자 노력했다. 여러 달이 지나자 봉급이 올라가 1,000리얄에 달했다. 그는 생활에 필요한 만큼의 돈만 남기고 저축을 하기 시작했고, 재산은 점점 불어났다. 그러던 어느 날 한 노파가 그를 찾아와 말했다.

"당신은 참으로 성실한 직원이군요. 당신의 부지런함에 대해선 익히 들었습니다. 그동안 당신은 충분한 경험을 쌓았을 겁니다. 내게 10만 리얄의 돈이 있는데 당신이 맡아서 투자해 주었으면 합니다. 알라께서 당신 사업이 번창하도록 길을 열어 주실 겁니다."

아들은 이 제안에 흔쾌히 동의한 뒤 돈을 확실한 이익이 생길 만한 사업에 투자했다. 그의 재산은 점점 늘어나 노파가 맡긴 돈 없이도 사업을 할 정도가 되었다. 그래서 아들은 노파의 돈에 충분한 이자를 붙여 되돌려 주었다. 그러자 노파는 자신의 딸을 그에게 시집보내고 싶다고 제안했다.

"알지도 못하는 여자와 혼인하라고 강요하는 것은 아닙니다. 우리 집에 한번 와서 당신 눈으로 딸을 직접 보고 마음에 들면 혼인하세요. 마음에 들지 않으면 당신 마음대로 하셔도 됩니다."

아들은 초대에 응하기로 하고 방문 일자를 잡은 뒤 약속한 날 노파의 집으로 갔다. 딸을 본 청년은 한눈에 반했고 드디어 자신한테도 세상이 미소 짓는 시기가 왔음을 느꼈다. 그는 처녀와 혼인하기로 결심했다.

혼인날이 되었다. 아버지의 재산을 탕진해 버려 한때 가난했지만 이제 부자가 된 아들은 그 고장의 유지들이 참석한 가운데 혼인을 성사시켜 줄 판사와 자리를 함께했다. 그는 참석자들 중 한때 아버지의 은혜를 입었고 이제는 은행장이 된 청년을 발견했다. 자신을 무시하고 모른 척했던 그 청년이 참석한 것이다.

지금이야말로 자신을 홀대했던 젊은 은행장에게 복수할 기회라고 생각한 그는 은혜를 모르는 청년을 혼내 주겠다고 결심했다. 그동안 억눌렸던 감정을 쏟아 내리라 마음먹은 아들은 참석자들에게 말했다.

"존경하는 여러분, 오늘 제가 여러분께 드릴 말씀이 있습니다. 어쩌면 오늘 이 자리는 이런 얘기를 꺼내기에 적절치 않은 자리일지도 모르겠습니다. 하지만 이 기회가 아니면 다시 이런 얘기를 드릴 수 없을 테니 제 말씀을 듣고 부디 여러분께서 판단을 내려 주시길 청합니다."

참석자들은 알았으니 어서 말해 보라고 했다. 아들은 잠시 뜸을 들이다 입을 열었다.

"집 없는 불쌍한 어린아이가 있었습니다. 어떤 상인이 비록 자신도 가난하고 무식했지만 그 아이를 데려다 교육시키고 돌보아 주었죠. 어린아이가 청년으로 성장하자 상인은 그한테 돈을 주었고, 청년은 이를 밑천 삼아 많은 재산을 모을 수 있었습니다. 세월이 지나 상인은 죽고 그의 아들이 재산을 물려받았지만 아들은 하루하루 재산을 탕진하다가 결국 파산하고 말았지요. 생각 끝에 그 아들은 한때 자신의 아버지한테 은혜를 입었던 청년을 찾아갔습니다. 지금은 부자가 된 청년이 자신을 환대해 줄 것이라 믿으면서요. 또한 그한테서 돈이나 일자리를 얻을 수 있을 거라고 기대했습니다. 그러나 부자가 된 청년은 지난날의 주인집 아들을 외면했습니다. 반기는 기색이라곤 전혀 없었지요. 접대라고 해 봤자 차 한 잔이 고작이었습니다. 여러분의 의견을 듣고 싶습니다. 그런 행동을 한 청년에 대해 여러분은 어떤 판결을 내리시겠습니까?"

아들의 말을 듣고 있던 한 참석자가 말을 꺼냈다.

"우리는 한쪽 말만 듣고 판결을 내릴 수 없습니다. 두 사람 사이에 문제가 생기는 경우 서로 자신이 옳고 다른 쪽은 잘못했다고 주장하게 마련이니까요. 만일 당신이 말한 그자가 이 자리에 있다면 그를 가리키든지 아니면 이름을 말하도록 하시오."

"바로 이 사람입니다."

아들은 즉시 어제의 친구이자 오늘날의 원수인 은행장 청년을 가리켰다. 그러자 참석자들은 모두 깜짝 놀랐다. 그들은 이 부자 청년을 그야말로 성실하고 믿음직스러우며 친근함과 사명감을 지닌 인물로 알고 있었기 때문이다. 모두 침묵을 지키며 문제의 주인공인 청년의 말을 기다렸다. 그의 말에 따라 어떤 판단을 내릴 것인지 결정해야 했기 때문이다. 젊은 은행장 청년이 이야기를 시작했다.

"당신이 말한 내용은 대부분 사실이오. 그렇지만 알려지지 않은 진실이 있소. 당신 아버지는 나를 데려다 길러 주셨고 교육을 시켜 주셨으며 많은 재산을 주셨소. 그 덕분에 나는 부자가 될 수 있었지요. 이는 모두 사실입니다. 증인들 앞에서 내가 인정하는 바요. 또한 내가 당신을 외면했던 것도 사실이지요.

하지만 내가 당신을 모른 체했던 것은 당신을 무시해서가 아니라 아버지의 재산을 탕진해 버린 당신 성품을 바로잡아 주기 위해서였소. 당신이 내 방을 나갔을 때 당신을 따라가 10주나이흐를 주었던 사람을 기억하시오? 그는 내 직원이고 내가 시킨 대로 한 것이오. 또 그의 집에 당신을 묵게 하고 필요한 돈을 주도록 시킨 것도, 당신한테 일자리를 주도록 한 것도 바로 나였소. 그리고 당신이 맡은 일에 비해 많은 급여를 주었던 것도 나였소. 당신한테 돈을 맡겨 사업에 쓰라고 권했던 노파는 바로 내 어머니고 그 돈도 나의 것이었소. 내 부탁대로 어머니께서 따라 주셨을 따름이라오.

마지막으로 당신이 지금 혼인하려는 처녀는 내 셋째 누이요. 내가 어머니를 당신께 보내 일을 추진했고 결국 이렇게 지금의 당신이 있게 된 것이오. 이상이 내가 하고 싶은 말이고, 숨겨진 진실이라오. 자, 이래도 내가 큰 은혜를 입었던 상인 어른의 아들을 푸대접했다고 할 수 있겠소?"

그러자 참석자들은 모두 환호했고, 아들은 놀라운 진실 앞에 부끄러움을 느꼈다. 그는 자신이 눈앞의 것만 보고 청년을 원망한 일을 진심으로 미안해했다. 눈물 어린 용서를 구한 뒤에 그는 부자 청년의 누이와 혼인하여 오래오래 행복하게 살았다.

공주에게 받은 수모를 되갚은 왕자

　옛날에 동쪽 지역을 다스리는 술탄과 서쪽 지역을 다스리는 술탄이 있었다. 두 술탄이 다스리는 왕국들은 크게 번영했다. 시간이 지나 동쪽 나라의 술탄은 아들을 낳고 서쪽 나라의 술탄은 딸을 낳았다. 두 술탄은 자식을 얻은 기쁨을 백성과 함께 나눴다.

　왕자가 어느덧 성장하여 의젓한 성인이 되자 동쪽 나라의 술탄은 아들의 짝을 찾아 주고 싶었다. 한편 서쪽 나라의 공주는 빼어난 미모를 갖추어 그녀의 아름다움에 대한 소문이 이웃 나라까지 퍼질 정도였다. 공주는 지성과 미모를 겸비했을 뿐만 아니라 행실도 바른 여자였다. 그래서 청혼해 오는 젊은이가 많았지만 서쪽 나라의 술탄은 딸이 선택할 일이라며 혼인 문제를 전적으로 딸에게 맡겼다.

　서쪽 나라 공주의 미모와 명석함에 대해 익히 알고 있던 동쪽 나라의 술탄은 그녀를 며느리로 맞고 싶어 아들에게 서쪽 나라로 여행할 것을 권했다. 왕자는 서쪽 나라에 전할 선물과 보석을 가지고 여행을 떠났다. 동쪽 나라 술탄은 아들을 공주와 혼인시키고 싶다는 뜻을 편지에 담아 함께 보냈다. 서쪽 나라 궁전에서 융숭한 대접을 받은 왕자는 서쪽 나라 술탄에게 아버지의 편지를 보여 주었다. 술탄이 왕자에게 말했다.

"혼인 여부는 전적으로 딸의 결정에 달려 있소. 나는 사위를 들이는 문제에 있어서는 딸한테 선택의 자유를 주었다오. 그 애한테 이웃 나라 왕자가 청혼하러 왔다고 전하리다. 후에 딸의 대답을 알려 주겠소."

술탄이 새 청혼자가 왔다고 알리자 공주가 말했다.

"제가 내는 시험에 합격하면 왕자님의 청혼을 받아들이겠어요."

술탄은 딸의 대답을 왕자에게 전했다. 왕자가 시험 치를 준비를 하자 공주는 자신의 방에서 가까운 방 하나를 마련한 뒤 왕자를 오라고 했다.

"이 방에서 일주일 동안 지내도록 하세요. 그러고 나서 다시 말씀드리지요."

공주의 요구대로 왕자가 일주일을 방에서만 지내는 동안 공주는 그의 일거수일투족을 지켜보았다. 왕자가 음식을 먹을 때도 그녀는 철저히 그를 감시했다. 공주의 방은 왕자가 묵는 방보다 높은 곳에 위치해 있어 감시하기에 좋았다. 그런데 공주는 고약하게도 왕자에게 하루 세 끼 식사를 밥 대신 석류만 주라고 시종한테 지시했다. 왕자는 꾹 참고 이를 따랐다. 그는 아리따운 공주를 얻으려면 이 정도쯤은 참아 내야 한다고 스스로를 달랬다.

첫날이 무사히 지나고 공주는 왕자한테서 어떤 이상한 행동이나 트집 잡을 만한 점을 발견하지 못했다. 이튿째에도 마찬가지였다. 그렇게 사흘, 나흘이 지나고 이어서 엿새째까지도 인내심이 강한 왕자는 석류만 먹고 버텼으며 공주가 보기에 흠이 될 만한 점은 전혀 없는 듯했다.

그리고 드디어 이레 날 저녁, 마지막 식사 시간이 되었다. 왕자는 공주와 빨리 혼인하고 싶은 마음에 허겁지겁 석류를 먹어 댔다. 다 먹기 직전 석류 알갱이 하나가 바닥에 떨어지자 그는 떨어진 석류 알을 주워 먹었다. 게걸스러운 왕자의 모습을 지켜본 공주는 청혼을 거절하기로 마음먹었다.

다음 날 아침 술탄이 공주한테 의견을 묻자 그녀는 아버지에게 왕자를 거절한 이유를 말했다.

"왕자님이 엿새째까지는 잘 견뎠습니다. 하지만 마지막 날 저녁 바닥에 떨어진 석류 알 하나를 체통 없이 주워 먹었습니다. 그 모습을 본 이상 왕자님을 남편으로 받아들이기는 어렵습니다."

혼인을 승낙하리라 기대하며 술탄을 찾아온 왕자에게 술탄은 공주가 했던 말을 그대로 들려주었다. 술탄의 방에서 나온 왕자는 크게 실망한 나머지 눈앞이 캄캄해졌다. 그는 속으로 되뇌었다.

'도대체 내가 무슨 잘못을 했기에 청혼을 거절한단 말인가?'

왕자는 한동안 고민에 사로잡혔다. 혼인도 하지 못한 채 아버지에게 돌아갈 수는 없는 노릇이었다. 목표를 이룰 방법을 반드시 찾아내야만 했다. 왕자는 이리저리 궁리하다가 한 가지 방도를 떠올렸다. 계획대로만 된다면 소원을 이룰 수 있을 것 같았다. 우선 공주가 책 읽기, 글쓰기, 말 타기, 시나 음악 감상 중 어떤 것을 좋아하는지 알아보아야 했다. 대부분의 공주들은 궁전에서 보내는 지루한 시간을 취미 활동으로 달래기 때문이었다.

왕자가 궁에서 일하는 사람 하나를 불러내어 후히 대접하고 나서 공주의 취미를 알아봐 달라고 부탁하자 그가 말했다.

"공주는 하렘이슬람 세계에서 일반 남자들의 출입이 금지된 여자들의 거처에 머물지요. 나처럼 궁에서 일하는 자들은 하렘에 대해선 알 수가 없습니다. 그렇지만 내 친척 중 하나가 마침 궁에 있으니 그녀한테 공주의 취미가 무언지 알아보라고 하겠습니다. 그런 뒤에 왕자님께 알려 드리겠습니다."

이삼일 뒤 그는 왕자에게 공주의 취미가 음악 감상이라고 말해 주었다. 왕자는 뛸 듯이 기뻐하며 좋은 옷과 큰 돈으로 후하게 사례했다.

왕자는 음악 이론은 어느 정도 알았지만 연주 실력은 썩 훌륭한 편이 아니었기에 그 나라에서 가장 뛰어난 음악가를 찾아가 큰 돈을 줄 테니 자신에게 음악을 가르쳐 달라고 부탁했다. 음악가는 그 제안을 수락했고 얼마간의 시간이 지나자 왕자는 스승을 능가할 정도의 실력을 갖추게 되었다.

왕자는 목적을 달성하기 위해 남루한 예술가로 변장한 뒤 공주의 방 창문 아래서 악기를 연주하기 시작했다. 왕자가 매혹적인 가락을 연주하면서 창 아래를 지나가자 공주는 자신도 모르게 그 소리에 사로잡혀 곡을 연주하고 있는 악사를 보았다.

다음 날에도 이 불쌍한 악사는 악기를 들고 같은 장소에 왔고, 공주는 그가 연주하는 잔잔하고 황홀한 곡조에 귀를 기울였다. 세 번째 날에도 악사 복장을 한 왕자는 새로운 곡을 연주하면서 지나갔다. 연주에 푹 빠진 공주는 여종을 시켜 그 처량한 악사를 불러오도록 했다. 여종이 악사에게 가서 공주의 말을 전했다.

"공주님께서 당신 음악을 듣고 싶어 하시니 궁으로 와서 곡을 연주해 주십시오. 사례는 충분히 하겠습니다."

가짜 악사는 공주의 방으로 들어가 그녀를 유혹할 만한 곡을 연주했다. 공주의 눈에 악사는 지적이고 감성적이며 인물도 꽤 괜찮은 남자로 보였다. 그녀가 악사에게 매일 와서 연주해 줄 것을 청한 까닭에 두 사람의 만남은 계속되었고, 만남을 거듭할수록 가난한 악사를 향한 공주의 애틋한 마음은 더해 갔다.

어느 날 공주가 어디서 왔느냐고 묻자 악사가 답했다.

"저는 동쪽 나라 술탄의 시종입니다. 혼인을 앞둔 한창 나이의 젊은이온데 먹고살 길이 막막한 상태입니다. 그래서 술탄께 이런저런 이유를 들어 허락을 구한 뒤 일자리를 찾아 이렇게 여행길에 나서게 되었습니다."

공주는 망설임 없이 그 자리에서 가난한 악사에게 청혼했다.

"저와 혼인해 주시겠어요? 당신과 인생을 나누며 함께 살고 싶습니다."

"그렇게만 된다면 더는 바랄 것이 없습니다만 술탄의 따님이신 당신과 미천한 제가 어떻게 감히 혼인할 수 있겠습니까?"

악사는 공주의 생각지 못한 행동에 깜짝 놀라 거절하려고 했지만 그녀는 확실하게 자신의 뜻을 밝혔다.

"아버님은 혼인 문제를 제 손에 맡기셨습니다. 저는 이 일을 아버님께 말씀드리지 않을 것입니다. 당신과 몰래 혼인하여 아무도 모르게 당신 나라로 따라가면 되니까요."

가난한 악사는 걱정스러운 눈빛으로 공주에게 말했다.

"어떻게 공주님을 모시고 제 나라로 갈 수 있겠습니까? 제가 가진 것이라고는 악기 하나와 가시 같은 털만 무성한 낙타 한 마리뿐인데……."

그러나 공주의 결심은 단호했다.

"저는 그런 낙타라도 탈 마음의 준비가 되었습니다. 저는 가시털에 찔려도 참을 것이고 험난한 여행길도 견뎌 낼 것입니다."

공주의 대답을 듣고 가난한 악사가 제안했다.

"그러면 아버님 몰래 혼인식을 올리고 아무도 눈치 채지 못하게 궁을 빠져나가야 합니다. 공주님, 위험한 길인데 같이 가실 수 있겠습니까?"

공주는 사람들을 따돌리고 궁에서 벗어나는 데 성공했다. 가난한 악사는 공주를 낙타에 태웠다. 울퉁불퉁한 땅을 걷느라 낙타가 비틀거릴 때마다 낙타 털에 찔려 살이 따가웠지만 공주는 아픔을 내색하지 않았다. 자신의 의지로 이 남자를 택했기 때문에 그녀는 기쁜 마음으로 고통을 참아 냈다.

그들은 무사히 동쪽 나라에 도착했다. 왕자는 궁전과 가까운 곳에 있는 오두막집을 빌렸고 그들은 이 집에서 신혼 살림을 꾸려 나갔다. 이제 한 여자의 남편이 된 왕자는 먹고살 방도를 마련해야 했다. 그는 밖으로 나가 마치 일을 해서 마련한 것처럼 보이는 식량과 얼마 안 되는 돈을 공주에게 가져다주었다. 그가 가져오는 것은 생활하기에 너무 부족했지만 공주는 궁핍한 생활에 대해 조금도 불만을 나타내지 않았다.

남편은 허름한 옷을 입고 다녔고 그녀는 남편이 술탄의 궁에서 일한다는 것을 조금도 의심하지 않았다. 두 사람의 생활은 무척 단조로웠다. 가난한 생활에 지친 공주가 남편에게 장차 태어날 아이를 위해 돈이 좀 필요하다고 말하자 남편이 대꾸했다.

"대체 어디서 돈을 마련한다지? 내 벌이가 시원찮아서 당신한테 가져오는 것도 얼마 안 되고. 참! 내게 한 가지 좋은 생각이 있소. 그렇게 하면 그럭저럭 먹고살 수 있을 것 같소."

공주가 어떤 생각이냐고 묻자 남편이 대답했다.

"술탄께서 며칠 후에 혼인을 하신다오. 그런데 신부가 혼인식에 입을 의상들을 선보이는 행사가 열린다고 하더군. 신부 옷에는 진주로 만든 띠가 둘러져 있을 것이오. 당신이 그 띠에 박힌 진주를 한 알만 훔쳐 온다면 한동안 생활하는 데 큰 어려움이 없을 것이오. 내 뜻대로 해 줄 수 있겠소?"

공주는 도둑질을 해야 한다는 것이 마음에 걸렸지만 그래도 남편 뜻에 따르기로 했다.

의상 전시회가 열린 날 그녀는 군중 속에 끼어 있었다. 실제로는 이 나라의 왕자인 남편은 왕족 복장을 하고 공주가 눈치 채지 못하는 곳에서 그녀를 지켜보았다. 공주는 화려한 의상을 입은 남편을 전혀 알아보지 못했다.

눈부신 혼인 예복에 가까이 다가갈 기회가 생기자 공주는 예복 하나에서 진주 몇 알을 슬쩍 뽑아 내어 입속에 감추었다. 그녀는 아무도 자신의 도둑질을 보지 못했을 거라고 여겼다. 그러나 단 한 사람, 그녀의 남편이 이 모습을 낱낱이 지켜보고 있었다.

얼마 지나지 않아 행사장을 지키던 경비병들이 옷에 붙어 있던 진주 알 몇 개가 없어졌다고 외쳤다. 경비병들이 공주를 포함해 신부 예복을 지나친 모든 부인의 몸을 뒤졌지만 진주의 행방은 알 수 없었다. 왕자는 앞으로 걸어 나가 여전히 자신이 남편인지 모르고 있는 공주 앞에 섰다. 그리고 오른뺨을 때리자 그녀의 입에서 진주 알들이 또르르 떨어졌다. 사람들은 진주 알을 집어 원래의 자리에 갖다 놓았다. 공주는 자기가 도둑질을 했다는 사실이 너무 창피해서 어떻게 변명해야 할지 몰랐다. 주위에 둘러선 사람들이 그녀를 감옥에 보내야 한다고 하자 왕자가 나서서 말했다.

"그 여자가 가도록 놔두어라. 도둑맞은 것을 돌려받았으니 그것으로 족하다."

공주는 수치심에 몸을 떨면서 군중 사이를 빠져나갔다. 집으로 돌아와 많은 사람 앞에서 왕자에게 당했던 수모를 떠올린 그녀는 엉망이 된 몸으로 침대에 누워 산산이 부서진 자존심 때문에 괴로워하며 온갖 생각에 사로잡혔다. 그리고 주위에 청혼자들이 가득할 때 모든 조건을 갖춘 사람들의 청혼을 받아들이지 않고 왜 가장 낮고 천한 신분의 남자를 택했는지를 후회했다.

그러던 중에 남편이 방으로 들어왔다. 그는 태연하게 공주를 위로했다.

"부인, 어려운 일이 있으면 순탄할 때가 있고, 오늘이 있으면 또 다른 내일이 있소. 고난은 언젠가 사라질 것이고, 별은 지고 나면 다시 뜨는 법이라오. 너무 오래 상심치 마시오. 나쁜 일이 있으면 좋은 일도 생기는 법이니까."

공주는 남편의 위로에 기분이 나아졌고 다시 힘을 얻을 수 있었다. 세월이 흘러 공주는 옥동자를 낳았고, 부모가 된 두 사람은 기쁨을 억누를 길이 없었다. 산고를 치른 공주가 몸을 깨끗이 씻으러 목욕탕에 가고 싶다고 말하자 남편은 흔쾌히 동의했다.

"요즘 새로 연 목욕탕이 있소. 이 나라에서 가장 시설이 좋은 곳이니 거기에 데려다 주겠소."

공주를 데리고 목욕탕에 도착한 왕자는 욕탕에서 씻을 것을 권했다. 그리고 자신은 재빨리 다른 곳으로 가서 입고 있던 남루한 옷을 벗어 버린 뒤 왕족의 옷으로 갈아입었다. 모든 준비가 끝나자 그는 공주가 씻고 있는 욕실 문을 두드렸다. 그러나 벌거벗은 채 몸을 닦고 있던 공주는 문을 열 수가 없었다. 계속 문을 두드렸지만 아무 반응이 없자 왕자는 자물쇠를 부수고 문을 밀어젖혔다. 급히 옷을 집어들고 욕실 한구석에서 옷을 걸친 공주는 두려움에 떨면서 왕자

앞으로 나왔다. 그러자 왕자가 다그치듯 물었다.

"내가 여러 번 문을 두드렸는데도 어찌 감히 문을 열지 않았단 말이냐?"

그녀는 고개를 떨군 채 아무 대답도 하지 못했다. 떨면서 당황하는 공주를 더욱 수치스럽게 만들 속셈으로 왕자는 칼을 뽑고 말했다.

"내 명령을 어긴 죄로 너의 목을 베려 했으나 이번만은 참겠다. 대신 이 컵에 든 물을 바닥에 뿌릴 테니 한 방울도 남기지 말고 마셔라."

공주는 망설이며 말했다.

"왕자님, 바닥의 온갖 오물과 뒤섞인 물을 제가 어찌 마신단 말입니까?"

그러자 왕자는 손에 든 칼을 휘두르며 말했다.

"달리 선택할 길은 없다. 만일 시키는 대로 하지 않는다면 처음 뜻대로 네 목을 치겠다."

이는 공주에게 형벌이나 다름없었다. 그녀는 물을 마시는 것 외에 다른 방법이 없음을 깨달았다. 왕자는 컵의 물을 쏟았고 공주는 극도의 수치심과 모욕감을 느끼며 바닥에 떨어진 물을 혀로 핥아먹었다. 다 핥고 나서 그녀는 치욕과 두려움에 떨며 왕자를 향해 고개를 들었다. 앞으로 자신에게 또 어떤 일이 벌어질지 알 수 없었던 것이다.

그 순간 왕자가 칼을 칼집에 넣고 환하게 웃었다. 상냥하고 친근한 미소를 띤 왕자가 공주에게 말했다.

"양탄자 위에 떨어진 석류 알갱이를 주워 먹던 그 남자를 기억하시오? 그 사람이 바로 오늘 당신한테 바닥의 물을 마시게 한 나요."

왕자는 공주가 자신한테 했던 그대로 그녀에게 모욕감을 안겨 주었다. 두 사람은 누가 이겼다고 할 것도 없이 서로가 동등해졌음을 깨달았다.

왕자는 공주를 데리고 아버지의 궁전으로 가서 가족들에게 소개하고 그녀를 위해 넓은 방을 마련해 주었다. 그리고 공주를 아름답게 단장시킨 뒤 주위에 하녀들을 두어 그녀를 보살피도록 했다.

왕자는 한때 가난한 음악가 행세를 하며 어렵게 살았던 낡은 집을 허물어 버리려고 했다. 하지만 공주는 왕자에게 돈이나 지위 같은 조건에 연연해하지 않고 살았던 시절의 순수한 사랑을 기억하기 위해 옛집을 그냥 두자고 제안했다.

왕자도 이에 동의하여 숭고한 의미를 지닌 옛집을 그대로 남겨두었다. 이따금 공주는 그 집을 찾아가 달콤했던 사랑과 불운했던 지난날을 되새기곤 했다. 그러고는 술탄 궁으로 돌아오면서 알라의 은총에 감사드렸다. 이후 왕자와 공주는 오래도록 행복하게 살았다.

지혜로써 생계 문제를 해결한 미망인

딸 하나를 둔 부부가 있었다. 혼인한 지 오랜 시간이 흘러 부부는 어느덧 백발 노인이 되었고, 남편은 알라의 뜻에 따라 세상을 떠났다. 생전에 군인이었던 남편은 한 달에 30리얄의 봉급을 받았으며 이는 세 사람이 살아가는 데 충분한 금액이었다. 가족은 별 문제 없이 평온한 삶을 보냈으나 가장인 남편이 사망하자 더는 월급을 받을 수 없었고, 남은 가족은 먹고살기 힘든 지경에 이르렀다.

노파가 된 미망인은 늙은 몸으로 무엇을 할 수 있을지 고민했다. 무엇보다도 아직 시집가지 않은 딸이 걱정거리였다.

노파는 오랜 시간 고민하다가 남편의 봉급을 다시 받는 것 외에는 다른 방도가 없다고 생각하기에 이르렀다. 그러나 그것은 현실적으로 불가능한 일이었다.

'어떻게 봉급을 받는단 말인가? 관청의 어떤 관리도 이런 일에는 관심을 보이지 않을 테고, 또 말단 관리는 남편이 받던 봉급을 내게 주라고 지시할 권한이 없을 텐데……. 남편의 봉급을 다시 주라고 명령할 위치에 있는 사람은 오직 술탄 한 분밖에 없다. 하지만 그 누구도 노인의 하소연 따위는 들어주지 않을 텐데 어떻게 술탄을 만나 설득할 수 있단 말인가?'

노파는 포기하지 않고 밤낮으로 이 문제에 매달렸다. 그녀는 어떻게 해서든 술탄을 만나서 자신의 형편을 알리고 싶었다. 하지만 희망처럼 술탄을 만나는 것은 불가능했다. 그렇다면 어떻게 해야 할 것인가?

고민 끝에 그녀는 "주목 받고 싶으면 거리끼는 일을 행하라."는 옛 속담에 따르기로 했다. 의지할 곳 없는 자신은 선인들이 남긴 속담에서 도움을 구해야 한다는 결론에 다다른 것이다. 그러나 자신의 명예를 손상시키거나 가문에 누가 되는 일은 하지 말아야 한다고 다짐했다. 그리고 오랫동안 궁리한 끝에 자신의 명예를 떨어뜨리지 않고도 목적한 바를 이룰 수 있는 방법을 생각해 냈다.

노파는 머리에 귀족임을 나타내는 초록색 터번을 쓰고 손에는 물이 든 주전자를 들고서 도시를 돌아다녔다. 새벽 예배 시간에 어느 와지르(이슬람 제국에 두었던 중신의 칭호)의 저택 부근에 이른 그녀가 문을 두드리자 여종이 나왔다.

"나는 늙은 아낙네인데, 늘 이 시간에 새벽 예배를 드리고 있다오. 당신이 허락한다면 안으로 좀 들어가 우두(예배 전에 노출된 몸을 씻는 이슬람 의식)를 한 뒤 예배를 드리고 싶소. 그런 다음에 내 길을 가리다."

그러자 여종은 노파를 안으로 들여서 씻을 곳과 예배 드릴 만한 장소를 일러 주었다.

예배를 마치고 와지르의 저택을 나서면서 노파는 준비해 간 귀한 금화 한 개를 일부러 살짝 떨어뜨렸다. 금화를 주워 든 여종은 이로 깨물어 보고는 그것이 진짜 금화라는 사실을 알고 노파를 뒤쫓아와서 말했다.

"이 금화를 받으세요. 부인께서 떨어뜨리셨어요."

그러자 노파가 말했다.

"내겐 금화가 필요 없어요. 나는 귀족 가문의 여자거든요. 이 주전자 속에 있는 물에 내가 입김을 불어넣으면 물이 금으로 변한답니다. 떨어진 금화는 당신이 가지세요."

노파는 가 버렸고 여종은 와지르의 부인에게 가서 이 일을 알렸다. 와지르의 부인은 아이를 갖지 못해서 이 문제로 항상 마음에 근심이 있었다. 온갖 방법을 써 보았으나 별 소용이 없던 부인은 집에 다녀간 노파의 이야기를 전해 듣고는 갑자기 마음이 들떠 여종에게 말했다.

"빨리 그 부인의 뒤를 따라가 이곳으로 모셔 오도록 해라. 어쩌면 그분이 내 불임을 치료해 줄 약을 갖고 있을지도 모르겠구나. 그렇게 된다면 남편의 고민도 덜어 줄 수 있을 것 같은데……"

여종은 재빨리 노파의 뒤를 쫓아가 불러 세웠다.

"우리 마님께서 상의할 일이 있다고 부인을 모셔 오라고 하셨습니다."

노파는 여종과 함께 와지르의 저택으로 되돌아왔다. 그리고 와지르의 부인과 단둘이 앉아 이야기를 나누었다. 부인은 노파에게 자신이 아이를 갖지 못한다는 사실을 말하고는 치료법을 물었다. 얘기를 다 듣고 나서 노파가 말했다.

"치료법은 간단합니다. 저는 아이를 낳지 못하는 여성을 많이 고쳐 주었죠. 알라의 허락으로 제게 치료를 받은 분들은 아이를 낳아 행복하게 잘살고 있답니다. 주인마님께서 다시 찾아뵐 날을 정해 주신다면 약속 시간에 맞춰 저희 집으로 모시겠습니다. 저희 집에 있는 치료 도구들을 이곳으로 가져오기는 어려우니까요. 마님께서 협조해 주신다면 한 시간 안에 치료를 끝낼 수 있습니다."

이 말을 듣고 난 부인은 너무 기뻐 최대한 빨리 치료를 받고 싶다고 말했다. 그러자 노파가 대답했다.

"치료는 마님께 달려 있습죠. 약속 시간만 정해 주십시오. 그날 제가 마님을 모시고 가서 고쳐 드리겠습니다."

부인은 와지르가 술탄을 뵈러 낮 3시에 나가므로 그 시간에 맞춰 집에 올 것을 부탁했고 노파도 부인의 뜻에 따르기로 했다. 그러고 나서 노파가 말했다.

"마님께서는 저희 집으로 오실 때 가장 화려한 옷차림에 가장 값비싼 장식품들로 치장을 하셔야 합니다. 그래야만 치료에 도움이 될 것입니다."

부인은 노파의 말에 따르겠다고 했다.

와지르의 부인과 헤어진 노파는 옷 가게로 가서 주인에게 인사를 건넨 뒤 말했다.

"내게는 우아하고 예쁜 딸이 하나 있지요. 청혼도 많이 들어오는데 나는 청혼이 들어오는 족족 거절하고 있다오. 내 딸을 반드시 정직하고 성실하며 장래성 있는 남자한테 시집보낼 생각이기 때문이오. 나는 오랫동안 당신을 눈여겨보았지요. 그동안 당신이 우리 딸의 소문을 듣고 직접 와서 청혼하길 기대했지만 말처럼 쉽지가 않더군요. 그래서 내가 직접 나서서 당신을 딸한테 소개하려 하는데 당신 뜻이 궁금하오."

노파의 말을 들은 상인은 아름다운 딸의 모습을 상상하며 무척 기뻐했다. 힘들이지 않고 배우자를 마련해 주시려는 알라의 은혜로 여긴 상인은 적극적으로 청혼을 했다. 그러자 노파가 말했다.

"그러면 내일 만반의 준비를 갖추고 우리 집으로 오시오. 딸한테 줄 선물과 재물도 마련해 두시오. 혼약에 앞서 딸을 보여 드리리다. 내 딸이 당신 마음에 든다면 혼인은 성사된 것이나 다름없소."

상인은 노파의 제안에 동의하고 약속 시간을 정했다.

그 다음 노파는 세를 놓으려고 멋진 가구들을 갖춰 놓은 저택의 주인에게 집을 한 주 동안 빌리기로 하고 미리 돈을 준 뒤 열쇠를 받았다.

약속 시간이 되자 노파는 부인을 모셔 오기 위해 와지르의 저택으로 갔다. 부인이 여종을 데려가려고 했으나 노파가 이를 말렸다.

"마님, 그러실 필요 없습니다. 제가 마님을 보호해 드릴 테니까요. 그리고 이 일은 우리 두 사람만 알고 있어야 합니다. 저의 불임 치료는 은밀하게 진행해야 효과를 볼 수 있답니다."

그래서 와지르의 부인은 노파와 단둘이서 집을 나서게 되었다. 노파가 그녀에게 말했다.

"저와 조금 거리를 두고 뒤따라오십시오. 그러다가 제가 멈추면 마님도 멈추시고 제가 걸으면 마님도 걸으십시오. 그렇게 저와 항상 일정한 간격을 유지하셔야 합니다."

와지르의 부인은 그렇게 하겠노라고 답한 뒤 노파의 뒤를 일정한 거리를 두고 따라갔다. 그러자 노파는 옷 가게에 들러 주인에게 말했다.

"저기 따라오고 있는 여자가 내 딸이라오. 당신도 저 애의 뒤를 따라 우리 집으로 오도록 하시오."

주인은 가게를 닫고 준비한 예물을 챙겨 노파의 뒤를 따랐다. 그는 일정한 거리를 두고 여자를 따라가면서 그녀의 아름다운 모습에 넋을 잃었다.

'알라께서 정말로 내게 큰 축복을 내리시는구나!'

세를 든 호화로운 집에 도착한 노파는 와지르의 부인에게 안으로 들어가기를 권하면서 말했다.

"옷과 장신구를 모두 벗고 욕실에 들어가서 오는 길에 몸에 붙은 먼지와 땀을 씻어 내도록 하세요."

부인은 노파가 권하는 대로 욕실에 들어갔다. 그러자 노파는 부인이 벗어 놓은 옷과 장신구를 둘둘 말아 들고서 남자가 있는 방으로 갔다.

와지르의 부인은 정숙한 여인이고 가게 주인도 고상한 사람이었다. 하지만 두 사람은 노파의 계략에 걸려들어 함정에 빠지고 말았다. 노파가 남자에게 말했다.

"우선 옷을 벗으시오. 그리고 당신이 몸에 지닌 것을 여기에 두고 욕실에서 씻은 뒤 향수를 바르고 나오시구려. 내 딸은 당신 옆방에 있으니 곧 보게 될 것이오. 오는 길에 내 딸을 멀리서 보고 감탄했겠지만 이제 가까이서 딸의 모습을 보면 더 흡족할 것이오."

남자는 옷을 벗어 준비한 선물 꾸러미 위에 얹어 두고 욕실로 갔다. 그러자 노파는 그것도 둘둘 말아 집어들고 밖으로 나갔다.

남자와 부인은 각자 목욕을 끝냈다. 부인의 방으로 들어간 남자는 벌거벗은 그녀를 발견했다. 부인은 가벼운 발걸음으로 자신에게 다가오는 남자를 보고 소스라치게 놀랐다. 그러자 남자는 그녀를 안심시키려고 이렇게 말했다.

"나는 이제 당신의 남편이오. 당신 어머니를 통해 당신과 맺어졌다오."

그러자 부인이 소리치며 단호하게 말했다.

"그 자리에 그대로 서 계세요! 나는 당신 아내가 아닙니다. 내 남편은 와지르예요. 그 노파도 내 어머니가 아닙니다. 우린 간교하고 영악한 노파의 속임수에 걸려든 거예요. 노파가 내 장신구와 옷을 모두 가져갔는데 아마 당신 옷도 가져갔을 것입니다. 방에 가서 찾아보세요."

남자는 자기 방으로 가 보았고 역시 물건이 없어진 것을 확인했다. 와지르의 부인이 말했다.

"문의 자물쇠를 부숴요! 그리고 지나가는 행인한테 옷을 가져다 달라고 말하세요. 이 집에서 빨리 나가야 해요."

남자는 자물쇠를 부수고 지나가는 행인을 불러 자신의 가게 열쇠를 던져 주면서 가게로 가서 남녀용 옷 한 벌씩을 갖다 달라고 부탁했다. 행인의 도움으로 옷을 받게 되자 남자와 와지르의 부인은 옷을 입고 밖으로 나갔다. 두 사람은 당황했지만 조용히 헤어져 각자의 집으로 돌아갔다.

한편 집에서 나온 노파는 길에서 어린아이 하나를 만나게 되었다. 노파가 사탕을 주자 아이는 그녀를 따라왔다. 노파는 또 과자를 주었고 아이는 더욱 노파를 따르게 되었다. 노파는 아이를 데리고 유대 인이 주인인 보석 가게로 들어가 말했다.

"이 가게에서 가장 값비싼 귀금속을 보여 주시오."

주인이 물건들을 보여 주자 노파는 그중에서 가장 귀하고 값비싼 보석 장신구를 고른 다음 주인에게 말했다.

"와지르의 딸이 혼인을 앞두고 있는데 이 장신구를 사서 선물하고 싶소. 먼저 그녀한테 직접 물건을 보여 주고 크기가 맞는가를 확인해 본 다음에 살까 하는데 괜찮겠소? 여기 내 아이를 맡겨 둘 테니 장신구 걱정은 하지 말고 날 기다려 주시오. 와지르의 딸한테 이 물건을 보여 주고 크기가 맞는지, 그녀 마음에 드는지를 알아본 다음 금방 다시 갖고 돌아오겠소. 그런 뒤 값을 치르고 아이를 찾아가 겠소."

보석 가게 주인은 노파의 말을 믿고 값이 꽤 나가는 귀중품을 내 주었다. 노파는 아이를 가게에 남겨 두고 보석을 들고 가 버렸다. 시간이 한참 지났지만 노파는 돌아오지 않았다.

한편 아이의 집에서는 아이가 없어진 줄 알고 한바탕 난리가 났 다. 아이의 가족은 아이가 어디 있는지 수소문한 끝에 보석 가게에 있다는 사실을 알게 되었다. 가족이 가게에서 아이를 데려가려고 하자 보석 가게 주인이 앞을 막고 나섰다.

"이 아이 엄마가 아이를 맡겨 두고 우리 가게의 귀금속을 가지고 갔습니다. 그러니 아이 엄마가 물건을 가지고 올 때까지 아이를 데 려갈 수 없습니다."

그러자 아이의 가족이 화를 내며 말했다.

"대체 무슨 소리를 하는 거요? 이 애는 우리 아이요. 애 엄마는 지금 집에서 아이를 기다리고 있으니 사기 친 그 여자나 잡아 물건 을 되찾도록 하시오. 우리는 아이를 데려갈 테니."

그들이 아이를 데려가자 보석 가게 주인은 어이가 없다는 듯 손바 닥으로 머리를 치며 간교한 노파한테서 보석을 되찾을 방법을 궁리 했다. 노파는 자신의 계략에 따라 하루 동안 이 모든 일을 저지른 것 이다.

다음 날 노파는 옷에 물을 들이는 염료 상인을 만나 말을 건넸다.

"나는 이방인이라 이곳 지리를 잘 모른다오. 시장으로 가는 길을 몰라서 그러니 내 딸과 나한테 아침 식사를 좀 사다 주었으면 하오. 여기 10주나이흐요. 부탁 드리겠소."

염료상은 노파한테서 돈을 받아들고 말했다.

"할머니, 그럼 제가 시장에 다녀올 동안 가게를 좀 봐 주세요. 손님이 오거든 내가 곧 돌아올 거라고 말해 주시고요."

염료상은 음식을 사러 시장으로 갔다. 기다리는 동안 가게 앞에 당나귀를 빌려 주는 사람이 지나가자 노파는 그 사람을 불렀다.

"여보시오, 당나귀 고삐는 내게 맡기고 가게 안으로 들어와서 여기 있는 낡은 그릇들을 모조리 부숴 버리시오. 나는 새 그릇을 장만하고 염료 재료도 다시 준비하려 한다오. 오래된 재료들이 상해 버려서 말이오."

노파가 당나귀 주인에게 5주나이흐를 주면서 부탁하자 그는 가게 안으로 들어와 염료가 들어 있는 그릇들을 부수기 시작했다. 당나귀 주인이 그릇을 부수는 동안 노파는 당나귀를 끌고 가 버렸다. 그리고 당나귀 등에 자신이 훔친 물건들을 지운 뒤 데리고 가서 물건들을 안전한 장소에 내려놓았다.

가게로 돌아온 주인은 한 남자가 가게 안에서 그릇들을 부수고 있는 것을 보고 깜짝 놀랐다. 이미 그릇과 염료는 엉망이 되어 있었다.

제정신을 잃은 염료상은 손에 들고 있던 음식을 던져 버리고 당나귀 주인의 멱살을 움켜잡았다. 그러자 당황한 당나귀 주인이 말했다.

"왜 이러시오? 당신 어머니께서 시키신 일이오. 나는 이 일을 해 주기로 하고 사례금까지 받았단 말이오!"

"여보시오, 누가 내 어머니란 말이오? 그 여자는 내 어머니가 아니라 간악한 악녀란 말이오!"

두 사람은 노파를 찾아다녔지만 결국 찾지 못하자 자신들이 노파의 계략에 넘어갔음을 깨달았다. 그래도 당나귀 주인은 포기하지 않고 시장에서 노파와 당나귀를 찾아다녔다. 돌아다니다가 어렵게 노파를 발견한 그는 노파의 옷을 잡아채듯 붙잡고 다그쳤다.

"이 간교한 할망구야, 내 당나귀 어디 있어?"

"이것 봐요, 당나귀를 돌려줄 테니 옷을 놓고 얘기하구려."

노파를 놓아주고 남자는 그녀를 뒤따라갔다. 노파는 앞서 걷다가 대장간으로 가더니 당나귀 주인에게 말했다.

"여기서 잠깐만 기다리시오. 문을 열어 놓고 당신이 지나갈 길을 마련해 놓겠소. 그러면 들어와서 당나귀를 데리고 나오면 될 거요."

이어서 노파는 대장장이에게 가서 말했다.

"대장장이 양반! 저기 있는 자가 내 아들인데 이가 몹시 아픈 나머지 정신이 이상해져 버렸소. 그러니 당신이 우리 아들의 어금니를 몽땅 뽑아 줘요. 그리고 피가 흐르지 않게 이 뽑은 자리를 불로 지져 주시고요. 명심하시오, 내 아들은 지금 정신이 이상하다는 사실을 말이오. 치통 때문에 정신이 나간 뒤 자기 당나귀에 대해 자꾸 묻는다오. 당나귀 따위는 없는데도 말이오. 자신의 이가 정상이라고 잡아떼더라도 인정사정 볼 것 없이 어금니를 뽑아 버리시오. 여기 10주나이흐는 아들의 이를 뽑아 주는 대가요."

노파는 대장장이에게 이렇게 일러둔 다음 밖으로 나와 당나귀 주인한테 말했다.

"자, 이제 안으로 들어가서 당나귀를 데려가시오."

불쌍한 당나귀 주인은 들어가자마자 대장장이와 일꾼들 손에 붙잡혀 땅바닥에 내동댕이쳐졌다. 당나귀 주인이 그들에게 물었다.

"대체 왜들 이러시오?"

대장간 사람들이 말했다.

"당신 어금니를 뽑아야겠소."

"아니, 무슨 터무니없는 말이오. 나는 이를 뽑으러 온 게 아니라 당나귀를 찾으러 왔을 뿐이오."

대장장이 무리들이 고개를 끄덕였다.

"당신이 당나귀 얘기를 하는 걸 보니 당신 어머니가 한 말이 사실인 모양이군."

그들은 당나귀 주인의 어금니를 하나씩 뽑았다. 그리고 어금니를 모두 뽑고는 노파의 지시대로 불로 지져 버렸다. 그런 뒤에야 그들은 당나귀 주인을 보내 주었다.

・・・

노파로 인해 피해를 입은 사람들이 잇달아 나오자 술탄에게까지 신고가 들어갔다. 술탄은 많은 사람을 괴롭히는 노파를 벌주어야 한다고 생각했다. 자신이 왕국을 다스리는 동안 이렇게 큰 사고는 한 번도 일어난 적이 없었기 때문에 술탄은 강력하게 대응하기로 했다. 그는 도시에 군사를 보내고 노파의 생김새를 알려 주어 체포할 것을 명했다.

노파를 잡아오는 것에 많은 상금이 걸려 있었으므로 술탄의 지시를 받은 부대들 간에 치열한 경쟁이 벌어졌다. 각 부대는 술탄이 하사하는 상금을 타려고 노파를 열심히 찾아다녔다. 그러던 중 한 부대가 노파와 비슷하게 생긴 사람을 발견했다. 병사들은 이 사람이 과연 그들이 찾고 있는 노파가 맞는지 아니면 엉뚱한 사람을 잡아다가 애먹이는 것은 아닌지 걱정스러웠다. 그래서 신원을 확인한 뒤 찾고 있던 노파임을 알고는 즉시 그녀를 체포했다. 그들은 기세등등하게 노파를 끌고 술탄에게 향했다.

병사들은 궁전으로 들어가 술탄을 만나려 했으나 그는 자고 있는 중이었다. 병사들은 노파를 둥글게 에워싸고 술탄이 깨기만을 기다렸다. 시간이 지나자 나른해진 병사들은 하나 둘 바닥에 드러누워 휴식을 취하기 시작했다. 그러더니 모두 잠에 빠지고 말았다.

그러자 노파는 병사들 사이를 빠져나와 왕비가 있는 방으로 올라갔다. 노파가 왕비에게 인사하며 말했다.

"저는 이웃 나라 술탄께서 보내신 사신입니다. 술탄께서는 선물로 노예들을 보내셨는데 그들은 아래층에서 쉬고 있답니다. 이곳 술탄께 어서 편지를 전하고 안부도 여쭙고 싶습니다."

"지금 술탄께서는 낮잠을 즐기시고 있다오. 아무튼 데려온 노예들은 어디에 있소?"

노파는 자신을 잡아 온 병사들을 가리키며 말했다.

"저기를 보십시오. 지금 저들은 멀고 힘든 여행에 지쳐 잠을 자고 있습니다."

"노예들은 이곳에 두고 당신은 숙소에 가서 쉬도록 하시오. 오후가 되면 술탄께서 당신을 맞이할 것이오. 그리고 이 돈을 갖고 가서 쉬는 시간에 필요한 것을 사는 데 쓰도록 하시오."

왕비가 접대비를 주자 노파는 돈을 받고 궁전에서 나와 자신의 집으로 갔다.

한편 잠에서 깨어난 술탄은 왕비한테서 사신으로 온 노파와 선물로 가져온 노예 이야기를 들었다. 왕비가 가리키는 노예들을 본 술탄이 놀란 표정으로 말했다.

"당신도 노파한테 속은 거요. 노파는 병사들을 노예라고 속인 뒤 이곳을 빠져나갔을 거요."

술탄은 부대와 지휘관들을 부른 후 다시 노파를 잡아오도록 지시했다. 그리고 노파를 잡거든 족쇄를 채워 도시 외곽에서 십자가형에 처하라는 명령도 함께 내렸다. 각 부대는 또다시 포상금을 받으려고 치열하게 경쟁했다. 시종들로 구성된 부대가 노파를 발견하여 체포한 뒤 술탄에게 그 사실을 보고하자 술탄은 부대를 칭찬하며 약속한 상금을 주었다.

도시 주민들을 공포에 떨게 하던 노파가 체포되자 모처럼 도시는 다시 평온해졌다. 밤이 이슥해지자 도시 외곽에 세워진 나무 형틀에 노파가 묶였다. 낙타를 타고 사막에서 도시로 가고 있던 한 유목민이 노파의 모습을 보고 물었다.

"할머니, 어쩐 일로 나무에 묶여 있습니까?"

"친구들과 1000리얄을 걸고 내기를 했답니다. 이렇게 묶인 채로 여기서 오늘 밤을 보내면 그 돈을 받기로 했지요. 당신은 무슨 일로 이렇게 늦은 밤에 도시로 들어가는 거요?"

"제 아내가 도시로 가서 잘라비야라는 채소를 사다 달라고 부탁해서요."

노파는 또다시 거짓말을 했다.

"잘라비야는 지금 팔지 않아요. 내가 당신을 도와드리리다. 아는 사람한테 그 채소가 조금 있다오. 당신이 나 대신 이 자리를 지켜 주어 내기에서 이기게 도와준다면 내가 도시로 가서 당신 아내가 그토록 바라는 잘라비야를 구해 오겠소."

유목민은 노파의 말에 따르기로 했다. 그는 낙타에서 내려 노파를 묶은 줄을 풀어 주었다. 노파는 자신의 옷을 그에게 입힌 뒤 나무 형틀에 그를 묶었다. 그러고 나서 낙타를 끌고 그곳을 떠났다.

다음 날 아침 노파를 십자가형에 처하기로 한 사형 집행인이 그곳에 도착했다. 사람들은 노파가 처형되는 것을 보려고 모여들었다. 그런데 경비병들이 나무에 묶인 사람을 처형장으로 데려갔을 때 그 사람이 노파가 아니라 유목민임을 알게 되었다. 유목민은 노파와 있었던 일을 그들에게 이야기해 주었고, 경비병들은 하는 수 없이 그를 풀어 준 뒤 술탄에게 이 일을 보고했다.

술탄은 노발대발하며 소리쳤다.

"나라의 전 병력이 동원되어도 노파 한 사람을 잡지 못하더니, 이제는 다 잡아 놓은 노파를 처형하지도 못한단 말이냐!"

술탄은 부대의 지휘관들에게 이틀의 시간을 주고 노파를 잡아들일 것을 단호하고 엄중하게 명령했다.

군대는 다시 노파 잡기에 열을 올렸다. 그러자 포위망이 좁아졌고 노파는 빠져나갈 궁리를 하느라 고심했다. 결국 술탄을 찾아가 자수하기로 결심한 노파는 변장을 한 뒤 궁전으로 가서 경비병에게 말했다.

"술탄께서 찾고 있는 노파에 대한 확실한 정보를 갖고 있습니다. 제가 직접 만나 뵙고 정보를 전해 드려 술탄께서 몸소 노파를 잡으실 기회를 마련하고 싶습니다. 그렇게 하면 다른 사람이 아닌 술탄이야말로 국가 안전을 책임질 만한 분임을 백성들에게 알릴 수 있을 테니까요."

술탄은 이 얘기를 듣고 크게 기뻐하며 그자를 빨리 데려오라고 명했다. 노파는 술탄에게로 가자 걸친 옷을 벗고 말했다.

"제가 술탄께서 찾으시던 바로 그 노파입니다. 온갖 못된 짓을 저질렀던 노파지요. 하지만 일부러 사람들을 괴롭히려던 것은 아닙니다. 다른 동기가 있었습니다. 저의 사연을 말씀드리도록 허락해 주십시오. 제 말씀을 들으시고 그럴 만했다고 판단되시면 저를 용서해 주시길 간곡히 부탁드립니다. 대신 제가 잘못했다고 생각되시면 알라의 뜻에 따라 죄에 걸맞은 벌을 내려 주십시오."

술탄이 사연을 말해 보라고 하자 노파는 말을 이었다.

"제 남편은 죽기 전에 군인으로 나라를 위해 봉사했습니다. 매달 30리얄의 봉급을 받았고 외동딸과 저희 부부는 그럭저럭 생활했습니다. 그러나 남편이 죽고 나자 저희 모녀는 생계가 막막해졌습니다. 남편의 봉급이 끊겨 생활에 필요한 수입이 없어진 것입니다. 저는 어떻게든 살아갈 방도를 찾지 않을 수 없었습니다. 전하를 만나 뵙고 저의 상황을 알리려고 했습니다만, 말단 관리나 고위 관리들은 모두 제 하소연을 못 들은 체할 것이며 제게 어떤 도움도 주지 못할 것이라고 판단했습니다. 그래서 마침내 저는 전하를 뵐 유일한 방법은 그렇게 못된 짓을 하는 것 외에는 없다고 생각했습니다. 그 결과 지금 저는 소원을 이루었습니다. 부디 전하께서 저의 행동에 순수한 의도와 동기가 있었음을 이해하시고 저를 용서해 주시기를 바랍니다. 그 증거로 사람들한테서 빼앗은 물건들은 하나도 빠짐없이 잘 보관하고 있습니다. 그리고 전하께서 명령만 내리신다면 이를 주인들한테 즉시 돌려주도록 하겠습니다."

술탄은 노파의 사연을 듣고 아량을 베풀어 모든 일이 끝났으니 더 이상 노파를 찾지 말라고 군대에 지시했다. 그리고 와지르에게 노파와 함께 가서 그녀가 사람들한테서 훔쳐 간 물건들을 받아 주인에게 돌려주도록 했다.

술탄은 노파를 용서하고 그녀에게 예전 남편 봉급의 두 배를 주라는 명령을 내렸다. 노파는 기쁜 마음으로 집에 돌아왔다. 이렇게 노파는 지혜로써 자신의 목적을 이루었다.

순결한 처녀와 혼인해야 하는 이유

옛날에 어느 부자가 있었다. 그는 쿠웨이트 등지의 해안 도시에서 장사꾼들과 거래를 하는 사람이었다. 그는 유명한 상인으로 엄청난 부자였지만 자식이라곤 아들 하나밖에 없었다. 이 아들이 그의 인생에서 유일한 희망이었으므로 그는 온갖 정성을 다해 아들을 키웠다. 아버지는 아들에게 살아가는 데 필요한 말들을 수시로 들려주었다.

아버지는 나이가 들었고 아들은 자라서 어느덧 사내 티가 제법 나는 청년이 되었다. 아버지는 늙고 쇠약해지자 남은 가족의 생계에 필요한 재산만 남겨 두고 사업을 정리하여 재산을 모두 금으로 바꿨다. 그리고 금을 전부 모아서 낙타 가죽으로 만든 주머니에 넣고는 지하실 구덩이에 그것을 묻었다.

이제 아버지의 유일한 소망은 아들이 좋은 여자를 만나 혼인하는 것뿐이었다. 아버지는 아들이 남자를 전혀 모르는 순결한 처녀와 혼인하기를 바랐다. 어느 날 그는 아들을 불러 자신의 생각을 말했다.

"애야, 나는 세상에서 살 날이 그다지 많지 않다. 이제 내 소원은 네가 부디 혼인을 잘해서 내가 세상을 떠나기 전에 귀여운 손자들을 안아 보는 것이다. 다만 네가 신붓감을 고르기 전에 명심해야 할 것이 있다. 신부는 반드시 순결한 처녀여야 한다. 순결하지 않은 여자와는 절대 혼인해선 안 된다."

"네. 그러니 이제 아버님의 건강만 염려하세요. 아버님의 충고대로 순결한 신부를 만나 아버님께 손자들을 안겨 드리겠습니다."

아들은 아버지의 간곡한 소망을 전해 듣고 자리에서 물러났.

어느덧 세월이 지나 아들은 남편과 헤어진 여자를 사랑하게 되었고, 얼마 되지 않아 그들은 혼인하기로 했다. 아들은 애인에게 아버지가 물어보면 이전에 혼인한 적이 없다고 대답하라고 단단히 일러두었다.

둘은 혼인식을 올렸고 아들은 아내를 데리고 아버지를 찾아갔다. 아버지가 아들에게 며느리가 혼인한 적이 있느냐고 묻자 아들은 없다고 대답했다. 며느리에게도 같은 질문을 하자 그녀 역시 똑같은 대답을 했다.

아버지는 아들의 혼인을 축복하고 이제 아들이 어엿한 가장이 된 것을 기쁘게 생각했다. 그러나 불행히도 그는 여러 병을 한꺼번에 앓게 되었고 나이가 들어 기력도 떨어졌다. 새 며느리는 시아버지 곁을 떠나지 않고 밤낮으로 보살피며 극진히 간호했다.

아버지는 며느리가 현명하고 뛰어나며 일을 잘한다고 생각했다. 한편 자신의 아들은 아직도 어려서 여전히 젊을 때의 경솔함을 버리지 못했다고 여겼다. 그래서 아버지는 아들에게 감추어 둔 금에 대해 알려 주지 않았다.

늙은 아버지는 자신의 명이 다했음을 깨닫고 며느리를 불러 말했다.

"내가 너희한테 유산을 남기니 앞으로 생활하면서 필요한 곳을 잘 따져 알뜰하게 써라. 지금 주지 않은 나머지 재산은 지하실에 묻어 두었으니 돈이 급하게 필요할 경우 찾아서 쓰거라. 네 남편한테는 묻어 놓은 금에 대해 알려서도 안 되고 그것을 주어서도 안 된다. 나는 그 아이가 재산을 탕진해서 너희가 궁핍해지지 않을까 걱정이 되는구나."

며느리는 시아버지를 위해 기도했다. 결국 아버지는 죽고 아들이 남은 재산을 물려받았다. 풍족하게 자란 아들은 가난을 두려워하지 않고 돈이 보일 때마다 마음대로 써 버렸다. 그는 재산을 저축하지도 써 버린 만큼 재산을 채워 넣지도 않았다.

집안의 돈이 점차 줄어들기 시작하자 그는 가구와 살림살이를 팔아 생활하기 시작했다. 그러고 나자 더 이상 쓸 돈도 없게 되고 주변 상황도 불안해졌다. 그를 바라보는 사람들의 시선도 변하고 친구들조차 그의 헤픈 씀씀이에 실망하여 점점 그를 멀리했다.

아내는 생활이 궁핍해지자 남편에게 집을 떠나 먼 곳으로 가서 돈을 벌어 오라고 했다. 아들은 그렇게 하면 알라께서 먹고살 방도를 마련해 줄지도 모른다는 생각이 들었다. 아들은 아내의 말을 따르기로 하고 쿠웨이트로 가는 무리에 합류하여 길을 떠났다.

아들은 직업을 구하려고 발버둥쳤으나 마땅한 일자리를 찾지 못했다. 힘든 일을 꺼려 했던 그는 힘 안 드는 일을 구하려 했지만 그런 일은 없었다.

자신이 바라는 일을 찾기가 어렵다는 것을 아들이 깨달을 즈음이었다. 하루는 모스크에서 정오 예배를 드리다가 우연히 그 고장의 부자 상인을 만났다. 부자는 아들에게 고향이 어디냐고 물었다. 아들은 자신을 소개하고 상인의 집안에 대해서도 물었다. 두 사람은 이런 저런 이야기를 주고받다가 친해졌다.

이야기 도중 부자 상인은 자신과 절친한 친구의 이름을 아들한테서 들을 수 있었다. 자신이 거래하던 나즈드 지역의 상인이 바로 아들의 아버지였던 것이다. 상인이 아버지의 안부를 묻자 아들은 아버지의 죽음을 전했다. 상인은 친구의 명복을 빌고 아들에게 어떻게 이곳까지 오게 되었는지 물었다. 아들이 아버지가 남긴 재산을 다 써 버려서 먹고살 길을 찾아 먼 여행을 떠났다고 말하자 상인이 말했다.

"자네 아버지한테는 자네가 그렇게 빨리 써 버릴 수 없을 정도로 많은 재물이 있었다네. 분명 자네가 모르는 비밀이 있을 거야. 혹시 자네 아버지가 유언을 남기지 않았는가?"

아들이 대답했다.

"유언이 있었지요. 아버지는 반드시 혼인한 적이 없는 순결한 처녀와 혼인하라고 권하셨죠. 그런데 저는 아버지가 돌아가시기 직전에 이혼녀를 처녀라고 속이고 혼인했습니다. 그때는 사랑의 열병에 빠져서 아버지를 속일 수밖에 없었지요. 아버지는 저희를 의심하지 않고 그렇게 믿고 돌아가셨습니다. 아버지의 마지막 소원은 제가 행복한 생활을 하는 것이었기에 사실을 말씀드릴 수가 없었습니다. 아내는 현명하고 아버지 병간호도 성실하게 했습니다. 밤낮으로 아버지 침실을 지키며 온갖 시중을 들고, 아버지의 고통을 덜어 드렸지요."

"그렇지만 자네가 모르는 비밀이 분명히 있을 걸세. 그 비밀을 알아내야만 하네."

"어르신께 해결책이 있으리라 생각됩니다. 비밀을 알아낼 수 있도록 도와주십시오."

"가장 좋은 방법을 알려 주지. 일단 자네는 처녀인 내 딸과 혼인하게. 그리고 내 딸을 데리고 자네 집으로 가게나. 단 내 딸을 여종인 것처럼 위장시켜야 하네. 그 애 피부에 검정 칠을 해서 흑인 여종처럼 보이도록 하게. 그러고는 자네 부인한테 여종의 몸값이 싸고 당신한테 필요할 것 같아서 데려왔다고 말하도록 하게나. 그리고 내 딸한테는 아무 말도 하지 못하고 듣지도 못하는 것처럼 부인 앞에서 행동하라고 일러두게. 단 이 모든 일을 하는 데는 한 가지 조건이 있다네."

아들은 그 조건이 무엇인지 물었고 상인이 답했다.

"그것은 절대로 내 딸을 건드려서는 안 된다는 거야. 이 혼인은 형식적인 것이므로 자네는 내 딸과 잠자리를 같이해서는 안 되네. 만약 자네가 이 약속을 어긴다면 아무 망설임 없이 자네 오른손을 잘라 버릴 테니 그리 알게."

아들은 그 조건을 수락하고 어기면 벌을 받겠다고 약속했다. 그래서 아들과 상인의 딸 간에 계약 혼인이 이루어졌다. 몸에 검정색 염료를 칠해 영락없는 흑인 여종처럼 보이게 꾸민 딸은 벙어리이자 귀머거리인 것처럼 행동했다.

아들은 고향으로 돌아가 아내를 만났다. 그는 여종을 데려와 아내에게 보이며 말했다.

"이 여종의 몸값이 싸고 당신한테 필요할 것 같아서 데리고 왔소. 한 가지 흠이 있다면 말을 하지도 듣지도 못한다는 것이오. 그러나 그리 큰 흠이 되지는 않을 것이오. 사람들의 몸짓만 보고도 무엇을 해야 할지 알 테니까."

아내는 여종이 벙어리이자 귀머거리라는 남편의 말을 조금도 의심하지 않았다.

여종은 아내 곁에서 집안일을 도맡아 하게 되었다. 한편 아내는 남편이 집에서 나가는 시간과 돌아오는 시간을 자신의 정부(情夫)에게 알려 주었다. 그러자 정부는 남편이 외출한 시간을 틈타 아내와 시간을 함께 보냈다. 여종은 그 광경을 보고도 모르는 체했다.

어느 날 정부가 집에 와서 아내에게 말했다.

"값싼 물품이 도착했소. 잘만 하면 큰 이득을 챙길 수 있을 것 같소. 그러니 내게 금덩이를 좀 주시오."

아내는 그에게 어떤 물건이냐고 물었다. 정부는 낙타 떼가 상품으로 나왔는데 값이 무척 싸서 많은 이윤을 남길 것이라고 답했다. 아내는 지하실에서 금덩이를 가져와 정부에게 주면서 부디 많은 이득을 남기라고 축복해 주었다.

아들이 집으로 돌아오자 여종은 그에게 이 사실을 알렸다. 남편은 망설이지 않고 부인을 내쫓기 위한 계획을 세운 뒤에 아내를 불렀다.

"나는 이 고장을 떠나기로 했소. 남자라면 적어도 가계를 꾸리기 위해 안정된 직업을 가져야 되지 않겠소? 당신도 함께 갔으면 하는데 어찌 생각하오?"

그러자 아내는 다른 지방에서 사는 것은 외롭고 힘이 들어 견딜 수 없다고 둘러댔다. 그리고 남편 혼자 떠났다가 오고 싶을 때 언제라도 올 수 있지 않느냐는 궁색한 변명을 늘어놓았다. 이 말을 듣고 아들이 말했다.

"그러면 당신은 친정에 가 있도록 하구려. 나는 즉시 이 집을 경매에 부쳐 팔겠소."

아내가 짐을 싸서 친정으로 가자 아들은 지하실로 들어가 금을 모조리 꺼냈다. 그러고 나서 집 안의 가구를 팔고 중개인을 불러 자신의 집을 경매에 부치도록 했다. 한편 아내는 정부와 함께 어떻게 할 것인지 계획을 세웠다.

"비싼 값을 치르더라도 당신이 우리 집을 사야 해요. 절대 다른 사람한테 넘어가지 않도록 말이에요. 우리 집에는 집 값을 주고도 평생 쓰고 남을 엄청난 재물이 숨겨져 있어요."

집 값은 2000리얄 정도였는데 경매에서 팔린 가격은 다섯 배인 1만 리얄에 달했다. 물론 그 돈을 지불하고 집을 산 사람은 아내의 정부였다. 아들은 집을 판 돈을 챙겨 상인의 딸과 함께 그녀의 아버지가 있는 도시로 떠났다.

여행하는 도중 폭우가 쏟아지기 시작해서 산과 계곡이 물로 가득 찼다. 딸은 연못으로 가서 그동안 여종 노릇을 하느라 몸에 칠했던 검정색 염료를 말끔히 씻어 냈다. 목욕을 하고 난 딸은 마치 칠흑 같은 밤에 떠오른 보름달과 같았다.

아들은 딸의 우아한 자태를 본 순간 그녀를 향한 사랑을 주체할 수가 없었다. 딸 역시 그를 향해 솟구치는 자신의 마음을 막을 길이 없었다. 그녀는 성식으로 그와 혼인하였다고 생각했고, 그 역시 그녀를 자신의 아내라고 여겼다. 아들은 유혹을 견디지 못해서 딸을 범할 경우 오른손이 잘린다는 조건을 어기고 그만 처녀와 동침하고 말았다.

사랑에 취했던 시간이 지나가자 이성이 돌아왔다. 이는 정해진 그의 운명이었다. 그나마 오른손이 잘리더라도 그에게는 많은 재산이 있으므로 애써 일할 필요도 없고, 새로운 아내가 생겼다는 위안이 있었다. 이 정도라면 사람들 앞에서 손목이 잘리는 일쯤은 부끄럽지 않을 것이라고 생각했다.

아들은 아내를 데리고 부자 상인에게 가서 일이 어떻게 진행되었는지 보고했다. 집안의 재산이 전 아내의 손에 있었으며, 비밀을 밝혀 내려고 상인이 알려 준 방법대로 행하여 성공적으로 일을 마쳤다고 낱낱이 말해 주었다.

얘기를 듣고 나서 상인은 아들에게 자신의 딸과 자지 않겠다는 계약 조건을 지켰는지 물었다.

"솔직히 말씀드리면 저는 조건을 지키지 못했습니다. 일어난 일은 송구스럽기 짝이 없습니다. 저는 죄책감을 느끼며 제 그릇된 행실에 대해 어떠한 벌이라도 달게 받을 준비가 되어 있습니다."

상인은 크게 노하여 말했다.

"그 이상의 벌은 내리지 않겠다. 다만 계약대로 하겠다. 그러니 오른손을 잘릴 마음의 준비를 하여라."

"벌을 받을 준비가 되었습니다. 손을 잘림으로써 죄를 갚을 수 있다면 오히려 다행으로 여기겠습니다."

상인은 형벌을 위해 칼날을 다듬었고 아들은 손목이 잘려 나갈 때의 고통에 대비해 마음의 준비를 했다. 형을 집행할 시간이 되자 상인이 아들에게 말했다.

"네게 동정을 베풀어 사람들 앞에서 손을 자르지는 않겠다. 이 벽에 네 손이 들어갈 만한 크기의 구멍을 뚫은 뒤 너는 방 안에 들어가고 나는 밖에 있겠다. 안에서 네 손을 구멍으로 밀어 넣으면 이를 자르겠다. 그러면 우리는 서로 모습을 보지 않아도 될 것이다. 네게 자비를 베푸는데 이보다 더 좋은 방법이 있겠느냐."

아들은 상인의 말에 따르기로 했다. 벽에 구멍이 뚫리자 그는 방으로 들어갔다. 그때 아버지 몰래 딸이 방 안으로 들어와 아들이 오른손을 구멍에 넣으려는 것을 막으면서 말했다.

"당신을 대신해서 제 손을 넣겠어요."

"죄는 내가 저질렀는데 어찌해서 당신이 벌을 받으려 하오? 손을 치우시오!"

"당신과 내가 저지른 일이 죄라면 저도 같은 죄를 짓지 않나요? 제가 몸을 허락하지 않았다면 일이 이렇게까지 되지 않았을 거예요. 저는 집 안에만 머무를 여자이지만 당신은 밖에 나가 일을 해야 할 몸이잖아요. 한쪽 손 없이 밖에 나가면 사람들이 당신을 보고 수군거리며 별별 상상을 할 거예요."

상인이 어서 일을 끝내자고 재촉하자 결국 딸이 자신의 손을 구멍에 집어넣었다. 아버지는 그 손이 딸의 것임을 알아보았다. 그녀가 손목이 잘릴 순간을 기다리고 있는데 아버지가 당장 손을 빼라고 말하면서 두 사람이 있는 방으로 들어왔다.

"내 딸의 행동을 보았느냐? 네 아버지께서 반드시 순결한 처녀와 혼인하라던 유언을 어긴 결과가 어땠는지 확실히 깨달았느냐! 내 딸을 보아라."

상인은 딸을 가리키며 다시 말했다.

"내 딸은 자신을 희생하며 너를 구하려고 했다. 너를 위해 이처럼 끔찍한 형벌을 달게 받겠다고 했다."

아들은 자신을 부끄러워하며 훌륭한 깨달음을 준 상인에게 감사의 뜻을 표했다.

"존경하는 어르신, 지금 제 고마움을 말로 다 표현할 수가 없습니다. 앞으로 살아가는 동안 어르신께서 주신 은혜와 가르침을 두고두고 잊지 않을 것입니다. 어르신의 교훈은 제게 삶의 의지를 북돋워 주고 무지한 저를 곤경에서 헤쳐 나오게 해 주었습니다."

"네가 그렇게 반성했다면 이제 내 딸을 너의 아내로 삼도록 허락하겠다. 내 딸과 행복하게 살도록 하여라. 네 재산을 나와 합치고 싶으면 그렇게 해라. 그러면 우리는 동업자가 되는 것이다."

아들은 상인의 제안을 기쁜 마음으로 받아들여 자신의 재산을 아버지의 친구, 아니 이제 장인이 된 상인의 재산과 합했다. 아들은 열심히 일했고, 장인의 경험과 지혜로 사업을 확장해 나갔다. 그리고 그들 부부는 많은 자식을 낳고 화목하게 살았다.

용감한 도둑을 사랑한 술탄의 외동딸

옛날에 어느 술탄이 있었다. 그는 세상에 부러울 것이 없었지만 다만 한 가지 자식이 없어 근심하고 있었다. 그는 자식을 갖지 못하는 원인이 자신에게 있는 것은 아닌가 고민했다. 그리고 아들 딸 상관없이 대를 이을 자식 하나만 있었으면 하고 간절히 바랐다. 그는 아이가 태어나는 기쁨을 누릴 날만을 고대했고 평범한 아버지로서의 행복을 맛보고 싶었다.

술탄은 유명한 의사들에게 진찰을 받고 많은 약을 먹었다. 그렇게 오랫동안 노력한 끝에 술탄의 부인이 딸을 낳았고 술탄은 딸이 태어난 것을 전국에 알리도록 했다. 그는 아들을 원했지만 딸이어도 흐뭇했다.

술탄은 딸을 키우는 데 온갖 정성을 기울였으며 딸의 건강과 교육에 유달리 관심을 가졌다. 딸이 어엿한 처녀로 자라자 술탄의 애정은 더욱 깊어졌고, 딸이 행여 사람이나 진^{마신, 정령}에게 해를 입지는 않을까 늘 염려했다. 그래서 술탄은 튼튼한 궤를 만들어 딸을 그 안에 넣고 다녔다. 잠자기 전에는 궤 속에 딸을 넣고 자물쇠로 잠근 뒤 열쇠를 주머니에 넣을 정도였다. 그것도 모자라서 궤 주변에 경비병들까지 세워 두었다. 딸은 아버지의 지나친 보호를 당연한 것으로 여기고 궤 안에 갇힌 생활에 불평하지 않았다.

그러던 어느 날 술탄은 여행이 하고 싶어 채비를 갖추도록 했다. 술탄의 행렬은 사막을 지나 메카의 신전으로 향했다. 여행 중에 하룻밤 머물 곳에 이르면 술탄은 자신의 천막 바로 옆에 딸이 묵을 천막을 세워 주었다. 그리고 그 주변에 따로 경비병들을 두었다.

술탄 일행이 사막의 한 우물가에 머무른 날이었다. 술탄은 평소 하던 대로 딸을 궤 속에 넣고 자물쇠를 채웠다. 그러고는 경비 상황을 점검한 뒤 잠자리에 들었다.

그런데 술탄과 경비병들의 움직임을 살피던 유목민 도둑이 있었다. 그는 경비병들이 한눈을 파는 사이 술탄의 거처로 몰래 숨어들려고 기회를 노리는 중이었다. 도둑은 술탄의 금고를 갖고 사막 한가운데로 도망칠 속셈이었다. 계획대로만 된다면 이 위험하고 지겨운 도둑질을 그만두고 평생 편히 지낼 수 있을 거란 생각이 들었다.

밤이 깊어지자 경비병들은 하나씩 곯아떨어졌다. 지금이 기회라고 여긴 도둑은 술탄이 특별히 주의를 기울여 경비병까지 세운 천막 안으로 재빨리 들어갔다. 천막에서 궤 하나를 발견한 도둑은 그 안에 분명 값진 물건이 있을 것이라고 추측했다. 당장이라도 궤를 부수고 뭐가 들었는지 보고 싶었지만 부수는 소리에 경비병들이 깨어날지 모른다는 생각이 들었다. 그래서 궤를 들고 밖으로 나가 우물 근처의 산으로 올라갔다. 그리고 산에 있는 동굴로 궤를 가지고 가서 힘으로 뚜껑을 열어젖혔다. 그는 궤 안에 금은보화 같은 보물이 들어 있을 것으로 기대했다.

그러나 기대가 큰 만큼 실망도 큰 것일까. 막상 궤를 열어 보니 안에는 아리따운 처녀 하나밖에 없었다. 그녀는 두려움에 몸을 떨고 있었다. 도둑은 처녀에게 두려워하지 말라며 안심시키려고 했지만 그녀는 자신의 운명을 걱정하면서 안절부절못했다. 도둑은 잠시 생각에 잠겼다.

'내가 진정으로 원하는 것은 금은보화 같은 재물이지 여자가 아니다. 하지만 이게 내 운인가 보다. 이 일을 어떻게 처리해야 하지? 정말 고민이군. 이 처녀를 없애고 잊어버릴까? 사막에 내버려두면 짐승의 먹이가 되거나 굶어 죽거나 갈증으로 죽겠지? 아니면 다시 천막으로 데려다 줄까?'

고민하던 도둑은 그녀를 범하고 싶다는 간악한 생각이 들었다. 그의 사악한 영혼이 속삭였다.

'너는 지금 너무 고달프고 지쳤어. 저 아리따운 여자로 위안을 삼는 건 어때?'

도둑이 다가오자 공주는 그의 음흉한 생각을 바로 읽었다. 그가 입을 맞추려 하자 그녀는 온갖 방법을 동원해 피하면서 되도록 오래 버텨야 한다고 생각했다.

도둑이 공주를 힘으로 누르고 음탕한 짓을 하기 직전 알라께서 그녀에게 자비를 베푸셨다. 동굴에서 사자가 나타나 도둑에게 다가온 것이다. 사자는 힘을 자랑하듯 큰 발소리를 냈다.

그러나 도둑은 사자의 힘 앞에서 조금도 기죽지 않았다. 그는 칼을 뽑아 들고 힘찬 발걸음으로 사자 앞으로 나아갔다. 사자는 엉덩이를 땅에 대고 앉아 송곳니를 드러내면서 울부짖었고, 그 소리가 산에 쩌렁쩌렁 울려 퍼졌다. 금방이라도 달려들 태세였다. 도둑이 다가가자 사자는 힘을 모아 그에게 달려들었으나, 그가 칼을 쥐고 똑바로 맞서자 멈칫거렸다. 눈 깜짝할 사이에 도둑은 칼로 사자를 내리쳤고 사자의 몸은 두 동강이 나고 말았다. 사자는 땅바닥에 나뒹굴었고, 도둑은 칼에 묻은 피를 태연스레 닦아 냈다.

그는 칼집에 칼을 넣은 다음 공주에게 돌아왔다. 사자 따위와는 싸운 적이 없다는 듯 침착해 보였다.

도둑이 다시 공주를 희롱하려고 하자 이번에는 호랑이 한 마리가 나타났다. 도둑은 곧바로 일어나 칼을 빼고 호랑이와 맞섰다. 도둑과 호랑이는 마주 서서 서로를 경계하며 상대의 약점을 노렸다.

호랑이가 도둑의 주위를 맴돌자 도둑은 사태의 심각성을 알고 정신을 바짝 차렸다. 그 순간 호랑이가 도둑에게 달려들어 치명타를 가하려 했다. 도둑은 잠시 뒤로 물러서더니 곧이어 칼로 호랑이를 찔렀다. 칼에 맞은 호랑이는 몸의 균형을 잃었고 그 틈을 타서 도둑은 호랑이를 죽였다. 그는 자신의 몸에 묻은 호랑이의 핏자국을 닦고 칼을 칼집에 넣었다.

공주는 도둑의 용감한 모습에 강한 인상을 받았다. 유목민 남자는 공주의 주위에 있던 다른 남자들과 많이 달랐다. 큰일을 연거푸 치르고도 흐트러짐 없는 표정을 지어 그녀를 더욱 놀라게 했다.

마음의 평정을 되찾은 도둑은 재차 공주를 겁탈하려고 했다. 그러나 그녀가 워낙 완강한 자세로 자신을 지키려 들자 도둑은 사자와 호랑이에게 했던 것처럼 거친 힘으로 그녀를 억누르려 했다. 하지만 알라께서는 또 한 번 그녀의 편을 들어 주셨다.

큰 늑대 한 마리가 두 사람 앞에 나타나더니 빠르지도 느리지도 않은 속도로 걸어왔다. 도둑은 자리에서 일어나 칼을 뽑고 새로운 상대를 맞이했다. 도둑과 늑대는 서로에게 다가가 멈춰 서서 상대방을 노려보며 적의 움직임을 살폈다.

늑대가 송곳니를 보이며 덮칠 자세를 취했다. 도둑은 싸움을 유리하게 끌어가려고 늑대가 먼저 싸움을 걸어올 때까지 기다렸다. 늑대가 거세게 공격하자 칼로 맞선 도둑은 다가오던 늑대가 멈칫하는 사이에 번개처럼 빠른 속도로 칼을 들어 늑대를 두 동강 내고 말았다. 늑대는 사자와 호랑이 사체 옆에 거꾸러졌고, 도둑은 몸에 묻은 늑대의 피를 닦아 낸 뒤 칼을 칼집에 넣었다.

그는 공주에게 돌아왔지만 이번에는 그녀를 범하려 하지 않았다. 대신 발걸음을 멈추고 깊은 생각에 빠졌다.

'저 여자를 범하려고 할 때마다 맹수들이 나타나는 것은 필시 알라의 뜻이다. 알라께서는 내가 그녀한테 못된 짓을 하려는 것을 막고 계시다. 그렇다면 나는 짐승 같은 탐욕을 버리고 순수해져야만 한다. 그러면 알라께서 더 큰 은혜를 베풀어 주실 것이다.'

그래서 도둑은 공주를 원래 있던 곳으로 데려다 주기로 마음먹었다. 그는 원래대로 여자를 궤 속에 넣은 뒤 자물쇠로 잠갔다. 그리고 등에 궤를 메고 조심스럽게 발걸음을 옮겨 경비병이 깨어나지 않도록 주의하면서 궤가 있던 천막으로 갔다. 천막에 도착한 도둑은 궤를 제자리에 놓고 그곳을 떠났다. 그는 이번 모험에서 아무것도 얻지 못했다.

아침이 되자 술탄은 변함없이 궤를 열어 딸을 확인했다. 딸의 얼굴에는 지난밤의 두려움이 하나도 남아 있지 않았다. 술탄은 순례를 마치고 수도로 돌아온 뒤 외동딸의 혼인 문제를 적극적으로 추진했다. 몇 년 후 사촌 중 한 사람이 청혼을 했다. 술탄은 기꺼이 청혼을 받아들이고 신하들에게 품위 있고 아름다운 궁전 한 채를 지으라고 지시했다. 신혼 부부가 지낼 궁이 지어졌고, 이어서 술탄의 정원에서 화려하고 성대한 혼인식이 열렸다.

부부가 된 공주와 사촌은 이전에 한 번도 본 적이 없었다. 게다가 술탄은 이번 혼인에 대해 딸과 전혀 상의하지 않았다. 만약 딸의 의견을 물어봤다 할지라도 그녀는 아버지의 뜻에 따랐을 것이다. 어쨌든 혼인식이 끝나고 첫날밤에 신랑이 흔들거리는 걸음걸이로 신혼방에 들어왔다. 신랑은 귀하게 자란 젊은이로 철저히 계산적인 남자였지만, 한편으로 친절하며 계획한 대로 행동하는 절도 있는 사람이었다. 공주는 남편이 사나이다운 패기와 다정함을 두루 갖추었으므로 이 사람과 평생을 함께해도 괜찮겠다고 생각했다. 두 사람은 입을 맞추며 쾌락의 순간을 나누기 시작했다. 신랑은 신부의 몸을 어루만졌다.

이렇게 두 사람이 열락의 시간을 갖던 중 뭔가가 바닥에 떨어졌다. 높은 찬장 위에서 고양이가 펄쩍 뛰는 바람에 그릇이 바닥에 떨어진 것이다. 첫날밤의 분위기를 망쳐 놓은 고양이 앞에서 신랑의 행동은 그야말로 볼만했다. 놀란 신랑은 자리에서 일어나 불안한 기색으로 소리 난 곳을 쳐다보았다. 그는 소리가 난 이유를 알고 나서 다시 자리에 앉았으나 놀란 나머지 심장은 벌렁거리고 호흡은 거칠었다. 신랑의 얼굴색은 마치 피가 다 빠져나간 듯 창백했으며 그런 그한테서 남자다운 면모를 발견하기는 힘들었다.

그 순간 신부는 사막에서 자신을 납치했던 유목민 도둑을 떠올렸다. 그는 큰 위험에 처했어도 침착하고 용감하게 위기에서 벗어나지 않았던가. 그때와 지금 상황을 비교하다가 이 우스꽝스러운 장면에 그녀는 터져 나오는 웃음을 참을 수가 없었다. 예민한 성격의 신랑은 신부가 자신을 비웃었다고 생각했다. 신부의 행동에 충격을 받은 그는 신방을 뒤로 한 채 다른 곳에서 밤을 보냈다.

다음 날 아침 신랑은 술탄에게 문안 인사를 드리고는 첫날밤 일에 대해 이야기했다.

"저는 아내의 행동에 크게 실망했습니다. 첫날밤부터 아내는 저를 비웃었습니다. 이는 일국의 공주로서 도리에 맞지 않는 행동이라 생각됩니다. 저는 너무 화가 나서 방을 나와 따로 잘 수밖에 없었습니다."

자초지종을 듣고 난 술탄은 딸에게 화가 났지만 일단 사위에게 용서를 구했다.

"내가 공주한테 주의를 주겠네. 다시는 그런 일이 없을 걸세. 공주를 대신해서 내가 자네한테 사과하겠으니 이번 한 번만 너그럽게 넘어가 주게."

그제야 신랑은 마음의 안정을 찾고 술탄이 딸을 혼내 줄 것이라고 기대했다. 술탄은 하렘으로 가서 딸을 데려오라는 분부를 내렸다.

공주는 첫날밤 남편을 비웃은 죄로 앞으로의 생활이 순조롭지 못할 것이라는 사실을 짐작하고 마음의 준비를 단단히 했다. 공주는 아버지의 표정에서 분노를 읽고 두려움에 찬 목소리로 문안 인사를 올렸다. 자신이 가진 무기라곤 온순함과 상냥함밖에 없었으므로 그녀는 아버지 앞에서 약한 모습을 보여 동정을 얻으려고 했다.

술탄은 무뚝뚝한 태도로 인사를 받은 뒤 딸에게 앉으라고 하면서 말했다.

"어찌하여 첫날밤에 남편을 비웃어 일을 이 지경으로 만들었단 말이냐? 그러한 행동이 예법에 있는 것이냐? 남편을 놀리는 태도가 술탄의 딸로서 할 짓이더냐? 사람을 비웃는 행위는 온전한 사람으로서 할 짓이 아니며, 곧 자신의 품위를 떨어뜨리는 짓이다. 그런 행동은 제대로 교육 받지 못한 자나 하는 짓이다. 우리 가문은 너의 수치스러운 행동 때문에 몹시 곤란한 지경에 처하게 되었다. 이 상황을 어떻게 수습해야 할지 모르겠구나."

그러자 공주가 단호하게 답했다.

"존경하는 아버님, 아버님께서는 문제를 한쪽에서만 이해하고 계십니다. 문제의 다른 면을 보신다면 보다 공정한 판단을 내리실 수 있을 것입니다."

"그렇다면 너희 부부 사이에 어쩌다가 안 좋은 감정이 생기게 되었는지 내가 이해할 수 있도록 상황을 잘 설명해 보아라. 그 원인과 잘잘못을 가릴 수 있도록 말이다."

"말씀드리기에 앞서 아버님께 한 가지 청을 드리겠습니다. 제 일에 대해 서둘러 판단을 내리시지 않을 것과 부디 감정이 아닌 이성으로 판단해 주십사 하는 것입니다."

술탄이 그러겠다고 약속하자 딸은 말을 꺼냈다.

"아버님께선 몇 해 전 순례를 하셨던 일을 기억하시는지요? 그때 저는 아버님과 함께했습니다."

"그래, 기억하고말고."

"우리 일행은 여행 중 하룻밤을 우물가에서 머물렀던 적이 있습니다. 그날 밤도 어김없이 아버님께서는 주무시기 전에 저를 궤에 넣고 자물쇠를 걸어 잠그셨고요."

"그랬지."

"그날 밤 저는 제가 들어 있는 궤가 어디론가 옮겨지는 것을 느꼈습니다. 저는 시종이나 경비병들이 천막 안을 청소하고 정리하느라 그런가 보다 생각했습니다. 잠시 후 궤가 열리자 저는 아버님께서 궤를 여셨다고 생각했지요. 그런데 뜻밖에도 제 앞에는 유목민 도둑 하나가 서 있었습니다. 저는 너무도 두려웠습니다.

궤짝을 연 유목민은 저를 겁탈하려고 했습니다. 저는 정신을 똑바로 차리고 목숨을 잃는 한이 있더라도 제 자신을 지키겠다고 굳게 마음먹었습니다. 그리고 알라께서 제 곁에 계신다면 흑심을 품은 도둑쯤은 무찔러 주실 거라고 읊조리고 또 읊조렸지요.

　순결만은 반드시 지켜야겠다는 제 다짐을 알라께서 들으신 걸까요? 도둑이 저를 범하려 할 때마다 사자, 호랑이, 늑대가 나타나 도둑과 맞서 싸웠습니다. 그러나 짐승들은 도둑의 힘 앞에서 번번이 무너졌습니다. 도둑은 알라께서 보낸 막강한 조력자들과 싸우고 난 뒤에도 여유만만했습니다.

　그런데 참 이상하지요? 맹수 세 마리와 목숨을 건 싸움에서 승리를 거두고 난 뒤 도둑 얼굴에는 이상한 빛이 떠올랐습니다. 그 또한 알라께서 보낸 마음의 소리를 들은 것 같았습니다. 그의 표정은 강제로 저를 범하려 했을 때와 달리 온화해졌습니다. 또한 저한테 했던 행동을 뉘우치는 마음이 엿보였습니다. 그는 저를 다시 궤에 넣더니 아버지 곁에 가져다 놓았습니다."

　딸은 아버지 앞에서 자신의 부끄러운 모습을 드러내는 것 같아 괴로웠지만 다 털어놓아야겠다고 마음먹었다.

　"이와는 대조적으로 첫날밤 제 신랑은 조그마한 고양이가 찬장에서 놀다가 떨어뜨린 그릇 소리에 깜짝 놀라 울 것 같은 표정을 지었습니다. 그때 이상하게도 용감한 도둑이 짐승들과 맞서던 모습이 떠올랐지요. 처음부터 신랑을 비웃으려고 했던 것은 아닙니다. 다만 조그만 고양이를 대하는 겁 많은 남편의 태도와 맹수들을 무찌르는 도둑의 대담함을 비교하는 일이 흥미로웠을 뿐입니다.

　이상이 이제까지 있었던 일의 진상입니다. 아버님, 만일 제게 잘못이 있다면 기꺼이 벌을 받겠습니다. 그러나 저의 행동이 그럴 만한 이유가 있었다고 생각되시면 저를 용서해 주십시오.

또한 남편의 행동에 비추어 저를 판단해 주실 것도 부탁드립니다. 그는 아무것도 아닌 일을 크게 확대시켜서 신혼 첫날밤 저를 모욕했으며 저를 홀로 내버려둔 채 방을 나가 버렸습니다. 남편이 제게 품었을 서운함보다 아버지께서 저한테 가지셨을 실망이 걱정될 따름입니다. 그러니 아버님, 그의 편만 드시지 말고 제 입장도 헤아려 주십시오."

술탄은 딸의 말을 듣고 놀라움을 금치 못했으며 노여움도 어느새 사라져 버렸다. 사위가 딸과 인연이 아닐지도 모른다는 생각이 든 술탄이 조심스럽게 물었다.

"애야, 너는 용서받아 마땅하구나. 모든 얘기를 듣고 나니 네 입장을 충분히 알겠다. 자, 이제 네가 원하는 것이 무엇이냐? 지금의 남편보다 유목민 도둑이 신랑감으로 괜찮단 말이냐? 너의 평생이 달린 문제이니 신중하게 답해 주길 바란다. 그렇다고 대답해도 나무라지 않을 테니 솔직하게 대답해 보아라."

공주는 쉽게 대답할 수가 없었다. 현재 신랑은 아버지가 정한 반려자였기 때문이다.

"이 문제는 제가 정할 일이 아닙니다. 결정은 아버님께서 해 주십시오. 다만 저는 어려운 상황에서도 남자답고 굽히지 않는 용기를 가진 사람이 훨씬 좋습니다. 그렇지 못한 남자는 진실로 남성다움을 갖추었다고 볼 수 없으니까요. 여성은 무엇보다도 강한 남자를 좋아하게 마련입니다."

술탄도 딸의 의견에 동의했다.

"이제야 너의 마음을 알겠다. 그럼 그 유목민과 혼인시켜 주마."

공주는 아버지 앞에서 지난 일과 자신의 이상형을 말한 것이 부끄러웠지만 오히려 후련하기도 했다. 다만 자신이 마음에 품고 있는 유목민을 어떻게 찾을지 걱정이었다. 아버지는 그런 딸의 마음을 헤아리고 있었다.

"내게 남자의 신상을 알아낼 좋은 방법이 있단다. 머지않아 너한테 그 사람을 데려다 주겠다."

술탄은 다음 날 딸이 납치되었던 지역으로 사람을 보냈다. 그리고 그곳 주민들을 수도로 초대하여 잔치를 열겠다는 공고문을 마을마다 붙여 놓았다. 잔치의 목적은 그 지역의 족장을 선출하기 위한 것이라고 했다. 주민들이 마을을 떠나 수도에 왔다가 돌아가기까지 필요한 교통 편인 낙타와 음식 전부를 술탄이 제공하는 어마어마한 행사였다.

술탄은 딸의 마음을 사로잡은 유목민을 알아내려는 준비를 시작했다. 이를 위해 고관들과 대상인들 자리로 이어지는 길을 따로 마련한 술탄은 길 끝 한쪽에 사자 한 마리를 매어 두도록 했다. 그리고 식탁에 이르는 작은 길도 하나 마련했다. 사자가 있는 곳에서 몇 걸음 앞선 지점에서 시작하는 이 길은 폭이 좁고 구불구불하며 많은 장애물이 놓여 있었다.

드디어 초대된 손님들이 몰려들었다. 그들은 식탁으로 가다가 사자를 보고는 위험한 동물을 피할 수 있는 작은 길을 택했다. 손님들은 대개 그런 식으로 사자를 보고 다른 길로 돌아 식탁으로 갔다.

그러던 중 한 유목민 남자가 도착했다. 식탁 쪽으로 곧게 뻗은 넓은 길로 걸어간 그는 길 끝에 있는 사자를 보고도 걸음을 멈추지 않았다. 그가 손으로 사자 갈기를 때리자 사자는 마치 유목민에게 인사를 하는 것처럼 슬며시 송곳니를 드러냈다. 그러더니 친근함의 표시로 꼬리까지 흔들었다. 이 광경을 바라보던 술탄이 딸에게 물었다.

"바로 그 도둑이냐?"

"예, 틀림없습니다."

술탄은 만찬이 끝난 뒤 해당 지역에 사신을 보내어 유목민의 집안과 신분에 대해 알아 오라고 지시를 내렸다. 돌아온 사신의 보고를 들은 술탄은 유목민을 불렀다. 그리고 평소의 권위적인 태도를 벗어던지고 부드럽게 말을 건넸다.

"자네 조상들 가운데 한 분이 우리 왕국을 세우는 데 지대한 업적을 남겼다고 들었네. 자네 가문에 진심으로 존경과 감사를 드리네. 자네가 족장이 된다면 훌륭한 조상처럼 큰일을 할 거라고 생각해서 하는 말인데, 내가 자네를 족장 선거에 나갈 수 있게 추천을 하려고 한다네. 그리고 자네가 선출되면 나는 정식으로 자네를 족장으로 임명하겠네. 자네 뜻은 어떤가? 그리고 또 한 가지 중대사가 있는데, 그것은 때가 되면 알게 될 걸세."

유목민은 조상이 세웠던 공을 자신에게 돌려주려는 술탄의 자비로움에 진심으로 감사하지 않을 수 없었다. 지역 주민들의 지지에 힘입어 족장이 된 그는 공정하고 사려 깊은 행동으로 사람들의 주목을 받았다. 전국 곳곳에서 그의 명성이 높아지자 마침내 술탄은 그를 자신의 곁에 두려고 궁으로 불렀다.

"그동안 자네의 탁월한 일처리와 공정한 분별력, 식견 등에 관해 잘 들었네. 이제 자네는 대리인을 두어 그한테 족장의 일을 맡기게. 그리고 이곳 수도로 옮겨 와 내 업무를 도와주게나. 국가의 주요 사안을 정확하고 공정하게 처리하려면 자네 같은 신하가 반드시 필요하다네. 자네 능력을 여기에서 유감없이 발휘해 보게."

유목민은 술탄의 요청에 응하여 사촌 중에서 자신을 대신할 사람을 정해 일을 맡긴 뒤 수도로 왔다. 술탄은 그를 정중히 맞이하며 좋은 집을 내주고 가장 높은 지위를 주었다. 그리고 얼마 후 가신을 시켜 자신의 딸과 혼인할 것을 권했다.

유목민을 찾아간 가신은 이렇게 말했다.

"술탄께는 나이가 꽉 찬 따님이 하나 있다오. 술탄께서는 당신을 자랑스럽게 생각하고 계시니 그 따님한테 청혼을 하면 쾌히 승낙하실 것이오."

"정말 그러실 것 같습니까? 저는 이방인이고 신하일 뿐인데 어떻게……."

유목민은 자신이 없는 듯했다. 그럴수록 가신은 유목민을 치켜세웠다.

"나는 술탄께서 행사 때마다 입이 마르도록 당신을 칭찬하시는 것을 들었소. 혼인하겠다는 의지만 흔들리지 않는다면 술탄께서 거절하지 않으시리라는 것을 내가 장담하오."

"좋은 제안을 해 주셔서 고맙습니다. 당신의 제안대로 공주한테 청혼해 보겠습니다."

어느 날 유목민은 술탄과 단둘이 있게 된 자리에서 말을 꺼냈다.

"개인적으로 전하께 드리고 싶은 말이 있습니다. 다만 말씀드리기가 망설여질 따름입니다."

술탄은 그런 그를 격려해 주었다.

"무슨 말이든 해 보거라. 왕국의 이익을 위한 청이라면 무엇이든 들어주겠다. 너는 충분히 그만한 자격이 있는 사람이다."

"이런 말씀을 드리면 전하께서 언짢아하실까 두렵습니다."

"아무것도 망설이지 마라. 나는 오래전부터 너를 친족이라고 생각하고 있었느니라. 다른 사람들의 눈치를 볼 필요도 없다. 어떤 말이라도 좋으니 해 보아라."

유목민은 용기를 내어 자신의 뜻을 밝혔다.

"전하, 저는 늘 전하와 가까이 있기를 바랍니다. 이를 위해 제가 전하 가문의 여자와 혼인한다면 크나큰 영광이 될 것입니다."

유목민은 처음부터 술탄의 딸과 혼인하고 싶다는 얘기를 꺼내지는 않았다. 그는 자신의 청에 대한 술탄의 반응을 살폈다.

"나는 이미 너를 친족으로 인정한다고 말했다. 그러니 네 마음에 드는 우리 가문의 여자가 있으면 청혼하도록 해라. 내가 너와 그 여자를 맺어 주겠노라."

술탄의 허락을 받은 유목민은 더욱 용기를 내어 자신의 소원을 말했다.

"전하의 따님과 혼인하고 싶습니다. 허락해 주십시오."

술탄은 그의 청혼을 승낙하고는 크게 기뻐했다.

술탄의 딸은 이미 남편과 헤어진 상태였다. 이혼이 진행되는 동안 두 사람은 따로 살았고, 공주의 남편은 술탄에게 다른 여자와 혼인할 뜻을 밝혔다. 공주와 남편은 서로 원만하게 이혼했고, 유목민 청년은 아무 거리낌 없이 공주에게 청혼할 수 있었다. 그들의 혼인은 빠르게 진행되었다.

첫날밤 유목민 청년은 신부 얼굴을 보고 깜짝 놀랐다. 신부가 이전에 자신이 납치했다가 다시 데려다 주었던 바로 그 처녀였기 때문이다. 두 사람은 웃으면서 지난날에 대한 이야기를 나누었다. 이후 두 사람은 부부로서 사랑과 정을 나누며 행복한 삶을 보냈다.

주하[1] 이야기 하나 : 정령 흉내를 낸 주하

　기이한 행동을 일삼는 주하라는 사람이 있었다. 그는 별난 행동을 많이 하는 반면에 아는 것도 많았다. 실제로 그는 탁월한 지식과 풍부한 인생 경험을 지녔지만 오히려 자신의 지식이 살아가는 데 부담이 된다고 여겼다. 그래서 권위적인 태도를 버리고 아무것도 모르는 바보처럼 행동하고 다녔다. 그는 자신의 이러한 처신이야말로 세상살이의 어려움 속에서 겪는 온갖 문제점, 난처한 상황, 책임 등에서 벗어나게 해 주는 유일한 방법이라고 생각했다.

　주하는 잎을 벗긴 야자수 가지를 다리 사이에 끼우고 시장을 돌아다녔다. 그러고는 자신이 말을 탄 기사라고 외치고 다니며 미치광이 노릇을 했다. 많은 사람이 그가 똑똑한 사람이라는 것을 알고 있었지만, 그 사실을 모르는 사람들은 그를 정신 나간 사람으로 생각했다.

　그는 이런 생활을 계속하면서 사람들이 자신을 정신 이상자로 보는 것을 오히려 다행스럽게 여겼다. 그리고 오직 야자수 줄기로 만든 말을 타는 것에만 관심을 보였다. 어느 때는 꼬마들이 그의 뒤를 졸졸 따라오며 놀렸는데, 주하 역시 장난 삼아 꼬마들을 골려 주기도 했다.

주하의 어머니는 야자수 줄기를 엮어 만든 소쿠리에 대추야자 열매를 저장하는 일을 하고 있었다. 주하가 열매 중 일부를 팔아서 이득을 보려고 할 때마다 어머니는 주하를 만류하며 타일렀다.

"애써 저장한 대추야자 열매는 농사짓는 유목민의 신뢰와 다름없다. 절대 내다 팔아서는 안 된다."

어머니는 주하가 대추야자를 먹으려 할 때도 이렇게 꾸짖었다.

"그것을 먹는 것은 유목민을 배신하는 것이나 다름없다. 신뢰는 반드시 지켜야 하며 절대 깨뜨려서는 안 된다."

주하는 여러 가지 방법으로 소쿠리의 대추야자를 가지려고 했으나 어머니의 감시가 심해서 그럴 수가 없었다. 어느 날 어머니가 없는 틈을 타서 시장 한복판으로 간 그는 다른 지방에서 온 유목민 상인들에게 외쳤다.

"여보시오, 우리 집에는 저장할 수 없을 만큼 많은 대추야자가 있다오. 원한다면 그 대추야자를 모두 가져가도 좋소."

그 소리를 듣고 주하의 집에 들른 유목민 상인들은 집 한쪽에 널린 대추야자를 보았다. 그들은 낙타 등에 대추야자를 싣고 즐거워하며 사막 여행을 계속했다.

상인들은 알라께서 자신들에게 대추야자를 선물했다고 믿고 돈 한 푼 안 내고 이를 가져갔다. 집으로 돌아온 주하의 어머니는 집이 텅 빈 것을 보았다. 자신이 가족의 생계를 위해 보물처럼 간직한 대추야자가 없어진 것이다. 깜짝 놀란 어머니는 아들에게 대추야자가 어디 있는지 물었다.

"대체 그 많던 대추야자가 다 어디로 갔단 말이냐?"

"어머니께서 대추야자의 주인은 유목민이라고 하셨잖아요. 그래서 제가 유목민한테 가져가라고 했지요."

그 말을 듣고 어머니는 옷을 찢으며 소리쳐 울었다.

"일전에 나는 일부러 네게 거짓말을 했다. 사실 그 대추야자는 유목민의 것이 아니다. 우리 가족이 먹을 만큼만 남겨 놓고 나머지는 팔아서 그 돈으로 생계를 해결해야 했단 말이다. 이제 어쩌면 좋단 말이냐? 이제 우린 뭘 먹고 사느냔 말이다."

주하의 어머니는 울면서 주하를 원망했다. 그러자 그는 태연하게 어머니를 달래었다.

"걱정하지 마세요. 제가 대추야자를 찾아올 테니 부디 안심하세요. 대신 이 일은 아무한테도 알리지 마세요. 제 잘못을 반성하고 어머니께 대추야자를 다시 가져다 드릴게요. 진정하시고 기다리기만 하세요. 내일 아침이면 다시 대추야자가 돌아올 겁니다."

주하의 어머니는 가슴을 쓸어내리며 안심했고 아들의 약속을 믿기로 했다. 어머니는 일단 내뱉은 말은 반드시 실천하고, 약속은 반드시 지키며, 하고 싶은 일은 반드시 해내는 아들의 성격을 잘 알고 있었기 때문이다.

주하는 유목민 복장으로 갈아입고 서둘러 사막으로 나가 대추야자를 갖고 앞서 떠난 유목민 일행을 뒤따라갔다. 밤이 되자 유목민들은 낙타 안장을 내려놓고 밤을 보내려고 천막을 쳤다. 여인네들은 땔감을 찾고 남자들은 살림 도구를 정리하고 있었다.

주하는 야영지 근처에 접근하여 구덩이를 파고 그 속으로 들어가서 머리만 밖으로 내밀었다. 이윽고 한 아낙네가 불을 땔 때 냄비 받침대로 쓸 만한 돌을 찾아다니다가 주하의 머리를 발견했다. 그 아낙네는 주하의 머리를 돌로 착각하고 이를 집으려고 몸을 구부렸다. 아낙네가 머리를 잡아당기자 주하가 소리쳤다.

"저는 주하입니다. 당신들은 내 머리를 어둠 속에서 돌로 잘못 봤어요."

여자는 소스라치게 놀라 주위를 뛰어다니며 사람들에게 소리를 질러 댔다.

"진이다, 진! 진이 나타났으니 모두들 어서 도망쳐 목숨을 건지세요!"

유목민들은 진을 몹시 두려워했으므로 이 소리를 듣자 가벼운 물품과 가축 몇 마리만 챙기고는 뒤도 돌아보지 않고 도망쳤다. 야영지에는 대추야자와 가축, 많은 짐이 남겨졌다. 주하는 이를 모아 어머니께 가져다 드렸다. 어머니는 뜻밖의 선물에 기쁨을 감추지 못하면서 아들의 노고에 고마워했다. 주하와 어머니는 가축과 물건들을 팔아 생긴 돈을 앞날을 위해 저축했다.

●——주

1 아랍 기담에 자주 등장하는 주인공. 바보에서 현자까지 다양한 인물로 나온다.

주하 이야기 둘 : 친구의 정원을 되찾아 준 주하

주하에게는 아름다운 정원을 가진 친구가 있었다. 야자수를 비롯하여 온갖 나무들을 심어 놓은 멋진 정원이었다. 그런데 이를 탐낸 못된 고관이 불법적인 방법을 써서 정원을 빼앗았다. 정원을 빼앗긴 친구는 거의 제정신이 아니었다. 그러나 강제로 빼앗긴 자신의 재산을 되찾기 위해 무엇을 어떻게 해야 할지 몰랐다. 고관을 상대로 소송하는 일은 그의 권력에 도전하는 것인데, 혼자만의 힘으로는 소송에서 이기기 힘들어 보였다. 고관은 설령 고소를 당하더라도 뇌물과 지위를 이용하여 자신에게 유리한 판결을 끌어낼 수 있는 자였다.

공식적인 방법으로는 소용없다는 것을 깨달은 이 가련한 친구는 하는 수 없이 오랜 벗인 주하를 찾아왔다. 그와 주하는 깊은 신뢰와 우정을 쌓아 교분이 두터웠으므로 이 문제를 상의하고 주하의 의견을 들어 보기로 했다.

친구는 주하에게 자초지종을 들려주면서 부디 빼앗긴 재산을 꼭를 써서 찾아 달라고 간청했다. 주하는 그러겠노라고 약속했지만 정확한 방법은 말해 주지 않았다. 친구는 만족하고 모든 일을 주하에게 맡긴 다음 돌아갔다.

주하는 어떻게 하면 권세 있는 고관의 마음을 움직여 가능한 논쟁을 피하고 원만한 방법으로 친구에게 정원을 돌려줄 수 있을까 오랜 시간 고민했다. 고심 끝에 방법을 찾아낸 주하는 아이들을 데리고 고관 소유의 정원으로 갔다.

"계십니까? 문 좀 열어 주십시오."

마침 고관이 집에 있다가 손수 문을 열어 주었다.

"저는 주하라고 합니다. 잠시 제게 시간을 내주시겠습니까?"

고관은 주하의 총명함을 오래전부터 들어 알고 있었으며, 그가 미치광이처럼 행세하는 이유에 대해서도 들은 바가 있었다. 그래서 주하를 손님으로 맞아 안으로 들어오게 했다. 주하는 아이들과 정원을 거닐며 나무에서 열매를 따 먹기도 하면서 고관과 대화를 나누기 시작했다.

"당신께 청이 있습니다. 가능하면 들어주셨으면 합니다."

"무슨 부탁이오? 어려운 부탁이 아니라면 들어주겠소."

"저 야자수를 제게 주시겠습니까?"

"허허. 야자수 열매를 원하시오, 나무 전체를 원하시오?"

주하는 나무 전체라고 말했고, 고관은 이를 흔쾌히 받아들였다. 주하는 작달막한 야자수 한 그루를 골라 밧줄로 단단히 동여맸다. 그리고 나무를 등에 지려고 하면서 아이들에게 도와달라고 부탁했다. 보다 못한 고관이 말했다.

"당신이 짊어지기에는 어림도 없소. 장정 열 명이 들기에도 벅찰 것이오. 그러니 괜히 헛수고하지 마시오."

그러자 주하가 반박했다.

"어찌 제가 이 작은 야자수 하나 들지 못하겠습니까? 당신은 최후 심판의 날, 이 정원을 통째로 등에 메고 갈 것 아닙니까?"

그제야 고관은 주하에게 다른 뜻이 있음을 알게 되었다. 고관은 주하의 지혜에 큰 충격을 받았다. 주하는 고관에게 순간의 쾌락과 영원한 징벌에 대해 고민하게 만들었다. 그는 마음의 평안과 내세의 기쁨을 가져올 순수한 마음과 모든 것을 파괴하는 탐욕을 비교하며 깊은 생각에 잠겼다. 그리고 이 일을 계기로 자신의 지난 생활을 반성하고 힘없는 사람들의 마음을 헤아리게 되었다.

마침내 고관은 원래 주인에게 정원을 돌려주기로 마음먹었다. 정원을 돌려받게 된 친구는 그 소식을 듣자마자 주하에게 달려왔다.

"주하, 알라의 은총과 자네가 힘써 준 덕분에 정원을 돌려받았네. 정말 고맙네. 자네가 도와준 은혜는 평생 잊지 않겠네. 알라께서 자네한테 큰 상을 내려 주시길……."

친구는 주하의 노고에 거듭 고마워하면서 알라께 감사 기도를 올렸다.

●──아랍 민담

주하 이야기 셋 : 배우자 선택에 관한 주하의 충고

주하에게는 남동생이 하나 있었다. 남동생이 어느덧 혼인할 때가 되자 어머니께 신붓감에 대해 여쭈어 보게 되었다. 여성인 어머니야말로 이 문제에 대해 잘 알고 계시며, 또한 여성의 비밀에 관해서도 아는 게 많을 것이라고 생각했기 때문이다.

"어머니, 어떤 사람이 저한테 어울릴까요?"

"형한테 물어보아라. 나보다 형의 조언이 훨씬 나을 게다."

형한테서 대답을 들으라는 말에 동생은 놀란 표정을 지었다.

"미치광이 형과 어떻게 상의해요? 형은 야자수 가지를 말 삼아 시장통을 돌아다니고 있잖아요. 그리고 자기가 기사라면서 전쟁터에서 싸우는 흉내를 낸다고요."

"아니다! 형은 속마음을 숨기려고 그런 짓을 하고 다니는 것뿐이란다. 형의 말을 듣는다면 후회할 일은 절대 없을 게다."

동생은 어머니 말을 듣기로 하고 하는 수 없이 시장으로 가서 형을 찾았다. 아니나 다를까 형은 야자수 가지가 말인 것처럼 "달려라! 멈춰라!" 하고 외치며 말 타는 흉내를 내는 중이었다. 동생은 한심한 형의 행동을 보고 실망했지만 한번 물어나 보기로 했다.

"형, 내가 혼인을 해야 하는데 알다시피 나는 이런 일은 도무지 경험이 없잖아. 형이 조언을 해 줬으면 해. 내가 배우자를 고르는 데 실수하지 않도록 말이야."

동생이 고민을 털어놓자 주하는 주저하는 기색 없이 대답했다.

"경고하노니 병아리 콩과 눈의 분비물, 친지들이 서로 사이가 좋지 않은 집을 조심해라. 자, 내 말이 달려야 하니 길을 비켜 다오."

주하는 이렇게 대답하고 다시 야자수 가지를 타고 시장통을 헤집고 다녔다. 그는 "누구 나와 겨룰 자 없느냐?"라고 외치며 기사처럼 행세했다. 앞에 아무도 나타나지 않자 주하는 자기가 정말로 적을 무찔렀다고 자처했다. 동생은 그런 형의 행동을 보고 어머니 말씀이 틀렸다고 생각했다. 그리고 어머니에게 가서 전했다.

"역시 제가 생각했던 대로였어요. 형은 아무 의미도 없는 말만 했어요. 말도 안 되는 수수께끼 같은 말만 늘어놓더군요."

"대체 네 형이 뭐라고 하더냐?"

"형은 '경고하노니 병아리 콩과 눈의 분비물, 그리고 친지들이 서로 사이가 좋지 않은 집을 조심해라.' 라고 말했어요. 이런 우스꽝스러운 말을 어떻게 믿겠어요?"

동생의 불만과는 달리 어머니는 주하의 말을 이해한 듯했다.

"그래, 네 형이 중요한 충고를 했구나."

놀란 동생이 물었다.

"도대체 무슨 말씀이세요?"

어머니가 충고의 의미를 설명하기 시작했다.

"얘야, 네 형은 너를 위해 배우자의 세 가지 결함을 일러 준 것이다. 두 가지는 네가 혼인하는 당사자와 관련된 것이고, 나머지 하나는 여자 집안에 관한 것이다.

형이 말한 '병아리 콩'은 배우자의 육체적인 병을 말하는 것이란다. 이는 눈꺼풀이 붉어지고 속눈썹이 빠져 흉해지는 전염병을 가리키는 것으로 자식한테 유전되는 위험한 병이다. 네 형은 네가 이런 신체적 결함을 지닌 여자를 만나지 않도록 주의를 준 것이다.

다른 결함은 정신적인 것으로 주하가 '눈의 분비물'에 빗댄 것이란다. 그것은 곧 여자가 도덕적으로 타락하거나 품위가 없으며 사려 깊지 못하고 경솔한 행동을 하는 것을 뜻한다. 즉 그런 결함을 지닌 여자를 멀리하라는 경고란다.

마지막 말은 '콩 심은 데 콩 나고 팥 심은 데 팥 난다.'라는 말과 통한다. 친지들을 도울 줄 모르고, 친지들의 권리를 모른 체하는 못된 습성이 있는 집안의 여자는 멀리하는 것이 좋다. 여자는 아홉 달 동안 태아를 배 속에 품기 때문에 자연히 아이는 어머니의 성품을 고스란히 물려받는단다. 자라면서도 어린 자식은 항상 어머니 곁에서 어머니의 사소한 행동 하나하나를 보고 흉내 내지. 결국 어머니는 자식한테 큰 영향을 주고, 자식은 어머니의 성격과 습관, 생활 태도를 그대로 닮는단다.

네가 혼인할 때 이러한 나쁜 요소들을 피하라는 형의 충고는 전혀 틀린 말이 아니란다. 여자 쪽의 안 좋은 점이 혹시 네 후손들에게 전해져 너와 후손들이 불행해지지 않도록 하려는 형의 속 깊은 조언이니 부디 헤아리기 바란다."

그제야 동생은 형의 뜻을 이해하고 만족했다. 그는 형의 충고에 따라 배우자를 선택했으며, 세 가지 결함이 없는 아내를 만나 자식들을 훌륭하게 키워 냈다.

세 가지 유언

옛날에 무함마드^{칭찬 받은 이, 찬미 받은 이}라는 남자가 살았는데, 그에게는 사아드^{행복이라는 뜻}라는 외아들이 있었다. 아들은 그의 유일한 희망이기에 그는 유달리 아들 교육에 힘을 쏟았다. 그래서 사아드가 나쁜 친구들과 어울리지 않도록 각별히 주의를 주었다.

어느덧 사아드가 어엿한 성인이 되자 아버지는 재산과 사회적 지위와 교육 등 아들이 살아가는 데 필요한 모든 여건을 마련해 주었다. 그는 자신이 죽은 뒤 아들이 자신의 뜻을 받들어 가문을 잇기를 바랐다. 즉 사아드가 가문의 기둥이 되어 가족을 돌보고 웃어른을 공경하며 가문의 명예가 떨어지면 이를 회복하는 등의 일을 도맡아 하리라 여겼던 것이다.

이처럼 사아드에게 거는 기대가 크기 때문에 기회가 있을 때마다 아버지는 자신이 살면서 겪은 풍부한 경험과 지혜를 아들에게 들려주었다. 점차 나이가 들어 죽음의 때가 다가왔다는 것을 느낀 그는 사아드를 불러 속마음을 전했다.

●─아랍 민담

"애야, 나는 외아들인 너를 기르는 데 내 모든 것을 쏟아 부었단다. 내가 죽은 뒤에라도 재산을 포함해 네게 필요한 모든 것을 마련해 두었으니 이제 기꺼이 눈을 감을 수 있을 것 같구나.

나는 곧 이 세상을 떠나 영원한 세계로 간다. 그전에 그동안 내가 많은 시간과 노력을 들여 얻은 경험에서 비롯된 세 가지 충고를 해 줄 테니 잘 듣기 바란다. 이 아비의 충고를 명심해 실수를 저지르지 마라. 내가 없는 삶에서 너를 지켜 줄 진리는 이것밖에 없으니 마음에 깊이 새기거라."

아들이 유언을 잘 새기겠다는 뜻으로 고개를 끄덕이자 아버지가 말하기 시작했다.

"술탄과는 거리를 두어라. 술탄의 존재는 마치 산과 같아서 그가 부르면 너는 와르르 무너지게 되고, 네가 그 위에 있더라도 그가 너를 부숴 버릴 테니 이를 명심하기 바란다.

다음으로 여자한테는 비밀을 말하지 마라. 아무리 너와 가까운 사이라도 여자는 결코 비밀을 지키지 못한다. 설령 그러한 의도가 없더라도 비밀을 말해 결국 네게 해를 입히거나 심지어 네 목숨을 위태롭게 할 수도 있다. 네 어머니든 너와 가까운 여자든 여자는 비밀을 유지하지 못하는 존재이니라.

마지막으로 네가 혼인할 때는 반드시 좋은 집안에서 자란 여자와 혼인해야 한다. 천한 집안의 여자와 혼인해서는 절대로 안 된다. 명문가가 아닌 집안에서는 네가 궁지에 몰리면 아무런 도움도 주지 않으려 할 것이며, 오히려 너를 배신할 수도 있단다.

애야, 내 유언을 잘 기억하여라. 내 말에 따라 부디 네가 행복하게 살고 그 어떤 재난이나 수치스러운 일이 일어나지 않기를 알라께 간구하겠다."

아들은 아버지의 유언에 따르겠다고 약속했다. 얼마 지나지 않아 아버지는 세상을 떠나고 이제 사아드가 집안을 이끌게 되었다.

아들은 안락한 생활을 하며 몇몇 선택된 사람들만이 누릴 수 있는 풍요를 맛보았다. 그는 아버지가 남긴 유언을 되새겨 보고 유언의 일부분은 믿을 만하지만 나머지는 믿을 게 못 된다고 생각했다.

젊은 세대는 나이 든 세대의 경험에 만족해하지 않는 법이다. 사아드 역시 아버지 세대의 경험만 따르다 보면 어떠한 모험이나 발전도 기대할 수 없으며 결국 변화와 새로운 경험을 할 수 없을 거라고 생각했다. 그래서 아버지의 유언과 정반대로 해 본 뒤에 자신이 직접 그 결과를 알기 원했다. 처음에는 두려운 생각이 들어 유언을 어기는 것을 주저하기도 했으나, 마침내 그는 과감하게 새로운 모험을 해 보기로 결심했다. 우선 술탄을 보좌하는 일을 맡고, 주위 사람들의 평이 그다지 좋지 않은 집안의 딸과 혼인했다.

사아드는 유언을 어겼음에도 한동안 뚜렷한 결과가 나타나지 않자 아버지의 충고가 틀렸다는 생각이 들기 시작했다. 물론 그에 따른 결과는 사람들마다 차이가 있어 맞을 수도 있고 맞지 않을 수도 있다. 상황이나 형편은 세대에 따라 다른 만큼 아버지가 경고한 불길한 결과가 아들에게 일어나지 않을 수도 있었다. 사아드는 계속해서 술탄 곁에 있기로 했다.

술탄은 타조 한 마리를 가지고 있었다. 이 지역에 있는 유일한 타조라서 구경꾼들의 시선을 한몸에 받을 정도로 유명했다. 사람들은 타조의 독특한 생김새와 용변을 보는 습성 등에 많은 관심을 가졌다. 술탄은 타조를 애지중지했고 명성에 걸맞게 경비병을 여럿 두었다. 타조는 왕국의 보물 중 하나로 여러 나라에 술탄의 존재를 알리는 역할을 했으며, 이로 인해 술탄의 위상은 더욱 높아졌다.

사아드는 술탄에게 자식이나 다름없는 이 타조를 훔치기로 마음먹었다. 기회를 노린 그는 경비가 소홀한 틈을 타서 타조를 은밀한 곳에 숨겼다. 그리고 사람 하나를 구해 타조 돌보는 일을 맡겼다. 한편 사아드는 송아지 한 마리를 잡아 친구들과 고기를 먹고 나서 기름을 녹여 그릇에 따로 보관해 두었다. 그리고 기름을 살코기와 함께 어머니에게 가져갔다.

고기와 기름을 내놓자 어머니는 아들에게 어디서 난 것이냐고 물었다. 사아드는 대답하기 곤란한 듯 대충 얼버무렸으나 곧 어머니의 끈질긴 질문에 손을 들고 말았다. 어머니는 비밀을 꼭 지키겠다고 했으나 사아드의 마음은 어쩐지 불안했다.

"어머니, 아무한테도 말하지 않겠다고 약속해 주세요. 이 사실이 다른 사람들한테 알려지는 날에는 저나 친구들은 죽은 목숨이거든요."

그러자 어머니는 역정을 냈다.

"얘야, 나를 못 믿겠단 말이냐? 이 어미에 대한 믿음이 그토록 없단 말이냐? 내가 어린아이더냐? 너를 사랑하고 돌본 어미를 의심하다니!"

사아드는 어머니한테서 비밀을 누설하지 않겠다는 다짐을 받고 나서 말했다.

"이 고기와 기름은 술탄의 타조한테서 나온 것입니다. 제 친구들과 타조를 훔쳐서 잡아먹은 뒤 어머니께 드릴 것을 남겨 놓은 것이니 반드시 비밀을 지켜 주십시오."

"염려 마라. 죽을 때까지 이 비밀을 마음속에 간직하마."

아들은 어머니의 약속을 믿고 자리를 떠났다.

한편 타조를 도둑맞은 사실을 알게 된 술탄은 화가 머리끝까지 치밀었다. 삼엄한 경비를 뚫고 술탄의 타조를 훔친다는 것은 자신의 권위에 대한 도전이자 백성의 생명과 안전을 위협하는 적신호라고 여겼기 때문이다. 이 문제가 더 커지기 전에 신속하게 마무리해야겠다고 생각한 술탄은 경비병들을 꾸짖기 시작했다.

"대체 너희는 타조 곁에서 무엇을 하고 있었단 말이냐? 경비병이 수없이 딸린 술탄의 소유물도 이처럼 위험할진대 경비병 하나 없는 백성의 재산은 두말할 나위가 있겠느냐. 백성은 이 일로 인해 더는 나의 권위를 존중하지 않을 것이다.

너희에게 이 문제를 해결할 시간을 주겠다. 일을 처리하는 능력을 살펴본 뒤 우리나라와 백성에 대한 치안 상태를 재점검할 것이다. 만약 범인을 찾아내지 못할 경우에는 나라의 평안이라는 막중한 임무를 맡은 너희의 무능력이 만천하에 드러날 것이다."

술탄은 경비병들에게 범인을 색출하는 데 필요한 며칠의 시간을 주었다. 치안을 담당하는 관리들은 술탄의 엄포에 기가 질려 앞으로 다가올지도 모르는 불행에 밤잠을 이루지 못했다. 그들은 온갖 방법을 동원했으나 작은 단서조차 잡지 못했다. 이번 사건을 해결하느냐 못 하느냐에 자신들의 운명이 달려 있었다. 범인을 찾아내지 못하면 지위를 잃을 수도 있는 크나큰 위기였다.

상황이 어려워지자 책임자 중 한 사람이 장신구를 파는 노파에게 일을 맡겨 보자고 제안했다. 이 의견에 찬성한 그들은 노파를 불러와 만약 범인과 타조를 찾는다면 사례금을 두둑하게 지급하겠다고 약속했다. 임무를 맡은 노파는 바구니에 장신구를 담아 여러 집을 돌아다녔다. 그러나 사건의 단서가 될 만한 타조의 행방은 도저히 알 수 없었다. 노파는 실망했고 일을 맡긴 책임자들도 이번 사건을 해결하기가 불가능하리라 여겼다.

한편 술탄은 수색 기간이 길어지자 점차 불안해졌다. 그는 점점 흥분하여 부하들에게 강제로라도 집들을 뒤져 보라고 명령했다.

어느 날 노파는 사아드의 어머니만 있는 집을 방문하게 되었다. 어머니는 노파가 보여 준 물건을 사기로 결정했다. 그때 실의에 잠긴 목소리로 노파가 말했다.

"마님, 실은 부탁드릴 일이 있습니다. 마님께서 도와주시겠다고 하면 말씀드리지요."

사아드의 어머니는 말해 보라고 했다.

"제게는 불치병에 걸린 딸이 하나 있습니다. 오랫동안 건강을 되찾기 위해 힘썼지만 병세는 더욱 악화되어 의사는 더는 쓸 만한 약이 없다고 했지요. 지푸라기라도 잡는 심정으로 다른 전문의한테 딸을 보였는데 타조 기름을 먹이면 나을 수 있다더군요. 그러니 타조 기름을 구할 방도가 있다면 좀 알려 주시겠습니까? 제 형편으로는 불가능한 일이니 부디 제 딸의 목숨을 구하는 데 큰 힘이 되어 주십시오."

사아드의 어머니가 망설이는 기색을 비추자 그것을 알아차린 노파는 얘기의 고삐를 늦추지 않았다.

"요즘 집으로 돌아가는 저의 발걸음이 빨라졌답니다. 제가 없는 동안 아이가 저 세상으로 가 버릴까 불안해서요."

노파가 흐느껴 울자 어머니는 측은한 마음이 들기 시작했다. 아들의 비밀보다 어린 소녀의 생명이 더 중요하다는 생각이 든 어머니는 노파에게 비밀을 털어놓기로 했다. 그러나 아들의 근심스러운 표정이 떠올랐고, 소녀와 아들 중 어느 쪽을 선택해야 할지 고민되었다. 노파는 어머니의 망설이는 표정에서 무언가가 있음을 알아채고는 더욱 크게 울어 댔다.

"마님, 제발 저를 믿고 도와주십시오. 마님의 비밀은 반드시 지켜 드리겠습니다. 제게 선행을 베풀고 제 딸을 죽음에서 구해 줄 분한테 절대 해를 입히지 않을 것입니다. 마님을 위해 알라께 기도드리겠습니다."

노파는 그런 다짐을 여러 번 반복했고, 결국 어머니는 동정심을 느껴 아들과 했던 약속을 잊어버렸다.

"일전에 아들이 타조 기름을 가져온 적이 있어요. 아무한테도 말해선 안 된다고 했지만 딸이 아프다고 하니 당신께 드리는 거예요. 행여라도 아들한테 해가 될까 두려우니 절대로 이 비밀을 말해서는 안 됩니다."

노파는 고맙다고 말하면서 속으로는 쾌재를 불렀다. 어머니가 자리에서 일어나 그녀에게 타조 기름을 덜어 주자 노파는 모자의 행복을 기원하며 집을 나왔다.

집을 나오자마자 노파의 얼굴에서는 좀전의 애처로운 표정은 흔적도 없이 사라지고 입가에는 음흉한 미소가 스쳤다. 노파는 잰걸음으로 책임자를 찾아갔다. 그녀는 날아갈 듯이 기뻤다. 어떤 군 지휘관도 해내지 못한 기적 같은 큰일을 한 것이다.

노파가 책임자에게 이 소식을 전하자 그는 너무 기뻐서 가슴이 터질 지경이었다. 책임자는 자리에서 벌떡 일어나 노파의 이마에 입을 맞추고 약속한 대로 사례금을 주었다.

"당신이 사건의 실마리를 잡았소. 곧 술탄의 화가 가라앉으면 상금이 몇 배 더 높아질 것이니 기다리고 계시오."

지휘관들은 사아드를 잡기 전에 그의 범행을 먼저 술탄에게 보고했다. 그를 체포하려면 우선 술탄의 허락이 필요했기 때문이다. 술탄은 이 사실을 보고 받고 지휘관들을 의심했다. 사아드는 매우 충직하고 성실한 신하였으므로 그를 모함하려는 계략일지 모른다고 생각한 것이다. 자신들의 노력이 물거품이 될 상황에 이르자 지휘관들은 술탄에게 사아드를 체포하게 해 달라고 간청했다.

"전하, 사아드가 결백하다면 그는 아무런 해도 입지 않을 것입니다. 그가 죄가 없는데도 체포된 경우에는 전하께서 재물을 주어 보상하시면 무리가 없을 거라고 생각됩니다. 하지만 만일 그가 진짜 범인이라면 전하께서는 쓸데없는 동정을 베푸시는 것입니다. 전하를 가까이에서 모시는 자라고 해서 법 집행에 예외를 둘 수는 없으며, 오히려 그런 사람이 죄를 저질렀다면 더욱 큰 벌을 받아 마땅할 것입니다."

술탄은 지휘관들의 요구를 들어주었지만 끝까지 그들의 보고를 믿지 않고 그들이 잘못 짚은 것이라 믿었다. 그래서 사아드를 체포하고 조사할 때 정중히 대하라고 명했다.

지휘관들은 의기양양해하며 사아드를 체포하여 조사를 시작했다. 사아드는 자신이 타조를 훔쳤노라고 실토하고 공범이 있느냐는 질문에 혼자 일을 벌였다고 답했다. 왜 도둑질을 했느냐고 묻자 단지 젊은 혈기로 했을 뿐 다른 이유는 없다고 답했으며, 타조는 어떻게 했느냐고 묻자 죽여서 고기를 먹고 일부는 어머니께 드렸다고 말했다. 그들은 사아드가 자신의 범행을 솔직하게 털어놓자 흡족해하며 한결 가벼운 마음으로 보고서를 작성하여 술탄에게 올렸다.

보고서를 읽은 술탄은 사아드를 엄벌에 처하겠다고 널리 알렸다. 그리고 여태껏 그에게 베풀었던 호의를 모두 거두어들이기로 결심했다. 사아드는 술탄의 위엄을 훼손하면 어떻게 되는가 하는 선례를 남기기 위해서라도 가혹한 벌을 받아야만 했다. 더구나 술탄의 신뢰를 받던 자가 그처럼 무모한 범죄를 저질렀기에 벌은 가혹할 수밖에 없었다. 술탄은 떨어진 자신의 명예를 되찾고 엉망이 된 나라의 기강을 바로잡기 위해 사아드에게 종신형을 선고했다.

사아드는 판결에 따라 한동안 감옥에서 지냈다. 며칠 뒤 술탄의 노여움이 가라앉았을 것으로 믿은 사아드는 담당 관리와 만나기를 청했다. 담당관은 사아드가 감옥 생활의 답답함을 호소하거나 필요한 물건을 부탁하려는 것으로 짐작했다.

"전하를 뵙고 싶습니다. 제게 한 번만 기회를 주십시오."

사아드의 청에 담당관이 물었다.

"왜 전하를 뵈려는 것이오?"

"전하를 직접 뵙고 아뢸 말씀이 있습니다."

담당관은 곧바로 술탄에게 사아드의 말을 전했다. 술탄은 그의 범행을 떠올린 순간 다시 분노가 치밀었지만 일단 데려오라는 분부를 내렸다.

담당관은 사아드의 목과 손발에 채워진 수갑을 풀어 준 뒤 술탄에게 데려갔다. 사아드의 기대와 달리 술탄은 아직도 노여움이 가시지 않은 듯했다. 그는 두려웠지만 술탄에게 할 말은 해야겠다고 마음먹었다.

"네 이놈, 그토록 너를 믿었건만 어찌 나를 배신할 수 있단 말이냐? 그러고도 무슨 염치로 이곳까지 왔느냐?"

사아드가 간곡한 어조로 말했다.

"전하의 말씀은 지당하십니다. 저는 천벌을 받아 마땅하지만 전하의 자비와 너그러움으로 가벼운 벌을 받았다고 생각합니다. 이는 전하의 관대한 처사가 아닐 수 없습니다. 모든 백성은 인자하고 잘못을 너그럽게 용서하는 술탄 가문의 오랜 전통에 대해 익히 알고 있습니다. 또한 전하의 가문이 정의를 바라고 감정으로 판단하지 아니하며 백성이 안심하고 살 수 있도록 다스린다는 것은 이미 널리 알려진 사실입니다."

사이드가 하는 말 한 마디 한 마디가 술탄 마음속에 엉켜 있던 노여움의 실타래를 한 올씩 풀어 주었고, 술탄과 벌어진 거리를 좁혀 주었다. 사이드는 마음을 울리는 어조로 말을 이었다.

"전하께서는 저를 가까이 두고 신뢰하시며 제게 많은 일을 맡기셨습니다. 지난날 다른 신하들이 시기할 정도로 높은 자리를 제게 주신 적도 있습니다. 저는 전하께서 베푸신 은혜를 저버리지 말아야 했습니다. 하지만 저는 혈기를 주체하지 못해 죄를 지었습니다. 그렇다고 해서 지금 전하께서 생각하시는 만큼 제가 못된 행동을 일삼거나 범죄를 저지른 사람은 아닙니다. 부디 전하의 종이 몸값을 치르고 풀려날 수 있도록 허락해 주십시오. 다시 한 번 저의 죄를 뉘우칠 기회를 주셨으면 합니다."

술탄은 조용히 사이드를 바라보았다. 술탄의 표정으로 보아 사이드의 청을 들어주려는 기색이 역력했다. 술탄은 고개를 끄덕이면서 사이드가 고백하고 인정한 죄과에 대해 더 이상 묻지 않았다. 그리고 담당관을 불러 정해진 날짜 안에 사이드가 낙타 백 마리를 가져오거나, 그 값에 해당하는 금은 또는 다른 가축으로 몸값을 치르면 그를 풀어 주라는 분부를 내렸다.

보증인이 오자 감옥에서 풀려난 사이드는 친가와 처가에 도움을 청하기로 했다. 사이드의 부족 사람들은 술탄이 매긴 벌금을 내기 위해 각자 낙타, 양, 염소 등 가축 몇 마리씩을 형편에 따라 내놓았다.

이어서 사이드는 남은 벌금을 채우려고 처가를 찾아갔다. 처가 사람들은 사이드에게 부과된 벌금이 얼마인지 들은 뒤부터 자신들과는 상관없다는 태도를 보였다. 그들 중 몇몇 사람들만 사이드를 도와주자는 의견을 냈다. 반면 대부분의 사람들은 사이드가 자신들의 부족 사람이 아니며, 그의 부인도 부족에서 미천한 가문의 여자 이므로 사아드를 도와줄 필요가 없다고 주장했다.

심지어 사아드의 부인이 이미 죽었다고 여기고, 자신들과는 전혀 관계없는 사람으로 생각하자는 이들도 있었다. 하지만 그중 꽤 식견 있는 사람이 나서서 제안했다.

"여러분, 사아드를 돕지 않은 채 돌려보낼 수는 없습니다. 만약 아무것도 주지 말자는 것이 대부분의 의견이라면 이는 각자 염소 한 마리씩 내놓자는 것보다 나쁜 의견입니다. 정말 어려울 때 도와 주는 것이야말로 진정한 도움이지요. 여러분이 사아드의 입장이 되어 빈손으로 돌아간다고 생각해 보십시오. 얼마나 안타까운 일이겠습니까. 그렇게 되면 사아드는 평생 여러분을 원망할 것입니다."

사람들은 그 말에 동의하면서도 기껏해야 야위거나 병든 염소 몇 마리밖에 내주지 않았다.

사아드는 그제야 아버지의 유언이 들어맞았음을 깨달았다. 어머니가 비밀을 노파에게 말하여 술탄에게 덜미를 잡힌 것, 친지들 간에 사이가 좋지 않은 집안의 딸을 아내로 맞이해서 어려울 때 도움을 받지 못한 것, 이 모든 것이 아버지의 유언을 무시했기 때문에 일어난 일이었다. 또한 술탄과 애초부터 가까이 지내지 않았으면 비굴하게 처가 사람들에게 도움을 청하지 않아도 될 일이었다.

사아드는 그동안 모은 가축의 수를 헤아려 보았으나 벌금을 내기에는 턱없이 부족했다. 엄청난 액수의 벌금을 채우기 위해 나머지 금액을 어떻게 모아야 할지 난감할 따름이었다. 그는 부족 내에서 가장 현명한 남자를 찾아가 이 일을 의논했다.

"벌금을 채울 방도가 있겠습니까? 지금까지 모은 금액은 너무 적고 벌금을 내야 할 날짜는 다가오고 있습니다. 이제 남은 방법이라고는 부유하고 인정 많은 사람을 찾아가 사정을 이야기한 뒤 부탁하는 수밖에 없습니다."

그는 사이드와 함께 관대하고 인정이 많다고 알려진 부자에게 갔다. 그가 돌아가신 아버지의 친한 벗이기도 했다는 사실은 사이드에게 희망을 주었다. 사이드가 어렵게 입을 열자 부자가 말했다.

"어려운 얘기 다시 할 필요 없네. 나는 자네 아버지와 장사를 같이 한 형제나 다름없는 절친한 친구였다네. 자네 벌금을 내가 다 갚아 줄 것이니 걱정하지 말게. 진작에 나를 찾아왔으면 이런 괴로움을 겪지 않았을 텐데. 그렇다고 너무 고마워하진 말게나. 내 아들이 만약 자네 아버지를 찾아갔어도 대답은 같았을 걸세."

부자는 사이드를 사흘 동안 손님으로 맞아 자기 집에 머물게 한 뒤, 필요한 여행 물품과 나머지 벌금에 해당하는 가축들을 사이드에게 내주었다. 그는 마지막으로 사이드 아버지의 명복을 빌었다.

고향 마을로 돌아온 사이드는 부족 사람들이 준 가축과 부자가 준 가축을 합해서 가축 떼를 몰고 술탄을 찾아갔다. 사이드는 술탄에게 충성의 서약을 하고 목숨을 살려 준 것에 감사하며 말했다.

"전하, 전하께서 분부하신 벌금을 가져왔습니다. 저의 죄는 충분히 반성했습니다. 다만 벌금을 내고 전하께 긴히 드릴 말씀이 있사옵니다."

술탄은 재정 담당 와지르에게 몸값을 받도록 한 뒤 사이드 외의 모든 사람을 내보냈다. 술탄과 단둘이 있게 되자 사이드가 말을 이었다.

"전하, 저는 나쁜 의도에서, 또는 타조가 필요해서 범행을 저지른 것이 아닙니다. 또한 전하의 권위나 품격을 떨어뜨리려는 의도는 더욱 없었습니다. 이번 사건은 제 아버지가 남겨 준 유언에서 비롯된 것입니다. 유언을 들은 저로서는 아직 젊은 혈기에 그 말을 어겨 보고 싶었고, 그 결과가 어떨지 알아보고 싶었던 것입니다. 그러나 결국 아버지가 말해 주었던 그대로였습니다. 저는 타조를 훔친 탓에 목숨을 잃을 뻔했으며, 가장 사랑하는 어머니조차 믿음을 저버리고 비밀을 털어놓고 말았습니다.

한편 저는 천한 가문의 여자와 혼인했습니다. 제가 도움을 절실히 필요로 할 때 처가는 저를 푸대접했습니다. 그들이 제게 내준 것이라곤 염소 몇 마리뿐이었습니다.

또한 전하께 아뢸 기쁜 소식이 있습니다. 전하의 타조는 무사히 잘 있습니다. 아무도 모르는 곳에 숨겨 놓고 타조를 보살피는 사람도 한 명 두었습니다."

술탄은 타조가 살아 있다는 말을 듣고 기뻐하며 즉시 타조를 데려오라고 했다. 더구나 자신이 생각했던 대로 사아드가 타조를 탐낸 게 아니었다는 사실이 기뻤다. 술탄은 사아드가 정직한 자임을 알고 있었다.

"이제 자네 죄를 모두 용서하고 자네를 특별 자문역에 임명하겠네. 또한 재정 담당 와지르를 시켜 자네가 가져온 가축들에 대추야자와 밀, 버터 등의 식량을 싣도록 했다네. 가축들이 최대한 싣고 갈 수 있는 식량 전부가 자네 것일세."

사아드는 술탄이 베푼 큰 은혜에 감사드렸다. 낙타와 양, 염소의 등에는 많은 식량이 실렸고, 양과 염소의 뿔에도 가벼운 천으로 싼 짐들이 매어졌다. 사아드는 가축을 몰고 자신의 부족에게로 갔다. 동네 한복판에 도착하자마자 그는 가축을 주었던 사람들에게 각자의 가축과 함께 그 위에 실린 짐 전부를 가져가라고 했다. 부족 사람들은 식량을 잔뜩 실은 가축을 돌려받았다.

한편 사아드의 처가 사람들은 사아드에게 내준 가축이 적었던 만큼 별 이득을 보지 못했다. 그들은 자신들이 인색했던 것을 후회했지만 아무 소용없었다.

사아드는 자신이 겪은 일을 떠올린 뒤 아버지의 유언을 하나씩 되짚었다. 그는 먼저 지금의 아내에게 헤어지자고 말했다. 다행히 두 사람에게는 자식이 없었다. 또한 그는 비밀이 생기면 자신의 마음속에만 간직하고 어느 누구에게도 알리지 않았다. 더욱이 여자에게는 아무리 가까운 사이라도 결코 마음속 깊은 이야기를 털어놓지 않았다.

사아드는 그 후로도 술탄을 도우며 자문 역할을 톡톡히 했지만 술탄 곁에 오래 머무르지 않았다. 아버지의 유언을 지키지 않으면 어떻게 되는지 몸소 겪었기 때문이다. 사아드는 술탄에게 자신의 뜻을 밝히고 공직에서 물러났다. 그리고 아버지의 유언대로 가장으로서의 역할에만 충실하기로 했다. 그는 새로운 삶을 꾸려 나갔으며 그의 가족은 평생 행복하게 살았다.

영양을 구해 준 왕자

부왕에게 왕위를 물려받은 왕자가 있었다. 왕자는 군주가 되어 나라를 다스렸으며 사리 분별이 정확하여 백성들의 존경을 한몸에 받았지만 그의 자리를 탐내는 친척들에게는 시기와 미움의 대상이었다.

한동안 왕자는 편안하게 지냈으나 악으로 뭉친 사촌들이 자신들을 따르는 무리들을 이끌고 그의 자리를 위협했다. 그들은 백성을 구슬리고 뇌물로 끌어들여 왕자의 궁전을 공격하기에 이르렀다.

왕자도 자신의 자리를 노리고 부를 탐내는 자들의 계략을 짐작하고 있었으나 사촌 일당의 공격은 워낙 순식간에 이루어졌다. 적들은 이 기회를 호시탐탐 노리며 철저히 준비했고, 때마침 왕자의 주변에는 도와줄 사람도 없었다.

왕자는 일단 목숨을 부지하는 것이 최선이라고 판단했다. "몸만 무사하면 상황은 회복된다."라는 옛 속담이 생각났던 것이다. 적의 숫자가 훨씬 많은 상황에서 사촌 일당과 정면으로 맞붙는 것은 너

죽고 나 죽자 식의 자살 행위나 다름없었다. 그는 아직도 살아갈 날이 창창하며 앞으로 성취하고 싶은 원대한 꿈이 있는 청년이었다. 비록 이번에는 적들이 승리했지만 다음번에는 자신이 기회를 잡을 거라고 다짐하며 왕자는 활과 화살을 들고 궁전 뒷문으로 빠져나갔다.

왕자는 어디로 가야 할지, 또 어떻게 해야 할지 몰라 사막을 정처 없이 떠돌았다. 순식간에 왕위에서 쫓겨난 충격으로 어찌할 바를 몰랐고 미래의 희망도 사라진 듯했다. 그의 눈에 세상은 온통 배신자들의 소굴로 보였다.

왕자는 사막을 이리저리 헤매며 사냥을 하고 풀을 캐 먹으면서 지냈다. 그러던 어느 날 그는 살아오면서 한 번도 본 적이 없는 놀라운 광경을 보았다. 늑대 한 마리가 영양을 잡으려고 뒤를 쫓는 중이었다. 늑대에게 쫓기는 영양은 빠른 속도로 도망쳤다. 하지만 늑대가 점차 영양에게 다가가자 너무 뛰어 힘이 빠진 영양은 땅에 주저앉고 말았다.

왕자는 영양이 늑대의 먹이가 될 찰나 화살을 쏘았고, 늑대는 피를 흘리며 땅에 거꾸러졌다. 영양은 위기에서 자신의 목숨을 구해 준 왕자를 바라보며 감사와 존경의 눈빛을 표한 뒤 그곳을 떠났다. 왕자는 선행은 복이 되어 돌아오고, 악행은 불행으로 되돌아온다고 믿어 왔기 때문에 영양을 구해 주었던 것이다.

왕자는 앞으로 살길이 막막했지만 그래도 예전보다는 지금이 더 낫다고 생각했다. 불안한 생활이 지속되던 어느 날 근엄한 표정의 노인 하나가 왕자를 찾아와 인사를 건넨 뒤 물었다.

"왜 한창 나이에 이곳에서 머물고 있는지 물어봐도 되겠소?"

왕자는 머뭇거리다 그간의 사연을 노인에게 털어놓았다.

"원래 저는 왕위를 물려받은 왕자였지요. 하지만 제 자리를 탐내던 사촌들이 힘을 모아 저를 왕국에서 내쫓는 바람에 이렇게 떠도는 신세가 되었습니다."

왕자의 말을 듣고 노인이 한 가지 제안을 했다.

"나는 사업을 한 가지 해 볼 생각이라오. 내가 돈을 대고 계획을 세우면 당신은 그대로 따르면서 날 도우면 된다오. 자, 나와 함께 일하겠소?"

왕자는 그의 제안에 동의했다. 그런데 노인이 한 가지 조건을 덧붙였다.

"단 내가 이익을 볼 만하다고 판단해서 진행하는 일에 당신은 절대 반대하거나 의심을 품어선 안 되오. 내 말대로 할 수 있겠소?"

왕자는 노인의 의견을 받아들이기로 결정했다. 노인은 왕자에게 잠깐 기다리라고 하더니 잠시 후 잘생긴 낙타 한 마리를 데려왔다. 등에는 안장과 주머니가 얹혀 있고, 화려한 장식이 달린 낙타였다. 노인이 왕자에게 앞자리에 앉으라고 권하자 왕자는 이를 정중히 사양했다.

"그럴 수는 없습니다. 연장자인 어르신께서 앞자리에 앉으셔야지요."

하지만 노인은 한사코 앞자리를 양보하며 말했다.

"나와 한 약속을 벌써 잊었소? 내 의견에 반대하지 않는 것도 우리가 한 약속에 포함되어 있었다오. 그러니 내 말대로 앞자리에 타시구려."

왕자는 하는 수 없이 안장의 앞에 타고 노인은 뒤에 앉았다. 낙타는 두 사람을 태우고 보통 걸음으로 나아갔다. 도중에 노인이 가방에서 막대기 두 개를 꺼내 낙타의 좌우 옆구리에 꽂자 두 막대기가 날개로 변했다. 곧이어 땅 위로 떠오른 낙타는 공중을 날기 시작했다.

왕자는 너무 놀라서 노인의 비밀에 대해 묻고 싶었지만 그 순간 그가 내세운 조건이 떠올라 힘들게 침묵을 지켰다. 잠시 후 바그다드의 어느 변두리에 도착한 낙타는 다시 천천히 걸어갔다. 많은 장식을 단 낙타는 사람들의 시선을 끌어 모았다.

낙타가 바그다드 거리를 지나 거대하지만 폐허가 된 궁전 앞에 멈춰 서자 노인은 낙타에서 내려 근처에 있는 가게로 들어갔다. 그리고 가게 주인에게 물었다.

"이 궁전은 누구 것이오? 이곳을 빌렸으면 하는데 말이오."

"지금은 버려진 곳이나 다름없는 집이지요. 이 동네에 살던 사람이 물려받은 집인데 이제는 아무도 살지 않는답니다. 저 집에 들어가 사는 사람들은 멀쩡하다가도 다음 날이면 바로 죽어 버립니다. 그런 기막힌 사연 때문에 모두들 멀리하고 있습니다. 많은 사람이 저 집에서 송장이 되어 나왔습죠."

그러자 노인이 자신의 뜻을 밝혔다.

"어떤 위험이 있더라도 상관없소. 나는 꼭 빌리고 싶소이다."

"정 그러시다면 좋습니다. 아마 싼 값에 빌릴 수 있을 겁니다. 제가 소개해 드리지요."

가게 주인의 말이 끝나자 왕자가 말했다.

"빌리는 값이 너무 비쌀 텐데요. 게다가 우리 두 사람이 살기에는 분에 넘치고 너무 큽니다."

"내가 하는 일에 절대로 반대하지 말라고 하지 않았소!"

노인의 호된 꾸중에 왕자는 입을 다물고 말았다. 그동안 가게 주인이 궁전 열쇠를 구해 왔고 계약이 성립되자 두 사람은 안으로 들어갔다. 밤이 되자 노인은 낙타의 고삐를 풀어 주었고, 녀석은 어디론가 사라져 버렸다. 노인은 궁전에 머무르면서 왕자의 다짐을 받고자 말했다.

"당신이 해야 할 일이 있소. 이 일은 내가 시키는 대로 완벽하게 해야만 하오. 만약 조금이라도 잘못되면 우리 둘의 목숨이 위태로워지고 계획도 수포로 돌아간다는 것을 잊지 마시오."

"말씀 명심하겠습니다. 무엇이든 시키시는 대로 하지요."

"첫째, 누군가가 당신의 신분을 물어보면 섬나라에서 온 왕자라고 답하시오. 둘째, 궁전에 있는 물은 한 방울도 마시지 말고 물을 마시고 싶으면 밖에 있는 물을 마셔야 하오."

어려운 일은 아닌 것 같아 왕자는 즉시 알았다고 대답했다.

그들은 궁전을 말끔히 치운 뒤 궁전의 그릇을 깨끗이 닦아서 맑은 물을 받아 놓았다. 밤이 되고 그들이 잠든 사이에 큰 뱀 한 마리가 나타나 여기저기 돌아다니면서 받아 놓은 물을 마시고 뱉는 일을 반복했다. 뱀이 뱉은 물에는 한 방울만 마셔도 목숨을 앗아 가는 독이 들어 있었다. 다음 날에도 뱀은 같은 일을 계속했고, 결국 자신의 독으로 인해 죽어 버렸다. 바로 이 독이 그동안 이 궁전에 살았던 많은 사람의 생명을 앗아 갔던 것이다.

노인은 왕자를 불러 죽은 뱀을 보여 주며 말했다.

"이 뱀 때문에 그동안 이 궁전에 살았던 사람들이 죽은 것이오. 뱀이 뱉어 놓은 물을 사람들이 마셨기 때문이지. 뱀도 결국 자기 독으로 죽은 셈이오. 이제는 모든 그릇을 새로 닦은 뒤에 아무 물이나 마셔도 된다오."

모든 일이 마무리되고 나자 그들은 그동안 미루었던 궁전 구경을 시작했다. 궁전은 감탄할 만큼 정교하게 지어져 있었다.

두 사람은 궁전 안을 모두 둘러본 다음 지하실로 내려갔다. 그곳에는 희귀한 골동품은 물론 금은 보석과 값진 도자기들이 있었는데 그중에는 아주 귀한 염주도 있었다. 두 사람은 염주와 금을 가지고 밖으로 나와 염주는 보관하고, 금을 판 돈으로는 호화로운 생활을 했다. 곧 그들은 사람들의 주목을 받았고 많은 손님이 궁전을 찾아왔다. 사람들이 고향을 물어보자 두 사람은 자신들이 섬나라의 왕족들로 휴양차 왔노라고 말했다.

두 사람의 이야기는 바그다드까지 널리 퍼져 칼리프^{이슬람 국가의 종교적·정치적 지도자} 귀에까지 들어갔다. 그는 두 사람의 관대한 성품을 전해 듣고는 아들을 시켜 두 사람을 만나 안부를 전하라고 했다. 그러나 칼리프의 진정한 목적은 두 사람의 신분과 방문 목적을 자세히 알아보려는 것이었다.

칼리프가 보낸 사신이 노인과 왕자를 찾아와 칼리프의 아들의 방문 일정을 알렸다. 노인은 이를 흔쾌히 수락하면서 칼리프의 배려에 감사하다는 뜻을 전했다. 사신이 떠나자 노인이 왕자에게 말했다.

"칼리프의 아들이 오면 당신이 차고 있는 염주를 그의 앞에 놓도록 하시오. 그가 염주를 보고 만지면서 그 매력에 빠져들 거요. 그가 돌아가면서 염주를 되돌려 주려 할 때 '당신은 귀한 손님이니 선물로 드리겠다.' 라고 말하시오."

약속대로 칼리프의 아들이 방문한 날 그들은 손님을 극진하게 대접하며 즐거운 분위기에서 재미있는 대화를 나누었다. 한편 노인의 말처럼 칼리프의 아들은 염주를 손에 들고는 만지작거리며 호감을 보였다. 그는 염주가 세상에 둘도 없는 값진 것임을 알아보았다. 환영 잔치가 끝날 무렵 그는 염주를 돌려주었으나 왕자는 받기를 거절하며 말했다.

"귀한 손님께 제가 드리는 조그만 선물입니다. 받아 주십시오."

칼리프의 아들은 고마워하며 염주를 받았다. 그리고 아버지에게 두 사람이 자신을 후히 대접한 사실과 그들의 훌륭한 인품에 대해 전했다. 이 얘기를 듣고 칼리프는 크게 기뻐하면서 감사의 뜻으로 두 사람을 자신의 궁에 초대했다. 노인과 왕자는 칼리프의 초대에 선뜻 응했고, 이후 그들은 서로 궁전을 왕래할 정도로 친한 사이가 되었다.

칼리프한테는 딸이 하나 있었는데, 딸의 배우자들은 이상하게도 첫날밤을 넘기지 못하고 죽었다. 칼리프 가문에서는 그 죽음을 우연으로 여겨 계속해서 혼인을 시켰다. 결국 공주는 일곱 명의 신랑과 차례로 혼인하여 일곱 번 모두 신랑을 잃고 말았다. 그 후 청년들은 죽음을 겁내어 공주와의 혼인을 피하게 되었고 공주는 슬픔과 절망감에 빠졌다. 결국 그녀는 혼인 같은 것은 하지 않고 혼자 살겠다고 마음먹었다.

그러던 어느 날 노인과 함께 지내는 왕자가 칼리프의 딸에게 청혼을 했다. 칼리프는 놀라지 않을 수 없었다. 칼리프 가문 사람들은 왕자의 뜻이 고맙기는 하지만, 또 한 차례의 죽음을 막기 위해서라도 그에게 사실을 알려 줘야 한다고 의견을 모았다.

그래서 칼리프는 사신을 보내어 왕자의 뜻은 고맙게 받겠지만, 공주와 혼인하면 목숨을 잃을지 모른다고 경고했다. 그리고 훌륭한 성품을 가진 청년이 죽는 것을 바라지 않는다는 말도 덧붙였다.

한편 노인은 왕자에게 혼인을 밀고 나가라고 지시했다.

"우선 그들한테 감사의 뜻을 전하고, 그래도 공주와 혼인하고 싶다고 말하시오. 지금까지 공주와 혼인했던 신랑들한테 일어난 불행은 공주의 탓이 아니라 모든 인간의 필연적인 운명 때문에 일어난 것이라는 말도 빼놓지 말고 쓰시오. 그러면 그쪽에서도 혼인을 승낙할 거요."

이번에도 노인 말대로 칼리프는 공주에 대한 왕자의 끈질긴 구애를 보고 혼인을 승낙했다. 성대한 혼인식이 열렸고 신랑 신부가 첫날밤을 보낼 시간이 되었다. 방에 들어가기 전, 노인은 왕자에게 반드시 지켜야 할 사항을 일러 주었다.

"공주와 함부로 몸을 섞지 마시오. 내가 다음 지시를 내리기 전에는 절대로 같이 자서는 안 되오."

그래서 왕자는 합궁을 하지 않고 신부와 함께 밤을 보냈다. 다음날 아침 신랑 측 사람들은 장엄한 행렬을 이루어 신부를 신랑의 궁전으로 데려갔다. 밤이 되자 노인이 왕자에게 말했다.

"이제 방으로 들어가 신부와 즐거운 시간을 보내시오. 그러다 신부의 감정이 무르익으면 그녀를 방 밖으로 데리고 나오시오."

왕자는 참고 있던 욕정을 드디어 풀었다. 공주를 흥분시킨 다음 그녀와 함께 밖으로 나오자 밖에서 기다리고 있던 노인이 장작에 불을 붙였다. 불길이 하늘까지 치솟았을 때 노인이 신부를 불길 한가운데로 밀어 넣었다. 놀란 신부가 고함을 지르자 곧바로 손바닥 크기만한 검은 물체가 공주의 음부에서 튀어나왔다. 밖으로 나온 물체는 꿈틀거리며 달아나려고 했지만 기다리던 사람들이 그 물체를 잡아 죽였다. 그것은 놀랍게도 커다란 전갈이었다. 전갈은 흥분한 공주가 신랑과 사랑을 나눌 때 신랑을 독침으로 공격했고, 이런 이유로 많은 사람이 죽었던 것이다.

깜짝 놀란 두 사람에게 노인이 말했다.

"이제 공주의 몸에서 전갈이 나왔으니 정상적인 신혼 생활을 하시오."

칼리프 가문 사람들은 첫날밤을 치르고도 멀쩡하게 살아 있는 왕자를 보자 놀라움을 금치 못했다. 이전의 신랑들은 모두 목숨을 잃었는데 지금의 신랑한테는 아무 일도 없는 것을 보고 기적이라고 생각했다. 노인과 왕자는 이 일을 누구에게도 이야기하지 않았기 때문에 사람들은 그 비밀을 알 수 없었다.

칼리프는 새 사위에게 아무 일도 없음을 알고 크게 기뻐했다. 공주 또한 진정한 인생의 동반자를 만난 것을 기뻐했다. 이제 공주와 새 남편은 행복하게 살 수 있었다.

혼인한 왕자는 한동안 바그다드에서 머물렀다. 그러나 곧 바그다드의 시끌벅적함과 화려한 분위기에 싫증이 나기 시작했으며 자신의 고국이 그리워졌다. 고국에는 황량한 사막과 대지를 뒤흔드는 폭풍밖에 없었지만 고향으로 돌아가고 싶은 마음이 간절했다.

왕자는 노인에게 고향으로 가고 싶다는 뜻을 밝혔고 노인도 왕자의 의견에 동의했다. 다만 이번에도 자신의 지시에 따를 것을 권한 다음 먼저 칼리프에게 허락을 받으라고 조언했다. 왕자는 노인의 말을 듣고 장인에게 가서 말했다.

"고향을 떠나올 때는 알지 못했지만 이제는 고향의 모든 것이 그립습니다. 특히 가족들이 보고 싶어 더는 이곳에서 지내기가 힘듭니다."

장인은 사위의 마음을 돌려 바그다드에서 함께 지내고 싶었다.

"혹시 우리가 자네를 섭섭하게 했다면 염려하지 말게. 자네가 원하는 게 있으면 지금이라도 해 주겠으니 어서 말해 보게나. 내 왕국 중 일부 지역을 다스리고 싶다거나 높은 지위를 원한다면 그렇게 해 주겠네. 자네는 정확한 판단력과 곧은 심성을 지닌 청년으로, 내가 이 나라를 잘 다스리려면 자네의 지혜와 조언이 반드시 필요하다네."

왕자는 칼리프의 신뢰에 감사를 드린 뒤 말을 이었다.
"전하, 저는 고국에 돌아가더라도 오래 머물지 않을 것입니다. 곧 다시 돌아와 전하와 얘기를 나누며 국정을 논하고 싶습니다. 그 동안 제게 베풀어 주신 은혜는 절대 잊지 않겠습니다. 더구나 고귀하신 따님과 혼인시켜 주신 은혜는 더욱 그렇습니다. 앞으로 살아가면서 전하께 입은 모든 은혜를 영원히 간직하겠습니다."
칼리프는 다시 돌아올 것을 다짐 받은 뒤에야 사위의 여행을 허락했다. 왕자가 떠날 채비를 갖추자 칼리프가 딸을 불러 물었다.
"애야, 너는 남편과 함께 떠나겠느냐. 아니면 남편이 고향의 가족을 만나고 돌아올 때까지 여기에 남아 있겠느냐?"
공주는 망설였다. 남편과 함께 가고 싶다는 속마음을 말하기가 부끄러웠기 때문이다. 칼리프는 이를 알아채고 부부가 함께 다녀올 것을 권했다.
여행을 위한 모든 준비가 갖추어졌다. 부부를 수행할 대규모의 행렬이 온갖 금은보화와 선물을 가득 싣고 떠났다.
여행 행렬은 사막을 건넜고, 병사들은 혹시 나타날지 모르는 도둑 떼로부터 왕자 부부를 보호하기 위해 애썼다. 며칠 동안 사막을 부지런히 지난 행렬은 어느새 왕자의 나라 부근에 이르렀다. 왕자는 무력으로 자신의 왕위를 빼앗은 친척들이 있는 도시로 곧바로 들어갈 수가 없었다. 그래서 그들의 세력이 미치지 않는 다른 도시에 머물기로 했다.
목적지 부근에 도착하자 왕자와 노인은 이제 헤어져야 할 때라고 생각했다. 그들은 함께 지내면서 생긴 모든 것을 알라의 뜻에 따라 공평하게 나누기로 했다. 똑같이 나누지 않으면 서로 간에 증오와 갈등이 생겨 싸움이 일어날 것이 뻔했기 때문이다.

두 사람은 이를 고려하여 각자 만족할 만큼 공정하게 재물을 반으로 나누었다. 마지막으로 공주만이 남았다. 사실 분배 조건은 두 사람이 얻은 모든 것을 대상으로 하고 있으므로 이 여인도 그 대상에 포함되었다. 노인이 말했다.

"남은 한 가지를 나눌 시간이 됐소. 공주도 사업에서 얻은 이익이니 반으로 나눠야 공평하지 않겠소?"

"어르신, 그게 무슨 소립니까? 공주를 반으로 나누다니요? 대신 제가 몇 가지 해결책을 제안할 테니 그중 하나를 택하십시오. 첫 번째는 공주의 값어치를 돈으로 따져 그 값에서 어르신 몫을 드리고 공주는 제가 데리고 있는 것입니다."

그러자 노인이 거절했다.

"두 번째는 공주의 선택에 맡기는 겁니다. 공주가 택한 사람이 그녀를 갖는 것이지요."

노인은 두 번째 방법도 거절했다.

"그럼 이제 마지막 방법입니다. 우리가 얻은 모든 재물은 어르신이 갖고 공주는 제가 갖겠습니다."

노인은 마지막 해결책도 받아들이지 않았다.

"그럼 어르신이 어떻게 해야 좋을지 말씀해 보십시오. 그중에서 한 가지를 택하겠습니다."

이 말을 듣고 난 노인이 단호한 어조로 답했다.

"내게는 단 한 가지 방법만 있을 뿐이오. 우리 사이에 맺은 계약 조건에 따라 재물을 절반으로 나누었듯이 공주도 반씩 나누어 가졌으면 하오. 계약을 맺으면 반드시 그에 따라야 하는 의무가 있소. 이 계약을 지켜 주시오. 내 뜻에 절대 반대하지 않기로 한 약속도 계약 내용이었으니 끝까지 내 뜻에 따라야 하지 않겠소?"

왕자는 당황해서 어찌해야 할지 몰랐다. 그에게 공주는 인생의 전부이자 행복 그 자체였다. 아니, 공주는 자신의 존재 의미였다. 어떻게 자신이 보는 앞에서 공주를 죽인단 말인가? 그는 필사적으로 해결책을 궁리했지만 어떤 묘안도 떠오르지 않았다. 노인은 칼을 들고 공주를 두 동강 낼 준비를 마치고서 말했다.

"무얼 망설이는 거요? 빨리 대답하시오."

아무 말도 하지 못하고 절망감에 사로잡힌 왕자는 죽고 싶은 심정이었다. 노인은 계속해서 재촉했고 왕자는 체념한 듯이 아무 말도 없었다. 그런 왕자의 태도를 동의하는 것으로 여긴 노인은 공주를 날카로운 칼로 내려치려 들었다. 끔찍한 칼날이 다가오는 것을 본 공주는 비명을 질렀다. 그러자 공주의 비명에 놀란 전갈이 공주의 몸에서 또다시 튀어나왔다. 이번에 나온 놈은 전과는 달리 새끼 쥐만했다. 자신의 몸속에서 나온 전갈을 보고 충격을 받은 공주가 바닥에 쓰러지자 근처에 있던 사람들이 전갈을 잡아 죽였다. 노인은 그제야 칼을 거두며 말했다.

"몹쓸 일을 저질러서 미안하오. 이처럼 가혹한 방법이 아니었다면 공주의 몸에서 전갈을 빼내기 힘들었을 거요. 방금 나온 전갈은 전에 죽은 놈의 새끼였소. 더 이상의 위험은 없소. 이제 당신과의 인연이 다했으니 사업을 하는 동안 모았던 재물은 모두 당신이 가지시오.

당신과 헤어지기 전에 내가 누군지 알려 주겠소. 늑대의 공격을 받아 죽을 뻔했던 어린 영양을 기억하시오? 나는 그 영양의 아비요. 당신은 늑대를 죽이고 영양을 구해 준 선행을 베풀어 이런 상을 받은 것이오. 앞으로 당신이 살아가면서 혼자서 감당할 수 없는 일이 생길 때면 내가 적어 주는 대로 주문을 외우시오. 그러면 일이 잘 풀릴 것이오."

노인은 왕자에게 작별 인사를 건넨 뒤 사라졌다. 왕자는 넋 나간 얼굴로 노인의 뒷모습을 뚫어지게 바라보았다.

왕자는 엄청난 양의 재물을 싣고 고향 부근의 도시로 향했다. 그러자 그곳의 족장과 유명 인사들이 나와서 왕자 일행을 맞이했다. 그는 그 도시에서 가장 큰 궁전을 산 다음 사람들이 마음껏 방문하도록 문을 활짝 열어 놓았다. 사람들은 위급한 일이 있을 때마다 왕자의 궁전으로 도움을 청하러 왔다.

얼마 지나지 않아 그 도시에 인품이 뛰어나며 도움을 청하는 사람들을 위해 아낌없이 재물을 내주는 왕자에 관한 소식이 널리 퍼졌다. 사람들은 왕자 주변에 몰려들었고 왕자는 주민들을 넓은 아량으로 감쌌다.

한편 그곳을 다스리던 족장은 덕망 있는 왕자가 나타나 자신의 입지가 줄어든 것을 인정해야만 했다. 결국 그가 염려한 일이 벌어졌다. 족장은 사람들에게 명목상의 통치자로만 인식되었고 실질적인 통치권은 왕자가 갖게 되었다.

왕자는 도시에서 한층 높아진 자신의 위상을 알아차렸다. 그러나 그의 목표는 더 큰 것이었다. 그는 이 도시뿐 아니라 자신을 쫓아낸 도시까지 세력을 넓히고 싶었다.

그는 자신의 왕국이었던 도시에 당당히 들어가 그곳을 다스릴 계획을 세웠다. 지금껏 방랑의 세월을 보낸 왕자의 머릿속에는 원대한 희망과 꿈이 가득했다.

이혼을 밥 먹듯 하는 남자

　혼인하기가 무섭게 곧바로 아내와 헤어지는 남자가 있었다. 웬만한 사람들은 그가 혼인과 이혼을 여러 번 되풀이했다는 사실을 다 알고 있었다.
　어느 겨울날 햇볕이 내리쬐는 곳에 처녀들이 무리 지어 앉아 이런저런 이야기를 나누고 있었다. 주된 화제는 혼인과 이혼을 밥 먹듯 하는 남자에 관한 것이었다.
　"그 남자가 그렇게 행동하는 이유는 그의 손에 박힌 가시를 문질러 주는 여자가 없었기 때문이야."
　다른 여자들이 그 말이 무슨 뜻이냐고 묻자 말을 꺼낸 처녀가 대답했다.
　"내 말은 그가 따끔한 충고를 하는 여자를 한 번도 만나지 못했다는 거야. 그래서 그 남자는 오직 자기만 생각하고 주변 시선에 아랑곳하지 않는 습관이 붙어 그런 이기적인 행동을 한다는 거지."
　마침 화제의 주인공인 남자가 술집으로 가던 도중 그 처녀의 말을 들었다. 그는 처녀가 어느 집안의 누구인지 대충 알고 있었다. 그리고 처녀가 꺼낸 말 때문에 그녀에게 관심을 갖게 되었다. 처녀의 도전적인 말투가 그의 마음을 흔들어 놓은 것이다. 그는 중얼거렸다.

"처녀가 일깨워 주겠다는 충고는 대체 무슨 내용일까?"

남자는 처녀의 씩씩한 성격에 이끌려 그녀의 집안 어른에게 청혼을 했다. 비록 혼인과 이혼을 밥 먹듯 하는 게 흠이긴 했지만, 남자는 마을에서 꽤 알려진 부자 상인이고 성격도 괜찮았으므로 처녀의 아버지는 청혼을 승낙했다.

"청혼을 받아들이겠소. 혼인이 이루어지도록 딸애와 아내를 설득해 보리다."

처녀의 아버지는 딸에게 청혼 사실을 전하고 의견을 물었다.

"부모님 결정에 따르겠어요."

처녀의 아버지는 부인에게도 같은 이야기를 들려주었다. 그러나 부인은 당장 식을 올리는 것은 반대했다.

"우리 애는 아직 나이가 어리잖아요. 한두 해 기다려 보고 그때 가서 결정하는 것이 낫지 않겠어요?"

"당신 말도 일리가 있군. 청혼자한테 가서 혼인은 승낙하겠지만 몇 해만 기다려 달라고 말해 보리다."

아버지는 청혼자에게 가족의 의견을 전해 주었다.

"좋습니다. 그렇게 하지요. 우선 혼인 계약을 한 다음 말씀하신 대로 천천히 일을 처리하겠습니다."

처녀의 아버지와 남자 간에 혼인 계약이 맺어졌고 몇 년이 지나자 남자는 계약 조건에 따라 약혼녀와 정식으로 혼인을 했다. 혼인 후 젊은 아내는 남편 집에 와서 살게 되었다.

혼인해 살면서도 남편은 아내와 잠자리를 하지 않고 처녀 시절 아내가 친구들에게 했던 말의 의미를 줄곧 마음속에 되뇌었다. 솔직히 말해 그는 아내의 미모나 처가의 재산보다는 그녀의 대범한 성격에 이끌려 혼인했던 것이다.

어느 날 남편이 아내에게 말했다.

"일터에서 점심 시간에 돌아오리다. 점심을 같이할 손님 다섯과 함께 올 테니 도착할 시간에 맞춰 차와 식사를 준비해 주시오."

남편은 지시를 한 뒤 일터로 나갔다. 그는 불 피울 장작이나 음식을 만들 때 필요한 물을 집 안에 하나도 남겨 두지 않았다. 아내가 어떻게 문제를 해결할 것인지 시험하기 위해서였다.

과연 어린 아내는 집에서 아무것도 찾을 수 없었다. 그러자 그녀는 옥상으로 올라가 이웃집 여자에게 두레박을 내려 주면서 물을 채워 달라고 부탁했고, 이것으로 일단 물 문제는 해결했다. 남은 것은 장작이었다. 그녀는 궁리 끝에 고기 기름을 연료로 쓰기로 하고 이를 녹였다. 그러고는 실타래를 가져와 녹인 기름을 발랐다. 타래에 불을 붙이자 불꽃이 활활 타올라 음식을 만들 수 있었다. 차도 끓여 불 옆에 두자 남편이 요구한 음식 준비가 모두 끝났다.

남편은 손님들을 데리고 오지 않았다. 아내가 어떻게 했는지 보려고 문을 열고 들어가며 그는 아내가 구석에 쪼그리고 앉아 울고 있으리라 생각했다. 그러나 예상은 빗나갔다. 음식과 차는 금방 먹을 수 있게 준비되었고, 집 안은 깨끗하게 정돈되어 있었다.

남편은 깜짝 놀랐고 아내가 어떻게 주어진 과제를 해결했는지 궁금했지만 물어보지 않았다. 그는 어린 아내의 지혜와 활달함에 감탄했지만 여기서 만족하지 않았다. 처음보다 더 어려운 과제를 주어 다시 한 번 아내를 시험하고 싶었다. 잠시 후 적당한 방법을 생각해 낸 그가 말했다.

"개인적인 일로 먼 여행을 해야겠소. 일이 길어지면 2년 정도 걸릴 것이오. 내가 여행에서 돌아오는 날까지 당신은 사내아이를 낳고 내 암말은 망아지를 낳아야 하오."

남편은 여행 일자를 정한 뒤 여행 때 타고 갈 말 한 마리와 아내에게 맡길 암말 한 마리를 준비했다.

여행을 앞둔 남편은 일 때문인 것처럼 밖으로 나가며 대문을 밖에서 걸어 잠그고는 열쇠를 가져가 버렸다. 아내는 꼼짝없이 집 안에 갇힌 신세가 되었다. 그녀는 자신이 갖고 있는 가장 화려한 옷과 장식을 걸치고 몸에 향수를 뿌린 뒤에 집 옥상으로 올라가 이웃집 옥상을 거쳐 거리로 나왔다. 그리고 알고 지내던 노파를 찾아가 말했다.

"저는 한 남자를 사랑하고 있답니다. 당신 집에서 그 남자와 단둘이 있도록 자리를 마련해 주세요. 그리고 제가 그 사람과 시간을 보내는 동안 제 암말을 그의 수말에게 데리고 가세요. 반 시간 가량 두 말을 함께 둔 다음 암말을 처음 자리에 되돌려 놓으시면 충분히 사례하겠어요."

어린 아내의 남편은 지나칠 정도로 많은 여자를 좋아하는 바람둥이였다. 노파가 어떤 여자가 만나고 싶어 한다고 말하자 남편은 즉시 노파의 집으로 따라왔다. 노파는 그를 집 안으로 들여보낸 뒤 아내의 지시를 그대로 따랐다.

암말이 수말과 함께하는 동안 남편은 어두운 방에서 자신의 아내와 함께 있었다. 그가 얼굴을 보려고 하자 그녀는 주의를 주며 말했다.

"제 얼굴을 보지 마세요. 모르시겠지만 저는 당신을 오랫동안 흠모해 왔답니다. 저는 알라의 뜻에 따라 당신을 사랑하지만 영원히 당신께 신비로운 여자로 남고 싶어요."

남편은 머릿속으로 생각했다.

'이 여자는 자신이 누군지 밝히기를 꺼린다. 그렇지만 그게 중요한 일은 아니지 않은가? 나를 이토록 사랑한다는데 굳이 그녀가 누군지 알 필요가 있겠는가.'

아내가 자신을 허락하기에 앞서 사랑의 대가를 요구하자 그는 무엇을 원하는지 물었다.

"저는 물질적 보상을 바라지 않아요. 알라의 은혜로 제겐 충분한 재물이 있답니다. 단지 우리가 나눌 사랑의 징표로 무언가를 받았으면 해요."

남편이 다시 무엇을 원하느냐고 묻자 아내는 그의 손가락에 낀 반지를 달라고 한 뒤 이를 받아 갈무리했다. 그러고 나서 그의 요구를 들어주었고, 두 사람은 열락으로 가득한 시간을 보냈다. 그는 잃어버려도 상관없고 값도 얼마 안 나가는 싸구려 반지를 내주고 이렇듯 값진 것을 얻었다고 기뻐했다.

한밤중에 남편이 다시 몸을 요구하자 아내가 말했다.

"이 세상의 모든 물건은 저마다의 가치가 있어요. 저는 당신한테 아주 간단한 물건을 요구하겠어요."

"그게 무엇이오?"

"당신 머리에 쓴 이칼 머릿수건을 누르는 둥근 테에 당신 이름을 써서 제게 주세요."

그가 요구대로 해 주자 그녀는 자신의 몸을 허락했다. 밤이 끝날 무렵 남편이 다시 그녀를 원하자 아내가 말했다.

"저는 이 세상의 모든 물건은 저마다 가치가 있다고 여전히 믿고 있습니다. 이번에는 당신 지팡이에 이름을 써서 제게 주세요."

남편은 지팡이에 자기 이름을 써서 그녀에게 주었다. 그녀는 세 번째로 남자의 욕망을 채워 주었다.

새벽이 되자 그는 다시 만날 것을 약속하며 말했다.

"지금까지 나는 많은 여자와 어울려 보았소. 하지만 침대에서 남자가 무얼 원하는지, 남자의 마음을 어떻게 사로잡을지 당신보다 더 잘 아는 여자는 만난 적이 없었소."

남편은 작별 인사를 하고 밖으로 나와 집으로 갔다. 아내도 서둘러 남편보다 먼저 집에 도착했고 두 사람은 아무 일도 없었다는 듯 평소처럼 행동했다.

남편이 여행을 떠난 지 2년이 되었다. 여행에서 돌아온 그는 과연 어떤 일이 생겼을까 몹시 궁금했다.

집에 도착했을 때 그는 깜짝 놀라고 말았다. 아내 방에는 어린애가, 암말 옆에는 망아지 한 마리가 있었기 때문이다. 그는 불가능하리라 생각한 일을 맡겼는데도 어떻게 어린 아내가 확실하게 해냈는지 이해할 수가 없었다. 아내는 남편이 시키는 대로 원하는 대로 모든 일을 척척 해냈다. 그러나 자신과 같이 자지도 않은 아내가 아기를 낳았다는 사실을 도무지 납득할 수가 없었다. 이것은 곰곰이 생각해 봐야 할 심각한 문제였다. 아내의 행실을 의심할 법도 했지만 남편은 신중하게 행동하기로 마음먹었다.

'그래, 진실이 밝혀질 때까지 기다려 보기로 하자. 이럴수록 정신을 똑바로 차려야지……'

어린애는 무럭무럭 자랐고 이따금 소리를 질러 대면서 집 안을 이리저리 뛰어다니기도 했다. 어느 날 아내는 이전에 남편에게 받은 반지를 아이에게 끼워 주었다. 그러나 남편은 이를 알아보지 못했다. 다음 날 아내는 남편 이름이 씌어진 지팡이를 아이가 갖고 놀도록 했다. 그러나 이것 역시 남편 눈에 띄지 않았다. 셋째 날 아내는 아이에게 이칼을 씌워 주었다. 그제야 남편은 아이가 머리에 쓴 이칼을 보고 소스라치게 놀랐다. 그것은 예전에 자기가 이름을 써서 알지 못하는 여자에게 주었던 바로 그 이칼이었던 것이다. 아이 손에 끼워진 반지와 지팡이를 찬찬히 살펴보자 거기에도 역시 자기 이름이 씌어 있었다.

그는 이 물건들이 어떻게 해서 여기에 있는지 궁금해졌다.

'그래, 아내와 터놓고 솔직하게 얘기를 해 봐야겠어. 사실을 밝히려면 이 방법밖에 없어.'

남편은 아내를 불러 반지와 지팡이, 이칼을 어디서 구했는지 물었다. 그러자 아내는 남편이 여행을 떠나기 전날 밤 있었던 일을 들려주었다. 그리고 노파의 집에서 남편과 단둘이 있으면서 나누던 이야기들과 즐기던 일들을 떠올리도록 만들었다. 이어서 노파를 시켜 그의 말과 암말을 함께 있게 한 이야기도 했다. 남편은 아내의 말을 듣고 나서야 모든 궁금증을 떨쳐 버릴 수 있었다.

그는 내친 김에 신혼 시절 점심 준비를 시켰을 때 어떻게 물과 땔감을 마련했는지도 물었다. 아내는 이웃집에서 물을 길어 오고, 고기 기름과 실타래를 땔감으로 사용한 이야기를 해 주었다.

이제 아내는 더 이상 어리기만 한 여자가 아니었다. 남편은 자신이 정말로 사랑스럽고 지혜로운 아내를 얻었다는 사실을 깨달았다. 그는 앞으로 소중한 아내와 더불어 행복하게 살아가겠다고 다짐했다. 현명한 아내 덕에 그는 이혼과 재혼을 밥 먹듯 하던 자신의 못된 버릇을 고칠 수 있었다. 그는 아내와 함께 많은 자식을 낳고 행복하게 살았다.

용감한 청년 쿠라이아

옛날에 아들을 두고 행복하게 사는 부부가 있었다. 어린 아들은 머리 한가운데 머리털이 없었기 때문에 '쿠라이아^{대머리}'라는 별명으로 불렸다.

하지만 부부의 행복한 생활은 아주 짧았다. 어머니가 아직 어린 쿠라이아를 두고 알라의 부름을 받아 세상을 떠난 것이다. 이제 쿠라이아는 음식을 먹거나 옷을 입고 벗는 일, 몸을 씻는 일 등 모든 것을 혼자서 해야만 했다.

쿠라이아의 아버지는 아내가 죽은 뒤에도 오랫동안 혼자 지냈다. 그러던 어느 날 그는 아들과 자신을 위해 다시 아내를 얻어야겠다고 생각했다. 아내가 없는 집 안은 마치 영혼 없는 육체와 같았기 때문이다. 재산도 충분하기 때문에 재혼에는 별 문제가 없었다. 그는 결심 끝에 적당한 여자를 만나 혼인했다.

새 아내는 침착하고 어질며 집안일도 잘하는 여자였다. 그리고 쿠라이아에게도 싹싹하게 굴며 애정을 갖고 잘 보살폈다. 아버지는 자신의 아들을 따뜻하게 대하는 새 아내를 더욱 사랑했다.

새로 가정을 꾸리고 나서 여러 해가 지나자 새 아내한테서도 아이들이 태어났다. 새어머니로서는 자신이 낳은 아이들에게 더 관심이 갈 수밖에 없었다. 그녀는 의붓아들에겐 더 이상 관심을 기울이지 않고 오직 자기 아이들만 보살폈다.

쿠라이아는 이러한 변화를 확실하게 느꼈다. 하지만 그는 상황을 잘 이해하는 총명한 청년이었으므로 아버지와 가족 모두에게 폐를 끼칠 만한 행동을 하지 않았다. 그는 가족의 단란함을 깨뜨리거나 가족의 마음에 증오나 시기심이 생기는 것을 원치 않았다.

어느새 쿠라이아는 모두에게 사랑 받는 강인한 청년이 되었다. 아버지도 쿠라이아의 뛰어난 판단력을 믿어 장사할 때 아들의 생각을 물어보곤 했다. 아버지는 활동적인 아들이 타고 다닐 수 있도록 말 한 마리를 사 주었다. 해가 지날수록 쿠라이아는 기품이 더해 가고 남자다워졌다.

한편 새어머니의 아이들은 편안하게 지내면서 게으른 청년들로 자랐다. 그들은 앞날을 스스로 헤쳐 갈 생각도 하지 않았고 현재 상황을 더 낫게 만들려는 의욕도 없었다. 아버지의 장사를 도우려고도 하지 않았다.

쿠라이아는 그들과는 정반대로 자신의 앞날을 이리저리 궁리했으며, 일이 생길 때마다 아버지의 오른팔이 되어 주었다. 또한 가족과 이웃을 위해 서로 돕고 살아가는 데 앞장섰다.

새어머니는 자기 아이들과는 비교가 되지 않을 만큼 쿠라이아가 뛰어나다는 사실을 알고 마음이 영 편치 않았다. 남편도 그녀의 아이들에게 통 관심을 보이지 않고 일할 때도 그들을 믿지 않았다. 남편이 믿는 자식은 오직 쿠라이아뿐이었다. 항상 쿠라이아에게 일을 맡기고 그와 의논하며 어려운 일이 있으면 과감히 그에게 일임했다.
남편은 "쿠라이아가 어디 있지?", "쿠라이아를 데려와."라며 큰아들만 찾았다.

새어머니는 고민 속에서 하루하루를 보냈다. 쿠라이아가 있는 한 동생들은 아버지로부터 어떠한 관심이나 신뢰도 받지 못할 듯싶었다. 그녀는 자신의 아이들도 여러 가지 일들을 경험하고 사회적 지위와 교양을 쌓으며 성공적으로 일을 해내어 남편의 믿음을 얻기를 바랐다. 새어머니는 쿠라이아를 없앨 방도를 궁리하다가 마침내 한 가지 좋은 생각을 떠올렸다. 쿠라이아는 아버지 일을 돕기 위해 여행을 많이 다니는데, 그때 가지고 다니는 도시락에 독을 넣기로 한 것이다.

얼마 후 쿠라이아가 여행을 떠나게 되자 새어머니는 이때다 싶어 그에게 줄 빵에 독을 발랐다. 그녀는 쿠라이아가 빵을 먹고 죽게 되면 동생들이 모든 일을 넘겨받으리라고 굳게 믿었다. 남편이 그들에게 장사하는 법을 가르쳐 줄 것이라고 생각한 것이다.

쿠라이아는 독이 묻은 빵을 챙긴 뒤 말을 타고 집을 나섰다. 그리고 식사 시간이 되자 말이 쉴 만한 장소로 가서 빵을 꺼내 먹으려고 했다. 이때 말의 모습을 하고 있던 이프리트가 빵에 독이 묻었으니 먹지 말고 땅에 묻으라고 했다. 쿠라이아는 시키는 대로 했고, 말은 그가 대신 먹을 빵을 가져다주었다.

이렇게 쿠라이아는 죽음을 면할 수 있었다. 일을 잘 마치고 집으로 돌아온 그를 본 새어머니는 놀라지 않을 수 없었다. 하지만 그녀는 계속해서 음모를 꾸미면 결국 성공하리라고 믿었다.

쿠라이아가 일 때문에 다시 여행을 떠나게 되자 새어머니는 그의 옷을 가져다 빨면서 거기에 독을 발랐다. 쿠라이아가 땀을 흘리면 옷에 바른 독이 몸에 스며들 것이라고 생각한 것이다.

그러나 쿠라이아가 옷을 갈아입기 직전, 이번에도 그의 말이 끼어들어 말렸다. 쿠라이아는 옷을 땅에 묻었고, 말은 그에게 다른 좋은 옷을 가져다주었다.

이러한 일이 있은 뒤에도 쿠라이아는 새어머니를 이해하려고 노력했다. 그는 이런 무모한 시도는 잠시뿐이고, 새어머니가 다시 자신을 아들로 받아 줄 것이라고 여겼다. 그러나 쿠라이아를 죽이려는 새어머니의 시도는 계속되었다.

쿠라이아는 자신의 말이 없을 때 새어머니의 계략에 걸려드는 날에는 꼼짝없이 당하고 말 것이라는 사실을 깨달았다. 그렇다고 아버지에게 모든 사실을 이야기하여 새어머니의 악행을 알릴 수도 없었다. 아버지는 아내를 사랑하고 있기 때문에 사실을 듣고도 믿지 않을 것이다.

설령 아버지가 그의 말을 믿는다고 해도 가족 모두에게 돌아오는 것은 파탄뿐이었다. 쿠라이아는 가정이 깨지는 것도 가족 중 누군가가 상처 받는 것도 원하지 않았다. 그는 모두를 위해 가장 좋은 방법은 자신이 떠나는 것이라는 결론을 내렸다. 집을 떠나기만 하면 지금의 고통에서 벗어날 수 있으리라는 생각에 그는 다른 나라로 가서 살기로 마음먹었다.

집을 나선 쿠라이아는 얼마 후 어느 도시 근처에 도착했다. 그는 고삐를 풀어 말을 자유롭게 놓아주었다. 말은 떠나기 전에 쿠라이아에게 금반지를 주며 말했다.

"먼저 오른손에 반지를 끼세요. 그리고 제 도움이 필요하면 반지를 왼손 넷째손가락으로 옮겨 낀 뒤 세 번 돌리세요. 그러면 제가 나타나 도와드리겠습니다."

쿠라이아는 도시에 머물며 일자리를 찾아 거리를 헤매었다. 근근이 생활하며 새로운 환경에 적응하는 일이 힘들었지만 집에서 새어머니에게 시달리던 때보다는 마음이 훨씬 편했다.

그러던 어느 날 위험을 알리는 경보와 군대를 소집하는 북소리가 도시에 울려 퍼졌다. 나라에 위기가 닥쳤다는 신호였다. 술탄의 궁전 옆에서 떠나갈 듯 울리는 북 주위에 무기를 든 청년들이 속속 몰려들었다.

한편 술탄에게는 놀랄 만큼 아름다운 딸이 하나 있었다. 그녀는 도시에서 가장 아름다운 여인이었다.

전투를 앞두고 궁전에 몰려든 청년들은 저마다 능숙한 칼솜씨를 뽐내거나 전쟁 춤으로 기예를 겨루며 자신들이 가장 내세울 만한 몸놀림을 보이려 애썼다. 그러다가 공주의 마음에 들어 선택 받는 자는 그녀에게 청혼할 자격을 얻을 수 있었다.

청년 전사들에게 술탄이 외쳤다.

"용감한 전사들이여, 여러분의 낙타와 양들을 강도 떼가 습격해 훔쳐 갔소. 여러분의 기상과 용맹을 떨칠 기회가 왔소. 도적 떼를 뒤쫓아가 그들과 싸우시오. 그래서 우리의 가축을 되찾아 오시오!"

벽을 뒤흔들 정도로 북소리가 크게 울려 퍼지고 청년들로 구성된 보병과 기병 부대가 도적 떼를 뒤쫓기 시작했다. 군대의 규모는 선두에서 후미가 보이지 않을 정도로 엄청났다.

군대는 도적 떼와 여러 차례 대규모 전투를 벌였으나 계속 패했다. 패배 소식을 전해 들은 쿠라이아는 곧장 도시 외곽으로 갔다. 그리고 오른손 손가락에 꼈던 반지를 빼서 왼손 넷째손가락에 끼고 세 번 돌리자 그의 앞에 말이 나타났다.

쿠라이아가 말에게 서둘러 전투 장비를 준비해 달라고 하자 말은 눈 깜짝할 사이에 이를 갖추어 돌아왔다. 갑옷을 걸치고 무기를 든 쿠라이아는 말을 몰아 전투가 있는 곳으로 달려갔다. 패한 병사들은 용감하고 믿음직한 모습으로 적을 향해 거침없이 나아가는 기사를 바라보았다. 병사들은 그가 강한 적들을 어떻게 상대할 것인지 궁금해했다.

쿠라이아는 듬직한 모습으로 도적 떼 앞에 우뚝 서서 외쳤다.

"가축을 다시 우리 유목지로 돌려보내라. 그렇게 하지 않으면 너희는 죽은 목숨이다."

이 말을 들은 도적들은 낄낄거리며 쿠라이아를 비웃었다.

"빼앗은 가축을 다시 주인한테 돌려주라고 떠들어 대다니 제정신이냐?"

쿠라이아가 수차례 경고했지만 도적들은 여전히 코웃음만 쳤다. 그러자 쿠라이아는 곧바로 말을 몰아 도적 무리의 한가운데로 쳐들어가 기병들을 거꾸러뜨리고 반대편으로 뚫고 나왔다. 도적 떼가 대열을 가다듬어 전투 태세를 갖추었지만 쿠라이아는 개의치 않고 다시 한 번 말을 몰고 적진으로 뛰어들어 여러 명을 쓰러뜨렸다. 도적들은 일당백의 기세로 용감히 싸우는 쿠라이아를 넋을 잃고 바라보았다. 뛰어난 기병들이 쿠라이아 앞에서 쓰러지자 도적 떼는 그를 상대할 수 없음을 깨닫고 도망치기 시작했다.

이름도 모르는 용맹한 전사의 활약과 도적 떼의 도주를 지켜본 아군 병사들은 승리할 수 있다는 자신감에 도적 떼를 추격하여 죽이거나 포로로 잡고 많은 전리품을 손에 넣었다.

적을 쫓는 동안 술탄은 병사들과 함께 있었다. 전투가 끝나자 그는 가축과 명예를 되찾은 그 용맹스러운 기병이 누구인지를 알고 싶어 했다. 아랍 인은 용맹을 높이 받드는 민족으로, 심지어는 적의 용맹도 인정할 정도였으니 쿠라이아가 세운 공적은 두말할 나위 없이 위대한 것이었다.

술탄이 그 용감한 기병을 따라갔으나 그는 이미 멀리 앞서 가는 중이었다. 술탄이 있는 힘을 다해 따라붙으려 했지만 역부족이었다. 그를 따라잡을 수 없자 술탄은 기병의 오른손에 가벼운 상처를 냈다. 훗날 만나게 되면 그를 알아보려고 표시를 해 두었던 것이다. 기병은 어느새 자취를 감춰 버렸다.

전투가 끝나고 도시의 청년 병사들은 되찾은 가축과 적한테서 빼앗은 말들을 몰고 돌아왔다. 그리고 저마다 자신이 적군 몇 명을 죽였으며, 전투에서 어떻게 어려움을 이겨 냈는가를 과장해 자랑하기 시작했다.

한편 쿠라이아는 군대가 도시로 돌아간 뒤 자신의 말을 몰고 도시 외곽으로 갔다. 그가 말 등에 전투 장비를 둔 채로 내리자 말은 어디론가 사라졌다.

한편 공주는 궁전 안에서 돌아오는 병사들을 지켜보는 중이었다. 그녀는 쿠라이아가 전쟁터로 나간 다음, 패배 직전에 있던 아군이 힘을 되찾아 승리를 거두었다는 소식을 전해 들었다. 군대가 가축을 몰고 돌아오고 맨 나중에 쿠라이아가 돌아오는 것이 보였다. 공주는 그가 바로 도적 떼를 무찌르는 데 공을 세운 병사임을 한눈에 알아보았다.

공주의 미모가 모든 남자의 마음을 사로잡은 탓에 아버지를 통해 청혼한 남자가 여럿 있었으나 그녀는 모두 거절했다. 술탄은 딸이 마음에 들어 하는 남자와 혼인시켜 주겠다고 이미 약속한 바 있었다.

전투가 끝난 뒤 술탄이 딸에게 말했다.

● ──아람 민담

"이번 전투에서 참으로 용감한 청년이 하나 있더구나. 도시의 모든 청년을 초대하여 잔치를 벌일 테니 들어오는 남자들을 잘 지켜보고 있다가 그 청년을 알아내도록 해라."

공주는 자신을 배려해 주는 아버지께 감사했다. 술탄은 술탄대로 자신의 사위가 진정으로 남자답고 용맹스러우며 불굴의 의지를 지녔기를 바랐다.

술탄은 온갖 진귀한 음식들을 마련한 뒤 성대한 만찬을 열고 도시의 모든 청년을 초대했다. 그리고 문 앞에 서서 손님을 맞이하며 들어오는 손님들마다 악수를 나누었다.

공주는 눈에 띄지 않는 곳에서 지켜보며 그들의 얼굴을 찬찬히 살펴보았다. 술탄도 오른손에 상처가 있는 남자를 찾고 있었다. 그러나 두 사람 모두 자신들이 바라던 기병을 찾지 못했다.

만찬이 끝나고 손님들이 흩어져 돌아가자 술탄은 딸에게 오늘 왔던 청년들 중에서 누구를 택할 것인지를 물어보았다.

"제가 바라던 사람은 오늘 참석하지 않았어요."

술탄이 그 이름을 묻자 딸은 쿠라이아라고 답했다. 술탄은 깜짝 놀랐다. 쿠라이아를 탐탁하게 여기지 않았던 술탄에게 딸의 선택은 충격이었다.

"쿠라이아는 사람들한테 음식을 구걸하는 불쌍한 청년이다. 잠도 모스크 안에서 자고 말이다. 네게 청혼했다가 거절당한 네 사촌들이나 귀족 집안 자제들 앞에서 내 체면이 뭐가 되겠느냐?"

"저는 쿠라이아만 원해요. 사람들한테는 마음대로 얘기하라고 하세요. 혼인은 제 문제예요. 다른 사람이 아닌 바로 제 인생의 행복이 걸린 문제이지요. 저는 머지않아 우리 도시의 모든 처녀가 제 현명한 선택을 부러워할 것이라고 확신해요."

술탄은 딸의 말에 서운하기도 하고 기가 차기도 해서 웃음이 나왔다. 그러나 딸의 바람과 결심을 보고 어쩔 수 없이 청을 들어주었다. 그는 모스크에 묵고 있던 쿠라이아를 데려와 말했다.

"나는 딸이 선택한 너를 사위로 맞이하겠다."

쿠라이아는 깜짝 놀라서 술탄이 자신을 놀린다고 생각했다. 그러나 그 말은 농담이 아니었다. 이미 재판관과 증인들이 참석한 자리였던 것이다.

"전하의 명을 받아 분부대로 하겠습니다. 저를 사위로 택해 주셔서 무한한 영광입니다."

혼인 계약이 이루어졌다. 공주와 쿠라이아의 혼인은 밤에 특별한 축하 행사 없이 조용히 진행되었다. 그리고 신랑 신부를 위해 낡은 가구가 딸린 초라한 방이 마련되었다.

방에 들어간 쿠라이아와 신부는 서로를 쳐다보았다. 신부의 우울한 표정을 보고 쿠라이아는 오른손에 낀 반지를 빼서 왼손 넷째손가락에 꼈다. 반지를 세 번 돌리자 말이 나타났다. 쿠라이아가 말에게 주문했다.

"방에 멋진 가구를 배치하고 최고의 향수를 뿌려 줘. 그리고 맛난 음식과 마실 것도 가져와."

쿠라이아의 부탁을 받은 말은 잠시 사라졌다가 주문한 모든 것과 시녀 다섯을 데리고 돌아왔다. 시녀들은 방을 청소하고 가구를 정돈한 뒤에 신랑 신부의 시중을 들었다.

다음 날 아침 공주의 어머니가 딸과 사위를 보러 왔다. 어머니는 남편을 잘못 택한 딸의 불행한 모습을 확인하고자 했다.

그러나 방 안을 본 어머니는 놀라움을 금치 못했다. 정돈된 방 안에는 훌륭한 가구가 있고 매혹적인 향기가 가득했다. 몹시 놀란 어머니가 재빨리 남편에게 가서 자신이 본 것을 알려 주었지만 술탄은 아내의 말을 믿지 않았다. 그는 아내가 말도 안 되는 소리를 한다고 생각했다.

그러나 직접 가서 신혼방을 본 술탄은 아내 못지않게 깜짝 놀랐다. 그리고 그제야 그는 딸과 사위의 혼인을 축하하면서 행복을 빌어 주었다.

오후에 신랑 신부를 위해 점심이 준비되자 공주는 남편과 함께 참석했다. 신랑은 이전에 사람들이 보았던 그 모습이 아니었다. 말쑥한 옷차림에 얼굴에서는 빛이 나고 행동은 절도가 있으며 인품도 한결 돋보였다. 이전에 사람들이 알고 있던 가난하고 비천한 쿠라이아는 어디에서도 찾아볼 수 없었다.

술탄은 사위의 오른손을 면밀히 살펴보았다. 그가 혼자서 도적 떼를 무찌르고 가축을 되찾은 바로 그 기병일지도 모른다는 생각이 문득 들었기 때문이다. 과연 그의 손에는 상처가 있었다. 손을 붙잡고 상처에 대해 물었으나 쿠라이아는 자신이 그 용감한 기병이었음을 끝내 말하지 않았다. 모든 것을 깨달은 술탄은 사위가 몹시 훌륭하게 보였다.

"이제야 자네가 백성의 가축을 구하고 우리한테 자긍심을 되찾아 준 그 기병임을 알았네. 자네는 내 딸과 혼인할 자격이 충분하네. 그런데 자네의 정체는 뭔가? 어느 지역 사람이고 어느 부족 출신인가?"

술탄의 질문에 쿠라이아는 자신에 관한 얘기를 해 주고, 왜 가족을 떠났는지도 말해 주었다.

"그렇다면 그동안 왜 그런 얘기를 숨겨 왔는가? 어째서 사람들한테 구걸하며 어렵게 지냈지?"

"저는 이 고장 사람들을 알고 싶었습니다. 이곳 주민들이 함께 지낼 만큼 관대하고 인품이 훌륭하면 이곳에 머물고, 그렇지 않으면 여기를 떠날 생각이었습니다."

술탄은 사위를 정식으로 환영했다.

"자네를 위해 특별히 성대한 잔치를 열겠네. 도시의 높은 관리들과 주요 인사들을 초대하여 자네를 소개하겠어. 그들은 내 딸이 자네와 혼인한 것을 언짢게 생각하고 있다네. 하지만 진실을 알면 내 혼인 승낙을 인정할 거야."

만찬이 열리는 날 초대 받은 사람들이 궁전에 도착했다. 궁에는 여러 개의 문이 나 있고, 문들 중 하나는 궁에서 키우는 육식 동물의 우리와 연결되어 있었다. 쿠라이아가 우연히 이 문을 통해 궁으로 들어가자 짐승들이 그에게 몰려들었다.

이 광경을 지켜보던 사람들은 짐승들을 조심하고 딴 길로 되돌아가라고 소리쳤다. 그러나 쿠라이아는 아무 두려움 없이 계속 걸어갔다. 짐승들은 그가 자신만만하게 걸어오는 것을 보고 길을 비켜섰다. 기가 죽은 짐승들은 쿠라이아를 바라보며 인사하듯 꼬리를 흔들었다.

손님들은 청년의 용기에 감탄했다. 그들은 깔끔해진 외모 때문에 이 용감한 청년이 쿠라이아라는 사실을 모르고 있었다. 술탄은 청년이 누구냐고 물어보는 사람들에게 그가 바로 자신의 사위이며, 적을 추격해서 승리를 거둔 영웅 쿠라이아라고 알려 주었다. 사람들은 경탄의 눈으로 그를 보며 악수를 청하고 혼인을 진심으로 축하해 주었다.

쿠라이아는 아내와 행복하게 살았다. 주민들은 그를 존경하고, 술탄도 사위를 신뢰하여 도시를 다스리는 데 종종 도움을 받곤 했다. 아들이 없던 그는 나이가 들어 더 이상 국정을 맡을 수 없게 되자 사위에게 모든 일을 맡겼다.

쿠라이아는 도시를 원만하게 잘 다스려 사람들에게 존경과 사랑을 받는 지도자가 되었다. 그는 주민들에게 친절했고 그들 앞에서 겸손하게 행동했다. 또 주민들의 의견을 물어 모든 일을 처리하고 공정한 판결을 내렸다.

쿠라이아와 아내는 더없이 행복하게 살았다. 하지만 시간이 흐르면서 쿠라이아는 가족과 고향이 그리워졌다.

'아버지도 이제 많이 늙으셨겠지? 어쩌면 벌써 돌아가셨을지도 몰라. 내 형제들은 잘 컸을까? 생활은 잘하고 있을까?'

향수에 젖은 쿠라이아는 아내에게 가족을 보러 잠시 고향에 다녀오겠다고 말했다. 만약 그의 가족이 이곳으로 오고 싶다면 함께 데려올 생각이었다. 아내는 남편의 의견에 찬성하며 무사히 돌아오라고 기원해 주었다.

쿠라이아는 시종이나 수행원 없이 여행에 나섰다. 도시를 벗어나 사람들의 시야에서 멀어지자 그는 반지를 옮겨 낀 뒤 세 번 돌렸다. 여느 때처럼 그의 말이 나타났고 쿠라이아는 말에게 자신의 속마음을 털어놓았다. 그러자 말은 잠시 사라지더니 여행에 필요한 물건들을 갖고 돌아왔다. 쿠라이아는 여행을 계속하여 고향에 도착했다.

집에 도착해 보니 아버지는 이미 나이가 들어 쇠약해진 상태였고, 더 이상 아무 일도 할 수 없을 정도였다. 새어머니의 아들 중에는 아버지 일을 물려받을 만한 인재가 없었다. 그래서 아버지는 사업을 정리한 뒤 남은 돈을 금고에 보관했다. 그리고 이를 아끼고 아껴 최소한의 생활비만 쓰면서 가족을 먹여 살렸으나 이제 그마저 바닥나고 있는 중이었다. 형편이 이러할 때 쿠라이아가 집에 돌아온 것이다.

쿠라이아의 귀향은 가족들에게 뜻밖의 일이었다. 새어머니를 제외한 다른 가족들은 그가 왜 집을 나갔는지 전혀 모르고 있었다. 당시 새어머니는 쿠라이아가 돌아오지 않자 그를 없애려는 자신의 계략이 성공한 것으로 생각했다.

가족들 중 쿠라이아를 보고 가장 기뻐한 사람은 바로 아버지였다. 그는 자신을 보살펴 줄 사람이 필요했다. 아버지는 아들이 공주와 혼인해서 부유하게 생활하고 있음을 알고는 크게 기뻐했다.

이어서 아버지는 집을 떠난 이유를 물었다. 쿠라이아는 그제야 새어머니의 일을 털어놓았다. 그가 가족의 화목이 깨지는 것을 막으려고 스스로 집을 떠났다고 말하자 새어머니는 지난날 저질렀던 자신의 잘못을 뉘우치면서 진심으로 용서를 구했다. 쿠라이아는 새어머니의 사과를 받아들였다.

그는 가족 모두를 자신이 살고 있는 곳으로 데려가기로 결심했다. 그리고 앞으로 부모님과 형제들을 위해 자신의 책임을 다할 것이라고 말했다. 새어머니는 그에게 진심으로 감사했다.

쿠라이아 가족은 며칠 동안의 여행 끝에 도시에 도착하여 주민들로부터 뜨거운 환영을 받았다. 그리움 속에서 남편을 기다리던 아내도 그를 따뜻하게 맞이했고, 쿠라이아는 아내와 자신의 가족과 더불어 행복하게 살았다.

영리한 하산과 명마 수루르

하산(좋은, 훌륭한)이라는 이름의 아들을 둔 왕이 있었다. 하산의 어머니가 세상을 떠나자 왕은 다른 여자와 재혼했다. 왕은 새 아내한테 자신의 후계자가 될 하산에게 잘해 줄 것을 부탁했다. 새 왕비는 남편의 부탁을 받아들여 하산에게 각별한 애정을 보였고 남들한테 못된 계모로 보일 만한 행동은 하지 않았다.

하산의 아버지와 재혼한 왕비는 2남 1녀를 낳았다. 하산과 배다른 동생들은 함께 잘 지냈다. 특히 하산은 막내 누이동생을 무척 귀여워했다.

하산은 사냥하는 방법과 말 타는 기술을 부지런히 익히며 왕이 되는 데 필요한 능력을 하나씩 갖추어 갔다. 그런 아들이 자랑스러워 왕은 백마 한 필을 선물했다. 하산은 아버지가 준 말을 좋아했다. 그는 자신에게 기쁨을 주는 말이라는 뜻으로 말의 이름을 수루르(기쁨)라고 지었다.

하산은 수업이 없을 때면 틈틈이 말과 함께 들판으로 나가 사냥을 하거나 말을 타고 달리면서 시간을 보냈다. 공부를 마치고 돌아올 때면 궁전 뒤편에 위치한 마구간에 가서 수루르와 놀기도 했다. 그는 아버지에게 수루르를 선물 받은 뒤부터 어린 동생들을 돌보는 일에 소홀해지기 시작했다.

한편 왕비는 자신의 위치와 친자식들의 앞날에 대해 고민하고 있었다. 왕의 계획대로 하산이 왕위를 물려받으면 자신이 낳은 자식들은 권력 다툼에서 밀려날 것이 분명했다. 그녀는 왕의 비위에 거슬리지 않으려고 하산에게 잘한 것이지 그가 잘되기를 진심으로 바란 것은 아니었다.

왕비는 사탄의 딸인 노파를 불러 불만을 털어놓았다.

"하산을 없앨 방법이 있다면 알려 주게."

사악한 노파가 왕비에게 말했다.

"하산이 아끼는 말을 보고 궁전으로 돌아올 때 그가 자주 드나드는 문 뒤쪽에 깊은 구덩이를 미리 파 놓으세요. 그리고 그 위를 돗자리로 덮는 겁니다. 그러면 말을 보고 오는 길에 하산이 빠져 죽게 될 겁니다."

왕비의 부하들은 몰래 하산을 빠뜨릴 구덩이를 만들었다. 한편 수루르의 몸속에는 진이 살고 있었고, 수루르와 하산은 자연스럽게 대화를 나눌 수 있었다. 이는 하산만이 아는 비밀이었다. 여느 때처럼 하산이 마구간에 들어서자 수루르가 눈물을 흘리며 말했다.

"계모가 너를 죽이려고 해. 그러니 앞으로 내가 시키는 대로 하겠다고 약속해 줘."

하산은 수루르의 말에 귀를 기울였다.

"마구간에서 나갈 때 한쪽 발을 들고 껑충껑충 뛰어다니렴. 그런 다음 돗자리 끝자락에서 크게 도움닫기를 해서 함정을 피하도록 해."

하산은 수루르의 말을 그대로 따랐다. 그가 한쪽 발로 껑충거리며 뛰어다니자 왕비가 물었다.

"곡예사처럼 왜 그렇게 뛰어다니니?"

"지금 높이뛰기 연습을 하고 있어요. 체육 수업의 하나지요."

그렇게 둘러대면서 하산은 구멍을 판 지점에서 크게 도움닫기를 했다. 그는 자신을 구해 주신 알라께 감사드렸다.

노파가 알려 준 계략이 먹히지 않자 왕비는 답답한 마음에 다른 방법을 알아보려고 그녀를 다시 찾았다. 노파는 왕비 앞에서 이리저리 머리를 굴렸다.

"하산이 좋아하는 음식이 무엇입니까?"

"고기와 치즈를 섞어 만든 파타이르$^{아채나\ 고기를\ 넣어\ 구운\ 빵}$라네."

궁전 밖으로 나간 노파는 며칠 후 독약을 가지고 왕비를 찾아왔다.

"이 독약을 하산이 먹을 파타이르 안에 넣으세요. 왕비님의 자식들한테는 독이 들어 있지 않은 파타이르를 하나씩만 같은 접시에 담아 주세요. 단, 하산이 보기에 그 아이들의 접시도 자신의 것과 똑같아야 합니다. 그래야만 안심하고 먹을 테니까요. 왕비님의 자식들한테는 반드시 자기 앞에 놓인 것만 먹도록 꼭 일러두세요."

왕비는 노파가 권한 대로 식사를 준비했다. 그러고는 하산이 오기 전에 자신의 자식들에게 말했다.

"얘들아, 오늘 식탁에서는 하산의 맞은편에 앉도록 해라. 그리고 먹을 것을 권하더라도 하산의 접시에 담긴 음식은 그의 것이니까 절대로 먹지 마라."

하산은 학교에서 돌아오자마자 수루르에게 갔다. 수루르는 시름에 잠긴 채 하산을 바라보며 말했다.

"하산, 이번엔 계모가 독을 넣은 빵으로 너를 죽이려고 해."

순간 하산은 계모의 못된 짓을 아버지께 말씀드릴지, 그녀가 주는 음식을 먹지 말아야 할지 고민에 빠졌다. 그러자 수루르가 어떻게 해야 할지를 알려 주었다.

"아버지께는 그 일을 알리지 마. 네 말을 믿지 않으실 거야. 아버지는 계모를 사랑하시고 계모 역시 너를 친자식처럼 대한다고 믿고 계시니까. 그냥 그녀가 마련해 주는 자리에 앉아 있다가 계모가 잠시 자리를 비웠을 때 의붓동생들이 다른 곳을 보게 만든 다음 접시를 바꿔 버려. 동생들과 접시를 바꾸기 전에는 절대로 네 접시에 담긴 음식을 먹지 마."

"그러면 동생들이 죽잖아. 새어머니는 밉지만 동생들을 죽일 수는 없어."

"네가 의붓동생들을 죽이는 게 아니야. 계모가 자기 자식들을 죽이는 거지. 그 아이들이 죽지 않으면 네가 죽게 돼. 자기 자식들이 죽으면 계모의 태도도 달라질 거야."

하산은 수루르의 말을 따르기로 하고 궁전으로 갔다.

"어머니, 배고파요. 오늘 식사는 뭐예요?"

그가 식탁에 앉자 계모는 밝은 표정으로 말했다.

"오늘은 네가 가장 좋아하는 파타이르를 준비했단다."

그녀는 파타이르 두 접시를 식탁 위에 놓았다. 두 접시에는 정확하게 같은 양의 파타이르가 놓여 있었다. 이를 보고 하산이 물었다.

"어머니, 양이 너무 많아요. 왜 접시 하나는 제게, 다른 접시 하나는 세 동생들한테 따로 주셨지요?"

"동생들은 너보다 훨씬 어리지 않니. 얘들은 다른 음식들을 좋아하니까 이렇게 차린 거란다. 자, 이제 파타이르가 얼마나 맛있게 만들어졌는지 먹어 보렴."

● ─── 아랍 민담

먹기에 앞서 하산은 계모에게 레몬 주스를 청했다. 그녀가 주스를 가지러 가자 하산이 동생들에게 말했다.

"얘들아, 지붕에 햇빛이 어떻게 비치는지 한번 볼까?"

세 명의 동생이 일제히 지붕을 바라보고 있을 때 하산은 재빨리 접시를 바꾸었다. 계모가 주스를 가져왔을 때 하산은 이미 동생들 접시에 담긴 음식을 다 먹은 뒤였다. 식사를 마친 하산이 계모에게 말했다.

"파타이르가 너무 맛있어서 음료수가 나올 때까지 기다릴 수가 없었어요. 저는 밖에 나가서 말 타는 연습을 할게요."

하산이 마구간에 당도하자 왕비가 커다랗게 우는 소리가 들렸다. 하산은 그녀의 울부짖음을 들으면서 공포와 연민을 동시에 느꼈다. 그는 죽은 동생들에 대해 깊이 슬퍼하며 궁전에서 가능한 멀어지려고 승마장으로 갔다.

왕은 오랜 시간 통곡하는 왕비를 위로했다.

"너무 슬퍼하지 마시오. 이것도 알라의 뜻이잖소. 언젠가 알라께서 우리의 슬픔을 갚아 주실 거요. 우리한테는 하산이 남아 있잖소. 하산은 다 컸고, 당신을 친어머니처럼 믿고 따르니 세 아이들을 대신할 수 있을 것이오."

왕의 위로를 들은 왕비의 마음은 오히려 하산에 대한 증오심으로 활활 타올랐다. 마치 하산이 세 자식을 죽인 양 왕비는 그를 미워했다. 그녀는 자신이 꾸민 일이 자식들의 죽음을 불러왔다는 사실을 잊고 있었다. 왕비는 하산을 원망하며 더 크게 울부짖었다. 사악한 노파가 다시 왕비를 찾아왔다.

"왕비님, 말의 모습을 한 수루르 안에는 진이 들어 있답니다. 그 진이 하산한테 아이들을 죽이라고 시킨 겁니다."

그러고는 또 다른 계략을 꾸며 왕비를 부추겼다.

"수루르를 먼저 죽이지 않는 한 하산을 죽일 수 없습니다. 우선 병든 척하십시오. 그리고 얼굴에는 노란 사프란꽃 염료를 칠하고, 침대 덮개 아래에는 물들이지 않고 말린 양가죽을 두세요. 그 양가죽은 당신이 움직일 때마다 부스럭부스럭 소리를 낼 겁니다. 왕은 그 소리가 당신의 몸이 약해져 뼈에서 나는 소리라고 착각할 겁니다. 왕이 의사를 부르려고 하면 그들의 치료 따위 아무 도움이 되지 않는다고 말하세요. 그때 제가 무어 인^{아프리카 북서부에 사는 민족으로 인종·언어적으로 아람 요소가 강함} 옷을 입고 궁전 밖에서 소리를 지르겠습니다. 그 소리가 들리면 왕한테 저를 만나고 싶다고 말하세요."

왕비는 노파가 시키는 대로 했다. 왕은 유명한 의사를 불러도 왕비의 병이 낫지 않자 고민에 빠졌다.

어느 날 왕은 아내를 위로하던 중 밖에서 외치는 소리를 들었다.

"명의가 왔습니다. 낫지 못하는 병을 고치고 미친 자를 제정신으로 되돌리며 슬픔과 절망에 빠진 사람을 치료하는 의사입니다."

왕비는 이를 듣고 왕에게 말했다.

"무슨 병이든 고치는 의사가 왔대요. 지금 궁전 밖에 있는 저 사람을 데려오세요, 빨리요! 어쩌면 저 의사가 저를 치료해 줄지도 모르니까요."

왕은 무어 인 의사들을 돌팔이라고 얕보았지만 아내를 안심시키기 위해 그를 데려오도록 명령했다. 무어 인으로 꾸민 노파는 왕비의 맥을 짚어 보고 눈을 살펴보더니 병에 대해 잘 아는 것처럼 몇 가지 질문을 했다. 그리고 왕에게 진찰 결과를 말했다.

"지금 왕비님께는 흰 말의 심장이 필요합니다. 말의 뒷다리에는 반드시 두 개의 색깔을 가진 띠가 있어야 합니다. 그런 말을 구해 심장을 불에 구워 아침 식사 전에 드시면 깨끗하게 나을 것입니다."

의사가 떠나자 왕은 그 말을 믿을 수 없다며 무시하자고 했다. 그래도 왕비는 한사코 무어 인 의사의 말을 따르려고 했다. 하는 수 없이 왕은 전국 각지에 심부름꾼을 보냈지만 뒷다리에 색 띠가 있는 흰 말을 찾지 못했다.

한참 후 왕은 무어 인이 일러 준 것과 똑같은 말을 찾았다. 바로 수루르였다. 하산이 수루르에게 쏟는 정성은 알고 있었지만, 그에게 아무리 소중한 존재라고 해도 왕비의 목숨에 비할 것은 못 되었다. 놀란 하산이 마구간에 들렀을 때 수루르는 몹시 슬프게 울고 있었다.

"이번엔 내 차례야. 왕비가 내 정체를 알아 버렸어. 내가 죽는 건 상관없지만, 내가 없으면 이제 누가 너를 돕겠니?"

하산은 수루르를 잃는 것보다는 도망치는 것이 낫겠다고 생각했다. 이를 모르는 왕은 하산을 설득했다. 그는 수루르의 몸값으로 훌륭한 말 50필을 선물하겠다고 약속했다. 하산은 오히려 아버지를 비난하는 투로 말했다.

"아버님, 새어머님의 목숨을 위해 어찌 그깟 말 한 마리 드리지 못하겠습니까? 다만 한 가지 청이 있습니다. 신하들과 장군들이 보는 앞에서 마지막으로 말을 탈 수 있도록 기회를 주십시오. 수루르를 타고 승마장을 세 바퀴 돈 뒤 아버님께 말을 드리겠습니다."

"과연 너는 어질고 책임감 강한 내 아들이로다."

왕은 하산을 기특하게 여겼다. 왕이 명하여 하산이 마지막으로 자신의 애마를 타는 행사가 열렸다. 말에 올라탄 하산은 승마장을 돌기 시작했다. 한 바퀴씩 돌 때마다 속도가 붙었다. 그러다가 많은 사람들이 지켜보는 가운데 말은 돌연히 땅을 박차더니 공중으로 날

아올랐다. 말은 하산의 옷과 눈에 보이지 않는 마술 주머니에 든 두 자루의 금덩이를 싣고 높이 치솟았다. 몇 시간 동안 날아다닌 그들은 어느 도시 근처에 다다랐다.

하산은 아버지와 계모로부터 멀리 떨어진 것에 마음을 놓으며 말에서 내렸다. 도시로 들어가려던 하산은 양치기를 발견하고 그를 불렀다.

"미안하지만 당신 옷을 나한테 벗어 줄 수 없겠소? 대신 내 옷을 당신한테 주리다. 또 금화 한 닢을 줄 테니 양 한 마리만 나한테 파시오."

청년은 하산의 제안을 흔쾌히 받아들였다. 하산은 그에게 양 한 마리를 잡아서 내장을 모두 꺼내 버리게 한 뒤, 흰색 양가죽을 집어 들고는 양치기에게 말했다.

"이 가죽을 잘 씻은 다음 겨를 조금 가져다주시오. 당신이 겨를 가져오는 동안 내가 양떼를 맡고 있겠소."

양치기는 잠깐 망설이다가 하산이 시키는 대로 했다. 양치기가 겨를 가져오자 하산은 흰 가죽 위에 겨를 문질렀다. 그리고 가죽 조각이 깨끗해지자 그 안에 겨를 채워 넣은 다음 자신의 머리 위에 얹었다. 하산은 그 위에 양치기의 모자를 써서 가죽 덮개가 보이지 않도록 했다. 그런 다음 수루르에게 돌아갔다.

"수루르, 이제 우리 둘은 어떻게 만나지?"

말은 자기 꼬리에서 털을 일곱 개 뽑아 잘 간직하라고 일렀다.

"내 도움이 필요할 때마다 털 한 개씩을 불에 태워. 그러면 네가 어느 곳에 있든 나타날게."

하산과 수루르는 작별 인사를 나눈 뒤 헤어졌다. 하산은 양치기의 남루한 옷차림과 초라한 모자로 신분을 감춘 채 도시 안으로 들어가 궁전 근처를 헤매고 다녔다. 그러다가 과일 나무가 무성하고 예쁜 꽃들이 가득한 넓은 정원과 그 정원 끝에 있는 작은 집을 발견했다. 그곳에는 정원사가 살고 있었다. 그는 정원사의 동정을 얻기 위해 말을 걸었다.

"부모 없는 불쌍한 아이입니다. 제발 저를 받아 주십시오. 먹을 것만 주시면 무슨 일이든 할 수 있습니다."

처음에 정원사는 하산의 청을 거절했으나 끈질기게 매달리는 통에 동전과 치즈 한 조각을 넣은 빵을 주었다.

하산은 골목 어귀에서 하룻밤을 보낸 다음 다시 정원사를 찾아가 부탁했다. 정원사는 계속되는 애원에 마음이 약해져 하산에게 일자리를 주었다. 그리고 그 대가로 음식과 옷도 주겠다고 약속했다.

하산은 이따금 머리를 긁적였다. 그때마다 머리에 숨겨 둔 가죽 속에서 겨가 뚝뚝 떨어졌다.

"자네 머리에서 떨어지고 있는 게 뭔가?"

"이입니다……. 알라의 은총 덕에 몸은 건강합니다만 제 머리엔 이가 너무 많아요. 그래서 머리가 가려워 자꾸 긁게 됩니다."

정원사는 하산의 그런 모습이 마음에 들지 않았지만 참고 지내며 장미 덩굴 치는 요령과 잡초 없애는 방법 등을 가르쳤다. 하산은 열심히 배워 자신을 가르친 정원사의 실력에 버금가는 기술을 익혔다. 정원사는 드디어 정원을 가꾸는 하산의 실력을 인정하고 그의 정직함을 믿게 되었다. 하산은 이곳에서 살레흐라는 가짜 이름을 쓰고 있었다.

"살레흐, 오늘이 금요일이지? 나는 오늘 부모님을 뵙고 모스크에 가서 예배를 드리고 오겠네. 저녁 때까지는 돌아올 수 있을 거야."

"예, 잘 다녀오십시오."

살레흐는 정원사를 보낸 다음 수루르의 털 한 가닥을 태웠다. 그러자 놀랍게도 수루르가 나타났다. 살레흐는 모자와 옷을 벗고 연못에서 몸을 씻은 다음 빗으로 머리를 빗고 승마복으로 갈아입었다. 이어서 그는 칼을 빼 들고 수루르와 함께 정원을 마구 달렸다. 그러고는 눈에 보이는 대로 나뭇가지를 부러뜨리고 꽃밭을 망쳐 놓았다.

한편 궁전에는 싯트 알바나트라는 이름의 공주가 살고 있었다. 공주는 오래전부터 살레흐를 지켜보면서 그에게 동정심과 연민의 정을 느끼고 있었다. 그런데 살레흐가 평소와 다른 모습으로 말을 타는 것을 보자 공주의 마음은 더 설레었다. 그날 살레흐는 이전의 구질구질한 모습이 아니었다. 그는 햇빛을 받아 눈부시게 번쩍거리는 금단추가 달린 근사한 옷을 입고 있었다. 백마를 탄 잘생긴 그를 공주는 넋을 잃고 바라보았다. 그가 말을 타고 달려가면서 나뭇가지를 잘라 내는 광경은 마치 전쟁터에서 적의 목을 베는 용맹한 기사의 늠름한 모습 같았다. 공주는 살레흐한테 마음을 빼앗긴 나머지 비천한 그가 어떻게 저토록 뛰어나고 멋있는 기사로 바뀔 수 있었는지에 대한 궁금증을 잊어버릴 정도였다.

살레흐는 정원을 완전히 망쳐 버린 다음 말을 돌려보냈다. 그리고 다시 원래 옷으로 갈아입고 초라한 소년의 모습으로 돌아왔다. 그는 가시가 있는 장미로 손과 발을 긁어 댔고, 가시에 찔린 아픔을 견디지 못하는 것처럼 울타리 아래에 드러누워 큰 소리로 울었다.

집으로 돌아와 엉망이 된 정원을 보고 화가 난 정원사는 살레흐를 매질했다. 그러자 그는 정원사의 자비를 구하면서 거짓말을 했다.

"불량배들이 들어와 이렇게 정원을 짓밟고 저를 때렸어요, 어르신."

이 광경을 지켜보던 공주가 창문에서 소리쳤다.

"소년을 내버려둬요. 그의 말이 맞아요. 아까 내가 불량배들을 봤는걸요. 순식간에 일어난 일이라 경비병들을 부를 새도 없었어요. 그러니 그 아이의 상처나 치료해 줘요."

정원사는 공주의 말을 믿고 상처를 치료한 다음 살레호에게 음식을 주었다. 다음 날 정원사와 살레호는 엉망이 된 정원을 돌보았다.

그 후로도 세 번이나 살레호는 같은 일을 벌였다. 그때마다 공주는 살레호를 깊이 사랑한 나머지 정원사에게 이런저런 핑계를 대어 살레호의 편을 들어주었다. 살레호도 공주의 마음을 알고 그녀를 사랑하게 되었다.

공주는 왕족과 대신의 아들들한테서 계속해서 청혼을 받았으나 이를 번번이 거절했다. 왕은 딸의 마음을 알 수가 없었다. 공주는 배우자를 고르는 일만은 자신의 뜻에 맡겨 달라고 왕에게 말했다. 또한 자신이 선택한 배우자가 누구든 아버지가 반대하지 않겠다는 맹세까지 해 달라고 졸랐다. 왕은 심기가 불편했지만 딸의 의견에 따르기로 했다.

놀랍게도 딸은 정원사 밑에서 일하는 살레호를 선택했고, 왕은 크게 노했다. 화가 난 왕은 일주일 동안 딸을 보지도 않으려 했다. 하지만 공주의 뜻이 워낙 강해서 결국 왕은 손을 들고 말았다. 그 대신 공주와 인연을 끊겠다는 뜻을 밝혔다. 그러고는 살레호에게 말했다.

"공주를 먼 곳으로 데려가거라. 그 아이는 이제 내 딸이 아니다. 그러니 네 마음대로 해도 좋다."

살레호는 궁전에서 공주를 데리고 나왔다. 사막 한가운데 도착한 그는 말털 한 가닥을 태웠다. 즉시 수루르가 나타났다.

"수루르, 왕의 궁전에 버금가는 궁을 만들어 줘."

수루르는 급히 동료 진들을 불러 몇 시간 만에 왕의 궁전보다 더 화려한 궁전을 만들어 주었다. 공주는 그곳에서 남편과 함께 살게 되었다. 그녀는 남편의 원래 이름이 하산이고 왕자임을 알고 기뻐했다. 더구나 어떤 청혼자들보다도 성품이 훌륭하다는 사실에 흐뭇해했다. 이제 공주는 아버지의 마음을 풀어 줄 방도를 궁리하기 시작했다.

한편 공주가 떠난 뒤 왕은 슬픔과 절망감에 빠져 지냈다. 하루는 신하 한 사람이 제안을 했다.

"전하, 사냥을 가시는 게 어떠신지요. 잠시나마 기분을 달래 줄 것입니다."

"나는 사냥을 하기엔 너무 늙었소."

"그러면 변장을 하시고 인근 지역을 돌아보시는 것은 어떻습니까? 그러다 보면 마음을 달랠 만한 것이 있을지도 모릅니다."

그 말에 왕은 솔깃해져서 마음속으로 생각했다.

'그렇게라도 해 볼까? 어쩌면 나보다 더 심한 고민거리를 안고 있는 사람을 만날지도 모르니 말이야.'

왕과 신하는 일반 백성의 옷으로 갈아입고 거리와 골목을 돌아다니기 시작했다. 그러나 왕은 그다지 즐거운 것을 발견하지 못했다. 그러다 두 사람이 도시 외곽에 이르렀을 때 새로 지은 으리으리한 궁전 한 채가 눈에 띄었다. 왕은 나그네 복장으로 이 궁전을 방문하려고 마음먹었다. 가까이 다가갈수록 두 사람은 궁전의 크기와 화려함에 입을 다물지 못했다.

마침 그때 공주는 하산과 함께 난간에 앉아 바깥 풍경을 구경하고 있었다. 그러다 궁전을 바라보고 있는 왕을 보고 깜짝 놀랐다.

"여보, 어서 가서 아버지를 모셔 오세요. 아버지께서 신하와 함께 이리 오고 계세요. 가서 인사를 드리고 이곳으로 모시고 오세요.

우리가 사는 모습을 보면 당신을 사위로 인정하실 거예요. 아버지가 너무 보고 싶어요."

하산은 아내의 말에 따라 왕에게 다가갔지만 그는 사위를 알아보지 못했다. 하산이 정중하게 물었다.

"어르신, 저희 집을 구경하시지 않겠습니까?"

왕은 뜻밖의 초대에 놀라 되물었다.

"여보게, 젊은이. 왜 나를 초대하는가?"

"제 아내의 부탁이오니 거절하지 마십시오."

하산은 왕을 모시고 궁전으로 들어갔다. 왕은 내심 설레었다. 예의 바르고 잘생긴 청년의 초대를 받아 거대한 궁전을 구경할 수 있었기 때문이다. 궁전 안에서 딸을 본 왕은 깜짝 놀랐다.

"아버지, 이 사람이 제 남편 살레흐예요. 진짜 이름은 하산이고요. 하산 이븐 하만 왕의 아들이지요. 아버지도 하만 왕을 아시지요?"

왕의 얼굴에 눈물이 흘러내렸다. 왕은 그제야 알라의 뜻을 깨달았다. 하산이 그동안 겪었던 어려움을 전해 들은 왕은 그를 사위로 인정했고, 그들은 감격하며 서로를 껴안았다.

이 소식이 전국에 퍼지자 왕은 대신들을 불러 모아 말했다.

"내가 늙어 더 이상 왕위에 있지 못하면 사위가 내 뒤를 이을 것이오."

하산이 다음 왕으로 정해졌음을 축하하는 행사가 40일 동안 전국 각지에서 열렸다. 감격에 젖은 하산이 아내에게 말했다.

"나의 아버지가 잃으셨던 아들을 장인께서 얻으셨소. 이는 알라의 깊은 뜻일 거요."

그들은 왕과 왕비로 오랫동안 행복하게 살았다.

죽음의 문턱에서 살아난 룸마나 공주

먼 옛날 광대한 영토를 가진 나라에 공정하고 인정 많은 왕이 있었다. 백성은 정의롭고 다정하며 너그러운 왕을 존경하고 사랑했다. 왕은 신하와 관리들에게 가난한 백성을 도와주라는 분부를 내렸다. 왕비 역시 덕망 있고 자비로움을 두루 갖춘 사람이었다. 왕위에 있는 동안 왕과 왕비의 명성은 이웃 나라까지 퍼졌다.

왕에게는 사람들이 부러워할 만한 부와 명예가 있었지만 단 한 가지 근심이 있었다. 그는 국정을 살피고 궁전에 돌아올 때면 자기를 맞이할 자식이 없다는 사실이 늘 안타까웠다.

하루는 왕비가 난간에 앉아 거리를 내려다보고 있었다. 그러다 우연히 석류가 든 바구니를 메고 가는 범상치 않은 노인을 발견했다. 왕비는 시녀를 시켜 노인을 불러오라고 했다. 시녀가 밖으로 나가 노인에게 말했다.

"어르신, 왕비님께서 석류를 사시겠다고 궁으로 들라시는데요."

노인이 들어오자 왕비는 존경의 뜻으로 자리에서 일어나 그를 맞이했다.

"바구니에 든 석류를 좀 사고 싶습니다."

왕비의 말에 노인이 대답했다.

"왕비님, 이 석류는 팔기 위해 가지고 다니는 것이 아닙니다. 저는 아이를 낳지 못하는 여성들한테 이것을 하나씩 주고 있습니다. 왕비님께도 석류 한 개를 드리겠으니 반드시 전하와 함께 드십시오. 드시고 나면 알라께서 아들이나 딸을 점지해 주실 것입니다."

이 말을 듣고 왕비의 얼굴이 환해졌다. 그녀는 손가락에서 반지를 빼서 노인에게 고마움을 표하려고 했다. 그러나 노인은 왕비의 선물을 사양하면서 받지 않았다.

"이 석류에는 신성한 묘약이 들어 있습니다. 저는 그것을 알라의 이름으로 드릴 뿐입니다."

왕과 왕비는 받은 석류를 나눠 먹었다. 노인의 말대로 왕비는 임신을 했고 백성들도 함께 기뻐했다. 왕비가 낳은 아이는 장미꽃처럼 화사하고 사랑스러운 딸이었다. 왕은 자신의 뒤를 이을 아들을 바랐지만 그래도 정말로 기뻐했다.

왕비는 딸의 이름을 룸마나(석류)로 지었다. 룸마나는 부모의 바람대로 예쁘게 자랐다. 자신의 신분이 높다고 오만하게 굴지도 않았으며 요리와 정원 가꾸는 일, 뜨개질과 바느질, 코란을 배우는 일에도 열심이었다. 룸마나의 학습 능력은 또래 아이들보다 높았고, 다른 사람에게 칭찬을 받고 겸손할 줄도 알았다.

하지만 열세 살이 되던 해 룸마나는 자신의 생활에 조금의 회의를 느꼈다. 그녀는 자신이 궁전에서 안락한 생활을 누리고 있지만 실제로는 감옥에 갇힌 죄수와 같다고 생각했다. 친구들을 만날 수는 있었지만 단지 궁전 마당에서, 더구나 어머니와 시녀들이 지켜보는 가운데서만 만날 수 있었다. 룸마나는 엄격히 정해진 궁전 생활에 싫증이 났던 것이다. 그녀는 들판에 핀 꽃을 보고 싶고 확 트인 공간에서 맑은 공기를 마시고 싶었다. 그녀가 느끼기에 화려한 장식과 사람이 만든 정원으로 둘러싸인 궁전은 초라한 오두막보다 못한 곳이었다. 그녀는 자신의 바람을 아버지에게 털어놓았다.

"아버지, 저는 궁전 안에만 있기가 갑갑하답니다. 우리 속에 갇힌 동물 같은 기분이에요."

"미안하구나. 너의 안전을 위해 그런 것이니 너무 원망하지 마라. 그 대신 봄 소풍을 마음껏 즐기게 해 주마."

왕은 궁전의 모든 신하에게 한 달 동안 궁에서 멀리 떨어진 산으로 가겠다고 말했다. 왕은 룸마나의 소망을 들어주면서도 그녀를 안전하게 지킬 수 있을 거라고 생각했다. 우거진 수풀 속에 크고 작은 천막들이 세워지고, 궁전의 신하들은 가지각색의 꽃이 핀 산으로 자리를 옮겼다.

처음 며칠 동안 룸마나는 자연에서 생활하는 게 좋았지만 계속되는 감시에 기분이 나빠졌다. 그녀가 가는 곳마다 왕비의 신임을 받는 시녀 하나가 붙어 다녔다. 라흐마라는 이름의 이 시녀는 룸마나를 극진히 보살펴 주는 착한 여자였다.

룸마나가 어머니에게 하소연하듯 말했다.

"어머니, 라흐마와 함께 야영지 밖에 나갔다 올게요. 가서 제 손으로 꽃을 꺾어 오고 싶어요. 이곳의 풀과 꽃들은 궁전에서 함께 온 사람들의 발에 짓밟혔어요. 이곳은 열린 감옥에 불과해요. 저는 지키는 사람이 있으면 죄수가 된 느낌이에요. 라흐마와 함께 야영지 가까이에 있을게요. 어머니도 잘 아시잖아요, 라흐마가 저를 얼마나 잘 지켜 주는지 말이에요. 저는 자유를 마음껏 즐기고 싶어요.

사람들로 북적이는 이곳에서 벗어나 넓은 풀밭 위를 뛰어다니고 날아다니는 새들의 노랫소리를 듣고 싶어요."

왕비는 딸의 기분을 이해하고 왕과 이 문제를 상의했다. 두 사람은 신중하게 의논한 끝에 나가도 좋다는 결정을 내렸다. 그런 뒤 왕비는 라흐마에게 말했다.

"라흐마, 불안해서 그러니 내 말을 잘 듣고 따라 주렴. 공주가 아직 어리니 그애한테서 절대로 눈을 떼어서는 안 돼. 그리고 야생 동물이 위협할 때는 반드시 호신용 뿔피리를 불어야 해."

그리하여 룸마나는 궁전 사람들이 없는 곳으로 나올 수 있었다. 온갖 새들의 노랫소리를 듣고 못 보던 꽃들을 꺾자 비로소 그녀는 자연과 하나가 된 것 같았다. 라흐마는 나이가 많아 여기저기 뛰어다니는 룸마나를 쫓아다니기가 힘들었다. 결국 바닥에 주저앉은 라흐마에게 룸마나가 말했다.

"라흐마, 피곤하면 좀 쉬는 게 어때? 내 걱정은 하지 말고. 나는 저 바위 뒤로 가서 어머니께 드릴 꽃을 꺾어야겠어. 내가 올 때까지 여기 있어."

"공주님, 너무 멀리 가지는 마세요. 그리고 다 꺾으시거든 이리로 꼭 오세요!"

"걱정 마."

룸마나는 그녀를 안심시키며 바위 뒤로 갔다. 양귀비꽃과 어우러진 데이지를 본 순간 그녀는 꽃의 향기에 취했다. 초록 양탄자 위에 희고 붉은 꽃이 수놓아진 듯한 화려한 모습이었다. 그녀는 여러 가지 꽃을 한 움큼씩 꺾었다. 그리고 자신도 모르게 노래를 흥얼거렸고, 그녀의 노래에 화답이라도 하듯 새들이 지저귀었다. 룸마나의 노래와 새들의 지저귐은 멋진 조화를 이루었지만 라흐마에게는 자장가로 들렸다.

　룸마나는 라흐마가 잠든 사이 더 많은 자유를 누리기 위해 여기저기 돌아다녔다. 해가 지자 룸마나는 너무 멀리 와 버렸다는 것을 깨닫고 라흐마를 불러 보았지만 대답이 들리지 않았다. 그녀는 길을 잃고 두려움에 사로잡혔다. 한편 잠에서 깨어난 라흐마는 룸마나가 보이지 않자 뿔피리를 불어 경비병들을 불렀다.

　그들은 흩어져서 공주를 찾아보았으나 별 성과를 거두지 못했다. 수색 작업은 한 달간 계속되었지만 룸마나는 공기 중으로 사라져 버린 것처럼 도무지 찾을 수가 없었다. 왕과 왕비가 받은 괴로움은 이루 말할 수 없을 정도였다. 왕은 라흐마를 꾸짖기보다 오히려 자신을 탓했다. 스스로 죄책감을 느끼고 고통스러워하던 시녀 라흐마는 룸마나를 다시 볼 수 있기를 애타게 기도하다가 병들어 죽고 말았다. 왕비 또한 딸이 너무 보고 싶어 병이 나고 말았다.

● ● ●

　한편 숲에서 길을 잃은 룸마나는 밤이 될 때까지 정처 없이 돌아다녔다. 그러다가 커다란 나무 줄기를 타고 올라가 가지들 사이에 자리를 잡고 앉았다. 다음 날 아침 그녀가 나무에서 내려와 걷다 보니 외딴 집이 보였다. 문을 두드렸지만 아무도 나오지 않자 그녀는 열린 문을 통해 안으로 들어갔다. 빈 집 안에는 사람이 살고 있는지 침대 세 개와 접시, 컵 등이 있었다. 부엌으로 가 보니 사슴 세 마리가 쇠고리에 걸려 있었다. 룸마나는 쇠고리에 걸린 사슴을 보고 사냥꾼이 사는 집이라는 것을 짐작했다.

　룸마나는 주린 배를 채우려고 식탁에 있는 음식을 다 먹어 치웠다. 그리고 배가 부르고 피곤이 밀려오자 잠을 잤다. 잠에서 깨어 몸을 씻고 정신을 추스린 그녀는 신세를 졌으니 보답을 해야겠다고 생각했다. 룸마나는 침실을 청소하고 부엌을 정리한 다음 자신이 먹어 치운 음식 대신 사슴을 요리했다. 그녀는 우선 뼈마디를 쳐서 살만 도려낸 다음 부드러운 살코기를 불에 구웠다. 고기가 맛있게 익자 그녀는 음식을 식탁에 차렸다. 그리고 찬장에 있는 숟가락 세 개와 유리 그릇 세 개를 식탁으로 옮겼다. 해가 질 무렵 발소리가 나더니 스르르 문이 열렸다. 룸마나는 다락방에 올라가 안쪽에서 빗장을 걸어 잠갔다. 다락방에는 이부자리를 미리 가져다 놓았다. 그녀는 자신이 마련한 은신처에서 편안함을 느꼈다.

집으로 돌아온 사람들은 그녀가 짐작한 대로 사냥으로 먹고사는 삼형제였다. 그들은 사냥을 삶의 유일한 낙으로 여기며 초원에서 자유롭게 살고 있었다. 삼형제는 모두 혼인하지 않았고 부모님을 일찍 여의었다. 그들은 아침 일찍 일어나 식사를 하고 도시락을 싸 가지고 나갔다가 저녁이 되면 잡은 고기를 구워 먹었다. 그리고 남은 고기가 있으면 부엌에 남겨 두기도 했다. 그들은 몸이 더러워지면 씻기는 했지만 바닥을 쓸거나 옷을 빠는 일에는 도통 관심이 없었다. 옷이 더러워지면 버리고 새 옷으로 갈아입기만 할 뿐이었다.

삼형제는 보통 때와 달라진 집 안의 모습을 보고 놀라지 않을 수 없었다. 깨끗한 부엌과 말끔하게 정돈된 방, 게다가 식탁에 마련된 저녁 식사에 그들은 입을 다물지 못했다. 그들은 집 안 곳곳을 살펴보며 큰 소리로 말했다.

"누가 우리에게 선행을 베푸셨소? 사람이든 진이든 모습을 드러내시오. 우리는 절대 당신을 해치지 않겠소."

하지만 룸마나는 두려움 때문에 다락방에서 몸을 웅크릴 뿐이었다.

다음 날도 삼형제는 평소처럼 일찍 집을 나섰다. 그들이 돌아왔을 때는 어제처럼 집이 말끔해진 상태였다. 빨래는 물론이고 식사 준비도 다 되어 있었다. 그들은 또다시 집 안을 뒤져서 이렇게 좋은 일을 한 사람을 찾았지만 룸마나는 나오지 않았다. 맏형이 내일은 집에 남아 누군지 찾아내야겠다고 했다. 다음 날 오전 늦게 룸마나가 다락방에서 나왔지만 맏형은 기다리다가 지쳐 잠이 들어 있었다. 그녀는 살금살금 침실을 정리하고 저녁을 지은 뒤 식사를 마쳤다. 그리고 어김없이 다락방으로 숨었다.

얼마 후 형제들이 요란한 소리를 내며 집으로 들어서자 맏형은 그제야 잠에서 깨어났다. 동생들은 또다시 깨끗한 집을 보고 누가 했는지 알아내지 못한 맏형을 탓했다. 그러고는 모두가 집 안을 뒤지며 고함을 쳤다.

"당신이 어디에 숨어 있든지 상관하지 않겠소. 하지만 누군지 알려 주시오. 당신이 어른이라면 어버이로 모시겠소. 당신이 남자아이라면 형제로, 소녀라면 누이로 맞이하겠소. 알라와 사도님의 이름을 걸고 맹세합니다. 당신을 해치지 않을 테니 제발 모습을 드러내시오."

룸마나는 여전히 두려움에 떨었다. 다음 날에는 둘째가 남았지만 그 역시 깜빡 잠이 들었다. 룸마나는 그가 깨지 않도록 조심해서 일을 했다. 사흘째 되는 날 셋째는 찬물을 수건에 적셔 가며 잠을 쫓았다. 셋째는 반쯤 눈을 감고 있다가 여자 아이가 집 안을 돌아다니는 것을 보았다. 그는 부엌으로 슬며시 들어갔다. 룸마나는 문 앞에 서 있는 그를 보자 몸이 굳었다.

"아가씨, 겁내지 마세요. 좋은 일을 하고 왜 숨는 거죠? 우리는 당신에게 감사하고 있답니다. 당신이 누구인지 말해 주세요."

"저는 부모님께 돌아가던 중 길을 잃었어요. 갈 곳이 없어서 여기에 왔을 뿐이에요."

그러나 룸마나는 자신이 공주라는 사실은 말하지 않았다. 두 형이 돌아와 그녀를 보고 몹시 기뻐했다.

"우리 중 누가 그녀와 혼인할까?"

맏형이 이렇게 말하자 막내가 대답했다.

"저 아이는 혼인하기에 아직 어립니다. 더구나 그녀를 두고 우리 셋이서 다툴지도 모르죠. 그러니 우리가 오빠가 되어 주면 어떨까요? 그러다가 가족을 찾으면 그때 보내는 것이 좋겠어요."

그들은 막내의 의견에 동의했고 룸마나도 오빠가 셋이나 생긴 것에 만족했다. 다음 날 오빠들은 도시에 나가 룸마나에게 필요한 것들을 사다 주었다. 그녀는 오빠들과 3년을 지냈다. 그들은 낮에 열심히 일하고 저녁에는 일찍 돌아와 누이동생의 말동무가 되었다. 그리고 동생을 위해 예쁜 집 한 채를 짓고 집 뒤편에 담이 높은 정원을 만든 다음 바느질을 위한 수예 용품과 책 등을 선물했다. 그녀에게 오빠들은 형제 이상이었다. 그런 그들에게 룸마나는 어머니의 빈자리를 채워 주었다.

그들이 짐승을 잡아 오면 그녀는 정성껏 음식을 만들고 그들의 옷을 지어 주었다. 룸마나는 남에게 도움이 되는 삶에 만족했다. 부모님과 시녀들이 그립기는 했지만 오빠들이 잘해 줄 때마다 가족에 대한 그리움은 사그라졌다. 그녀는 한 번도 외롭다거나 갇혀 있다는 느낌을 받지 않았다.

하루는 룸마나가 요리할 준비를 하고 있는데 불쏘시개가 안 보였다. 생활에 필요한 물건들을 다음 날 구입하기로 했기 때문에 당장 어떻게 해야 할지 막막했다. 룸마나는 불쏘시개를 빌려 줄 만한 사람을 찾아다녔지만 아무도 만나지 못했다. 결국 그녀는 불쏘시개를 찾아 동굴까지 왔다. 동굴 안에는 무섭게 생긴 굴이 황소를 구워 먹고 있었다. 룸마나는 굴을 보자 섬뜩한 인상을 받았지만 먼저 인사를 했고 굴도 이에 답했다.

"네가 먼저 인사를 했으니 차마 너를 잡아먹을 수는 없구나. 내게 무엇을 원하느냐?"

"불쏘시개를 얻을 수 있을까요?"

"그럼, 얻을 수 있고말고. 먼저 네 손수건을 이리 줘 봐라. 이 삶은 밀을 거기에 가득 채워 줄 테니."

룸마나는 당황했지만 그 말에 따랐다. 굴은 손수건에 밀을 담으면서 한가운데 작은 구멍을 뚫었다. 구멍으로 떨어진 밀 알갱이들로 그녀의 집까지 이어지는 표시를 만들려는 속셈이었다. 룸마나는 굴한테서 불 붙은 나무를 받아 집으로 돌아왔다. 하지만 낮에 일어난 일을 오빠들에게 말하지 않았다.

다음 날 아침 그녀는 오빠들이 나갈 때 불쏘시개를 사다 달라고 했다. 오빠들이 나간 다음 굴은 땅에 떨어진 밀 알갱이들을 보고 룸마나의 집으로 찾아와 잠겨 있는 문을 두드렸다. 이른 아침 문 두드리는 소리에 깜짝 놀란 룸마나는 떨리는 목소리로 물었다.

"누구세요?"

"얘야, 어제 보았던 굴 아저씨란다. 문을 열어 줄 수 있겠니?"

"오빠들이 나가면서 문을 잠가서 열어 드릴 수가 없어요."

"그러면 할 수 없지. 네 손가락을 열쇠 구멍으로 들이밀어라. 피를 빨게 말이다. 시키는 대로 하지 않으면 문을 부수고 들어가 버릴 테다."

굴의 위협에 겁을 먹은 룸마나는 순순히 시키는 대로 했다. 굴은 그녀의 피를 배불리 마신 다음 떠났다. 그녀는 멍한 상태로 집안일을 했다. 그리고 오빠들이 없는 낮 시간에 집을 떠났던 것 때문에 혼날까 봐 아무에게도 그 사실을 말하지 않았다.

굴은 날마다 찾아왔다. 시간이 갈수록 룸마나는 비쩍 말라서 안쓰러울 정도였다. 창백하고 야윈 누이동생을 본 막내오빠가 무슨 일이 생겼음을 알아차리고 이유를 물었다. 그녀는 울면서 지금까지의 일을 모두 말했다.

"오빠들이 가고 나면 굴이 찾아와서 내 피를 빨아먹어요."

"그런데 왜 우리한테 숨기고 있었니?"

"오빠들이 걱정되었어요."

"우리는 용감한 남자들이야! 우리가 그 못된 놈을 없애 버릴게. 내일은 우리가 집에 남아 있으마. 그러니 놈이 오면 문을 활짝 열어 줘! 그깟 괴물 따윈 두렵지 않으니까."

오빠들은 몸이 약해진 룸마나를 위해 고깃국을 끓여 먹였다. 다음 날 아침에도 굴이 찾아와 문을 두드렸다.

"애야, 손가락을 내밀어 다오."

그러자 룸마나가 소리쳤다.

"넌 벌써 내 피의 절반을 빼앗아 갔잖아! 아예 안으로 들어와서 나를 잡아먹지그래? 네놈 때문에 살기도 귀찮아졌어. 자, 문을 부수고 들어와 봐!"

그녀가 문을 활짝 열자 굴이 데굴데굴 구르며 집으로 들어왔다. 오빠들은 칼을 들고 있다가 각자 굴을 내리쳤다. 오빠들 모두 목을 내리치는 데 성공했다. 그러자 굴이 말했다.

"다시 한 번 쳐 봐. 다시 내 목을 치라니까."

막내오빠가 소리쳤다.

"안 돼, 안 되고말고. 어머니께서 굴을 죽일 때는 단 한 번만 내리쳐야 한다고 말씀하셨어. 만일 여러 번 치면 다시 살아난다고 말이야."

입에서 이빨들이 튕겨져 나오자 굴이 쿵 소리를 내며 쓰러졌다. 오빠들은 굴을 밖으로 끌고 나가서 짓밟았다. 그러나 운명의 장난인지 룸마나의 신발에 굴의 날카로운 이빨 하나가 박히고 말았다. 그녀는 신발을 신다가 그 이빨에 발을 찔려 고통으로 소리를 지르다가 결국 숨을 거두었다.

오빠들은 룸마나의 죽음 앞에서 미친 듯이 괴로워했다. 그들은 시신을 방으로 옮기고, 향기로운 술과 물을 뿌려 주었다. 그리고 동생을 지키지 못한 괴로움에 울부짖으면서 자신들의 얼굴을 때렸다. 그러나 목숨은 알라께서 정하신 것이니 체념하는 것 외에는 방법이 없었다.

큰오빠가 말했다.

"동생의 명복을 빌고 가능한 한 빨리 묻어 주자. 내일 땅에 묻는 것이 좋겠다."

둘째 오빠가 말했다.

"그러면 도시에서 여자 두 사람을 데려와 몸을 씻기고 수의를 입히지요."

그러자 막내오빠가 소리쳤다.

"안 돼요. 절대로 안 돼요. 나는 동생을 묻지 않을 겁니다. 동생을 개미 먹이로 줄 순 없어요!"

곧바로 막내오빠는 도시로 말을 몰았다. 몇 시간 후 그는 낙타와 함께 유리뚜껑이 덮인 아름다운 장식의 백향단 나무 관을 갖고 돌아왔다. 막내오빠는 룸마나에게 하얀 수의를 입히고 손가락에는 반지를 끼웠다. 목에는 목걸이를 걸어 주었으며 머리에는 아름다운 색깔의 비단 스카프를 씌워 주었다. 동생 주위를 재스민과 흰 카네이션으로 에워싸는 것도 잊지 않았다. 마지막으로 그는 낙타 등 위에 관을 놓고 하얀 비단으로 만든 줄을 이용해 단단히 묶었다. 그리고 울면서 말했다.

"언젠가는 다시 만나겠지, 축복 받은 영혼 룸마나. 이제 우리 대신 알라께서 너를 지켜 주실 거야, 잘 가!"

막내오빠는 우는 형들을 보며 말했다.

"누군가가 룸마나를 발견하고 묻어 줄 거예요. 우리 손으로는 도저히 룸마나를 묻을 수 없어요."

관을 실은 낙타가 도시를 향해 가자 오빠들은 몹시 슬픈 나머지 울부짖었다. 그들은 집으로 돌아왔지만 이미 삶의 기쁨은 사라졌고 마음은 어둡기만 했다. 이제 사냥도 하기 싫어진 그들은 집을 떠나 정처 없이 이곳저곳을 떠돌아다니기 시작했다.

한편 관을 실은 낙타는 도시의 거리를 거닐었다. 구경꾼들은 화려한 장식의 낙타를 보고 놀라움을 금치 못했다. 어느덧 낙타는 궁전에 이르렀다. 낙타는 궁전으로 들어가 정원의 풀과 꽃으로 허기를 채웠다. 경비병들이 낙타를 몰아내려 하자 난간에서 낙타를 바라보다가 룸마나의 얼굴을 본 왕자가 그들을 나무랐다. 왕자는 경비병들에게 관을 자기 방으로 옮기라고 했다.

마지드라는 이름의 이 왕자는 관에 누운 소녀를 자기 침대 위에 눕혔다. 뽀얀 피부와 매끄러운 머릿결을 가진 그녀는 자신이 지금까지 보아온 어떤 여자보다도 아름다웠다. 이 처녀야말로 그가 신붓감으로 그려 왔던 여인이었다. 그녀의 죽음을 슬퍼하며 울부짖는 왕자의 모습을 보고 왕비가 꾸중했지만 아들은 어머니의 말을 들으려고 하지 않았다. 그는 먹지도 마시지도 않은 채 룸마나의 곁을 떠나지 않았다.

왕비는 생전에 알지도 못한 소녀의 시신을 보고 아들이 그토록 부질없이 통곡하는 이유를 물었다.

"대체 죽은 사람을 어쩌겠단 말이냐?"

"이 얼굴을 보십시오. 이렇게 예쁜 여자를 본 적이 있으신가요, 어머니? 어쩌다가 이런 예쁜 여자가 숨을 거뒀는지……."

"안타깝다만……."

왕비는 아들의 고통을 이해하며 룸마나를 가엾게 여겼다.

"차림새를 보아 하니 귀족인 것 같구나. 목과 손을 장식한 보석을 보면 알 수 있지. 가족이 딸을 많이 아껴서 자신들이 직접 묻을 수 없었나 보다. 하지만 아들아, 전능하신 알라를 공경하고 두려워한다면 이 아이를 땅에 묻어 줘야 한다. 날이 지나 몸에 바른 향유의 약효가 떨어지면 곧 썩어 버릴 것이다."

그제야 마지드는 어머니의 말에 따랐다.

"저는 소녀 몸에 하녀들의 손길이 닿지 않았으면 좋겠어요."

아들의 부탁 때문에 왕비가 직접 룸마나를 염하게 되었다. 그녀는 룸마나의 오른쪽 발꿈치를 문지르려다가 이상하게 생긴 이빨을 발견했다. 왕비가 이를 빼내자 룸마나는 가느다랗게 숨을 쉬었다. 왕비는 소녀가 이빨의 독 때문에 기절했지만 살아날 가능성이 있다고 생각했다. 소녀는 죽음의 문턱까지 갔지만 아직 완전히 죽은 것은 아니었다.

왕비는 하녀에게 이 일을 아무에게도 말하지 말라고 일렀다. 왕비는 소녀를 씻기고 깨끗한 옷으로 갈아입힌 다음 자신의 방으로 옮겼다. 그리고 소녀의 입을 열고 따뜻한 우유를 몇 방울 떨어뜨렸다. 이어서 향기로운 술을 조금 먹이자 소녀의 몸에는 다시 온기가 돌기 시작했다.

그러나 왕비는 소녀가 살아날지 확신할 수가 없어 당분간 이 일을 아들에게 알리지 않는 것이 낫겠다고 생각했다. 아들에게 희망을 심어 주고 나서 소녀가 살아나지 못하고 끝내 죽어 버린다면 아들은 다시 한 번 큰 충격을 받게 될 것이기 때문이었다. 그래서 아들에게는 소녀를 왕실 묘지에 묻었다고 말했다.

그런 다음 왕비는 명의를 불러 굴의 독을 빼내고 소녀의 기운을 북돋워 주는 처방을 지시했다. 치료를 끝낸 의사가 룸마나의 상태를 보고 말했다.

"됐습니다, 살아났습니다. 이 소녀가 기력을 되찾거든 음식을 조금씩 주십시오."

왕비의 간호 속에서 두 달을 보낸 룸마나는 점점 건강해져 얼굴색이 무척 좋아졌다. 그녀는 생기 넘치고 눈부시게 아름다운 예전 모습으로 돌아왔다. 룸마나는 자신의 이야기를 왕비에게 들려주었다. 가족, 오빠들과 헤어진 사연을 듣고 난 왕비가 룸마나를 위로했다.

"자비로우신 알라께서 너를 우리한테 보내 주신 것이다. 내 아들은 너를 무척 사랑하고 있단다. 부디 아들의 사랑 속에서 행복하게 살아 다오."

왕비는 비로소 룸마나가 살아난 사실을 아들에게 전해 주었다. 아들은 너무 기쁜 나머지 직접 자신의 눈으로 볼 때까지 그 말을 믿지 않았다. 왕자는 살아 있는 그녀의 모습에 온 세상을 얻은 듯했다. 즉시 그는 룸마나에게 청혼했고, 룸마나는 마지드의 사랑에 고마워하며 이를 받아들였다. 성대한 혼인식이 축제 분위기 속에서 거행되었다.

왕자 부부는 행복한 나날을 보내는 가운데 아들 둘과 딸 하나를 낳았다. 두 아들의 이름은 룸마나의 아버지와 시아버지의 이름을 따서 자비르와 카심으로, 딸의 이름은 어머니의 이름을 따서 와르다로 지었다. 하지만 그런 기쁨 속에서도 룸마나는 무언가 허전함을 느꼈다. 그녀는 그 옛날 자신의 부모님이 딸을 잃고 얼마나 슬퍼했을까를 생각하며 한없이 울었다.

남편 마지드 왕자는 룸마나의 오빠들을 찾기 위해 이곳저곳 수소문해 보고, 장인의 나라에 특사도 보냈다. 특사는 룸마나의 부모가 딸을 찾아 여러 나라를 돌아다니고 있으며, 나랏일은 대신이 맡고 있다고 말했다. 그리고 룸마나의 세 오빠들도 룸마나를 잃은 슬픔으로 여기저기 떠돌아다니고 있다고 전했다. 마지드는 현명한 어머니께 조언을 구하기로 했다.

왕비는 잠시 생각에 잠겼다가 아들에게 말했다.

"화가를 불러와 네 아내의 얼굴을 몇 배로 크게 그리게 해라. 그런 뒤 그림을 샘터 위에 걸어라. 우리나라에 처음 온 사람들은 물을 마시러 반드시 샘터를 찾을 것이다. 하루 종일 경비병들을 샘터에 세워 두고, 만약 그 얼굴을 보고 한숨을 짓거나 눈물을 흘리는 사람이 있으면 즉시 궁으로 데려오라고 해라."

왕자는 어머니가 시키는 대로 했다. 한 달쯤 지났을 때 여행에 지친 남자 셋이 물을 마시러 왔다. 온몸에 먼지를 뒤집어쓴 남자들은 피로한 기색이 얼굴에 역력했다. 샘터에서 그들은 물을 마시고 얼굴을 씻었다. 그중 하나가 세수를 하다가 초상화를 보고 숨이 막힌 듯한 표정을 지었다. 그러자 다른 두 사람도 그림을 바라보았다. 그들은 함께 울음을 터뜨리면서 깊은 한숨을 내쉬었다.

경비병들이 그들에게 다가와 말했다.

"우리를 따라 왕자님께 갑시다. 왕자님께서 여러분을 보고 싶어 하십니다."

막내오빠가 대꾸했다.

"왕자님께서 대체 우리한테 무슨 볼일이 있다는 겁니까? 우리 같은 나그네한테 말입니다. 왕자님께서 우리를 알고나 계신지요?"

"저희는 아무것도 모릅니다. 다만 그림 속의 여인을 알아보는 사람이 있으면 즉시 데려오라는 분부를 내리셨습니다. 그러니 어서 가시지요."

그들은 경비병들이 인도하는 대로 따라갔다. 궁전 입구에 다다르자 의례 담당관이 형제들을 맞아들여 값비싼 양탄자가 깔린 넓은 방으로 안내했다. 잠시 후 왕자가 나와 웃음을 띠며 인사를 건넸다. 왕자는 손님들에게 질문을 하기에 앞서 거짓말을 하지 말라고 당부했다.

맏형이 말했다.

"왕자님, 저희는 거짓을 고할 필요가 전혀 없습니다. 저희는 어떠한 죄도 저지른 적이 없기 때문입니다. 제 이름은 마스우드이고 이 둘은 제 동생인 사이드와 사아드입니다."

"왜 샘터에 걸린 그림 속 인물을 보고 우셨습니까?"

왕자의 물음에 형제들은 자신들의 이야기를 빠짐없이 해 주었다.

"지금 저희는 이 나라 저 나라 떠돌아다니면서 누이동생을 잃은 슬픔을 잊으려고 노력하는 중입니다. 그런데 샘터에 걸린 그림 속 인물이 죽은 누이동생과 너무 똑같아서 가슴이 무너지는 것 같았습니다."

마지드는 손님들을 위해 식사를 준비하라고 한 다음 아내에게 오빠들이 궁에 와 있다는 소식을 전해 주었다. 룸마나는 크게 기뻐했다. 그러던 중 또 다른 경비병이 왕자에게 새로운 소식을 가져왔다.

"왕자님, 순례객으로 보이는 노부부를 데려왔습니다. 이들은 샘터에 걸린 초상화를 보고 울면서 '이 애가 맞아, 맞다니까. 어느덧 이렇게 컸군. 눈과 얼굴이 우리 딸 그대로야. 오, 나의 귀염둥이! 네가 아직 살아 있는 게냐, 아니면 너를 닮은 다른 사람의 모습이냐?'라고 말했습니다. 그래서 저희는 이 노부부를 데려와 아까 온 젊은이들과 함께 모셨습니다."

왕자는 새 소식을 아내에게 알리지 않았다. 너무 기쁜 나머지 아내가 기절할지도 모르는 일이었기 때문이다. 왕자는 노부부의 신분을 알아보려고 가던 중 방에서 노인이 젊은이들에게 말하는 소리를 들었다.

"우리는 궁에 잡혀 올 만큼 큰 죄를 짓지 않았다네. 다만 운명이 데려간 우리 딸을 꼭 닮은 초상화를 바라보았을 뿐이야. 딸을 잃어 버린 뒤 인생의 모든 의미가 사라지고 말았어. 사는 것도 싫어져서 기나긴 순례 여행을 했지만 그 역시 별로 위로가 되지 못했네. 우리는 권력이 주는 즐거움 따윈 필요 없다네. 우리한테 이 세상은 헛된 곳일 뿐이야. 오직 내세만이 평화로운 곳이지. 그러던 중 작년에 아내 꿈에 어떤 사람이 나타나 말했다는군. '너무 절망하지 마시오, 당신 딸은 살아 있소.' 라고 말이야. 그래서 우리는 딸을 찾겠다는 희망을 갖고 여기저기 돌아다니기로 결심했다네."

막내인 사아드가 노인에게 여쭈었다.

"그럼 어르신이 룸마나의 아버지인 자비르 왕이십니까?"

"아니, 내 딸을 어떻게 아나?"

사아드는 룸마나를 알게 된 경위를 설명했다. 사아드가 룸마나의 죽음에 대해 말하려고 할 때 마지드 왕자와 어린 딸 와르다가 방으로 들어왔다. 룸마나의 어머니는 와르다를 본 순간 몸을 일으킬 수가 없었다. 딸의 어릴 적 모습과 너무 닮았기 때문이다. 룸마나의 어머니가 남편에게 말했다.

"여보, 이 아이 얼굴 좀 보세요. 어릴 적 룸마나를 쏙 빼닮지 않았나요?"

마지드 왕자는 그들의 대화를 들으며 가슴이 벅차올라 눈물이 솟구쳤다. 왕자는 룸마나의 부모와 오빠들에게 그동안의 일을 설명했다. 그는 낙타가 자신의 정원으로 들어온 이야기에서 시작하여 룸마나가 회복되어 그들이 혼인한 것까지 모두 말했다.

얘기를 듣고 난 룸마나의 오빠들은 기쁨의 눈물을 흘리면서 서로 껴안고 볼에 입을 맞추었다. 룸마나의 부모는 무릎을 꿇고 전능하신 알라께 감사 기도를 드렸다. 마침내 룸마나가 부모님과 오빠들을 만나자 그들 모두는 천국에 들어간 신자들이 느낄 만한 큰 감동을 맛보았다.

자비르 왕은 이제 더 이상 자신의 왕국으로 돌아가고 싶은 생각이 없었다. 마지드 왕자는 손자 자비르가 할아버지의 왕위를 물려받을 나이가 될 때까지 룸마나의 막내오빠인 사아드가 왕국을 다스리도록 하자고 제안했다.

한편 카심 왕은 삼형제를 왕족으로 받아들이고 첫째 마스우드를 군사령관으로 임명했다. 사아드는 흔쾌히 자비르 왕의 자리를 당분간 맡기로 했다. 세 오빠들은 모두 아내를 얻었고 그중 사아드는 마지드 왕자의 누이동생과 혼인했다. 그들 모두는 오래도록 행복하게 살았다.

나무꾼 마르주크와 세 딸

 옛날 옛날에 아미나, 카디자, 파티마라는 이름의 세 딸을 둔 가난한 나무꾼이 있었다. 그의 이름은 마르주크^{복 받은 자}였다. 겨울이 다가올 무렵 그의 아내는 남편에게 그동안 쌓아 둔 불만을 털어놓기 시작했다.
 "여보, 당신은 가장으로서 책임감이 있는 사람인가요? 겨울이 다가오고 있는데 아이들에게 입힐 변변한 옷 한 벌이 없잖아요! 겨울에는 일감이 줄어들 텐데 우린 뭘 먹고 살아야 하나요?"
 마르주크는 투정만 부리는 아내 때문에 속이 상했다.
 "대체 나더러 어쩌란 말이오? 낮은 점점 짧아지고 하루 종일 일해도 나무 한 짐밖에 건질 수 없는걸. 당신보다 더 답답한 사람이 바로 나란 말이오. 밤중에도 나무를 할 수만 있다면 밤낮으로 일하고 싶을 정도요. 숲은 멀리 있고 밤에는 들짐승이 돌아다니는데 대체 나더러 더 이상 어쩌란 말이오?"
 아버지의 하소연을 듣고 맏딸인 아미나가 말했다.

"아버지, 내일부터 아버지를 따라가겠어요. 제가 도와드리면 두 배는 거뜬히 일하지 않을까요? 아버지는 나무를 베기만 하세요. 제가 자루에 담는 일을 할게요. 그리고 도시락도 따뜻하게 데워 드릴 수 있고요. 아버지도 좋으시죠?"

"안 된다. 나 같은 숙련된 나무꾼도 산에서는 길을 잃기 쉽단다. 위험하니 그런 생각일랑 아예 하지 말아라."

"길을 잃을 리 없어요. 아버지 옆에 꼭 붙어 있을게요. 저도 가게 해 주세요."

아미나가 계속 아버지를 따라가겠다고 고집을 부리자 어머니가 끼어들었다.

"아미나, 따라가 봐야 너는 일도 서툴러서 아버지께 짐만 될 뿐이다. 게다가 넌 여자잖니. 거기는 산짐승들이 들끓는 무서운 곳이란다."

"왜 안 되죠? 여자는 밖에 나가 일하면 안 되나요? 자식이 아버지를 돕겠다는데 안 될 이유가 있나요? 앞으로 일이 잘되고 못 되고는 알라께 맡기겠어요."

결국 아미나는 아버지와 함께 노새 등에 올라타고 산으로 갔다. 부녀는 나무 베는 곳에 도착했다. 아버지는 시든 나뭇가지를 자르거나 썩은 나무껍질을 벗겨 냈고, 아미나는 잘린 나무들을 모아 커다란 나무 둥치 아래에 쌓아 두었다. 그리고 노새의 줄을 길게 늘어뜨려 노새가 마음대로 풀을 뜯게 했다. 아버지는 일을 하면서도 불안한 마음에 자꾸 딸의 이름을 불렀다. 그는 몇 번이고 확인한 다음에야 안심하고 일했다. 오늘 점심이 뭐냐고 아버지가 묻자 아미나가 대답했다.

"양배추 쌈이에요. 어젯밤 어머니께서 만드셨어요. 곧 데워 드릴

게요."

　아버지는 딸에게 불을 피울 때 산불이 나지 않도록 조심할 것을 당부했다.

　"아버지, 제가 아직도 어린애인 줄 아세요? 돌을 쌓아 그 안에 불을 피우고 있어요. 나중에 흙으로 덮어 불을 끄도록 할게요. 그럼 불똥이 하나도 남지 않을 거예요."

　점심 식사를 마친 뒤 마르주크는 다시 일을 하러 갔고, 아미나는 주변을 걸어다니면서 산책을 했다. 눈앞에 보이는 새로운 풍경 때문에 아미나는 처음 있던 장소에서 조금씩 멀어졌다. 그녀는 진귀한 꽃들을 보며 무척 즐거워했다. 하지만 자신이 있는 곳을 아버지에게 알리려고 이따금 소리치는 것을 잊지 않았다. 마르주크는 딸의 위치를 확인하며 많은 나무를 베었다. 그런데 어느 정도 시간이 지난 뒤 아미나를 불러 보았지만 아무 소리도 들리지 않았다. 그는 베어 놓은 나무를 팽개치고 딸의 이름을 계속 불렀으나 마찬가지였다. 한편 아미나는 아버지가 있는 곳이라고 기억한 방향으로 걸어갔으나 한참 후에야 잘못 왔다는 사실을 깨달았다.

　해가 지기 시작했다. 두 사람 모두 소리를 질렀지만 부녀는 서로의 소리를 듣지 못했다. 숲의 끝에 다다른 아미나는 닫혀 있는 큰 문 하나를 발견했다. 지칠 대로 지친 아미나는 병든 암탉처럼 문 앞에 쪼그리고 앉았다.

　한편 마르주크는 딸을 잃어버린 사실을 주위 사람들에게 알리고 도움을 청했다. 그리고 작은 자루를 메고 도시로 갈 채비를 했다. 그는 딸을 잃은 와중에도 생계를 꾸려 나가야 했기에 나귀 등에 땔감을 싣고 가서 도시 상인들에게 팔았다. 나무를 팔면서 그는 사람들에게 딸의 생김새를 말해 주며 비슷한 사람을 보거든 자신에게 꼭 알려 달라는 당부도 잊지 않았다. 그동안 주위 사람들은 횃불을 들고 숲 속을 샅샅이 뒤졌다. 하지만 아미나의 흔적은 숲 속 어디에서도 찾을 수 없었다. 아미나가 앉아 있는 그 문은 그들한테서 너무 멀리 떨어져 있었던 것이다.

마르주크는 지치고 허기진 채 절망감에 빠져 집으로 돌아왔다. 아내는 손에 등불을 들고 문 앞에서 가슴을 졸이며 기다리다가 남편만 홀로 돌아오자 목 놓아 울며 말했다.

"아미나는 어디 있지요? 딸을 찾아와요!"

마르주크는 가슴이 무너져 내렸다. 두 딸도 아내를 따라 큰 소리로 울어 댔다. 마르주크는 지친 나머지 가족의 울음소리를 뒤로 한 채 잠에 곯아떨어졌다. 하지만 아내와 두 딸은 아미나 걱정에 잠을 이루지 못했다.

다음 날 아침 마르주크는 아미나가 이미 늑대에게 잡아먹혔을지도 모른다고 추측했다. 큰딸은 죽었다고 치더라도 남은 가족을 먹여 살려야 한다는 생각이 번뜩 들었다. 하지만 이번에는 둘째딸 카디자가 아버지의 안쓰러운 모습을 보고 따라가겠다고 했다. 마르주크는 딸을 만류했다.

"안 된다. 언니처럼 너를 산에서 잃어버린다면 네 엄마는 아마 미쳐 버릴 거다. 그냥 집에 있어라."

"그래도 가야겠어요, 아버지. 언니를 잃고 몸과 마음 모두 지치신 아버지를 혼자 산으로 보낼 수는 없어요. 나무하는 곳에서 아버지 곁에만 머물러 있을게요."

카디자는 결국 아버지를 설득하는 데 성공했다.

한편 숲 속에서 아미나는 문에 기댄 채 밤을 보내고 다음 날 아침 문이 열리자 안으로 들어갔다. 그녀는 자신을 집에 데려다 줄 사람이 있을지도 모른다는 기대감에 부풀었다. 낯선 도시이긴 하지만 주위 사람들한테서 왠지 모를 친근감이 느껴졌다.

굶주린 표정으로 빵집을 기웃거리며 지나가는 아미나를 본 빵집 주인은 그녀가 길 잃은 이방인임을 알아채고 그녀를 불러 빵 한 덩어리를 주었다. 아미나는 빵을 들고 걸어가면서 음식을 먹을 만한 장소를 찾았다. 그때 고기를 굽던 정육점 주인이 아미나를 보고 말했다.

"얘야, 그 빵 속에 구운 고기를 채워 줄 테니 빵을 이리 다오."

아미나는 고기를 넣은 빵을 받았다. 그녀는 정육점 주인에게 자신이 머물 만한 장소를 물어보고 싶었지만 너무 수줍은 성격이어서 차마 묻지 못했다. 시장을 지나 폐허가 된 집 한 채를 발견한 그녀는 한적한 방에 들어가 그곳에서 허기진 배를 채웠다.

집 마당에서 두레박이 딸린 우물을 발견한 그녀는 물을 퍼 올려 마음껏 마시고 몸을 씻었다. 그런 다음 아미나는 잠을 청했다. 위험한 일이 생길지 모른다는 두려운 생각이 들었지만 달리 갈 곳이 없었기에 그 집에서 밤을 보낼 수밖에 없었다.

한편 아미나에게 일어난 일이 동생 카디자에게도 일어났다.

점심을 먹은 다음 카디자는 깜빡 잠이 들었다. 마르주크는 딸한테 자신의 외투를 덮어 준 뒤 조금 떨어진 곳에서 일을 했다. 잠에서 깬 카디자는 아버지가 정신없이 일하는 모습을 보고는 문득 아미나를 찾을 수 있을 거라는 확신이 들었다. 기적이 일어날 것만 같았다. 하지만 그녀는 언니를 찾아 이리저리 다니다가 결국 길을 잃고 말았다. 카디자도 해 질 무렵 숲 끝에 있는 커다란 문에 도착했고, 문에 기댄 채 잠이 들었다.

마르주크는 전날의 악몽을 되풀이해야 했다. 그는 나무 짐을 갖고 도시로 가서 친구들에게 도움을 청했다. 그들은 또다시 카디자의 이름을 부르며 숲 속을 뒤졌지만 이번에도 그녀를 찾을 수 없었다. 운명은 이처럼 가혹해서 어느 누구도 정해진 길에서 벗어날 수 없는 법이다.

마르주크가 집에 도착했을 때 아내는 이미 정신을 잃은 상태였다. 그녀는 자신의 머리카락을 잡아당기고 뺨을 치면서 남편이 생계의 어려움을 덜고자 딸을 하나씩 숲에 버린 거라고 말했다. 아내는 남편에게 저주의 말을 퍼부어 대기까지 했다.

마르주크는 두 딸을 잃은 슬픔과 아내의 원망으로 가슴이 찢겨 나가는 듯했다. 그의 마음을 헤아려 주는 사람은 셋째딸 파티마뿐이었다. 파티마는 세 딸 중에서 가장 영리하고 현명한 딸이었다.

"아버지, 너무 슬퍼하지 마세요. 알라께서 뜻하신다면 내일 언니들을 찾을 수 있을 거예요. 알라께서 길 잃은 자와 힘없는 자를 지켜 주실 거라 믿어요."

곁에서 부녀의 대화를 듣던 아내가 소리를 질렀다.

"너 역시 네 아버지 속임수에 넘어가겠다는 거냐? 절대 아버지를 따라가서는 안 된다. 아버지 혼자 언니들을 찾으라고 해! 못 찾으면 아버지도 못 돌아오게 하겠다. 알라시여, 저와 막내딸을 지켜 주소서!"

마르주크는 괴로워하는 아내의 마음을 이해하기에 아무런 대답도 하지 않았다. 아내는 가난한 생활을 참으며 어렵게 살림을 꾸려 온 착한 여자였다. 그는 이미 두 딸을 잃고 정신까지 나간 아내의 행동을 탓할 수는 없었다.

마르주크는 무력감을 느끼고 괴로워하다 헛간에서 잠을 잤다. 그는 동트기 전 자리에서 일어나 도시락도 챙기지 않은 채 도망치는 심정으로 노새를 끌고 황급히 집을 나섰다. 그리고 동틀 녘의 희미한 빛을 받으며 한참을 걸었다. 그때 누군가가 뒤따라오는 소리가 들렸다. 뒤돌아보니 막내딸 파티마가 따라오고 있었다. 아버지에게 가까이 다가오며 파티마가 말했다.

"저예요, 아버지. 아버지께 드릴 음식을 넉넉하게 가져왔어요. 어서 드시고 힘을 내세요."

마르주크는 음식이 든 주머니를 받은 뒤 딸에게 어서 집으로 돌아가라고 했다. 그러나 딸은 말을 듣지 않았다.

"노새에 태워 주지 않으면 걸어서라도 아버지를 따라갈 거예요."

막내딸의 옹골찬 다짐이 마르주크의 마음을 움직였다. 결국 두 사람은 함께 숲으로 가게 되었다.

한편 둘째딸 카디자는 대문에 기대어 잠을 청하다가 아침에 남자 몇이 문을 여는 것을 보았다. 카디자는 남자들이 떠나자 문을 통과해 저 멀리 보이는 시장으로 걸어갔다. 그녀를 본 빵집 주인이 소리쳐 불렀다. 그는 카디자를 전날 보았던 소녀로 여기고 있었다.

"얘야, 이리 와서 따끈한 빵 한 덩어리를 가져가렴."

카디자는 주인이 지긋한 나이인 것을 보고 별 두려움 없이 다가 물었다.

"안녕하세요, 아저씨. 어제 저를 닮은 소녀 하나가 이 시장 거리를 지나가는 것을 보셨나요?"

그녀를 자세히 훑어본 빵집 주인이 말했다.

"그러잖아도 어제 이곳에 온 여자아이가 있었는데 너와 똑같이 생겨서 난 네가 그 아이인 줄 알았다. 네 언니가 맞니?"

"예, 그래요. 언니가 어디 있는지 아세요?"

"아니, 모르겠는데. 여하튼 이 빵 두 덩어리를 가져가 언니를 찾거든 함께 먹으렴."

카디자는 아저씨에게 고맙다는 인사를 하고 계속 걸어갔다. 언니 아미나에게 일어났던 일이 카디자에게도 똑같이 일어났다. 정육점 앞을 지나가자 정육점 주인 역시 카디자의 빵에 고기를 채워 주었다.

"매일 여기로 오면 고기를 줄 테니 언니를 찾아 함께 오너라."

카디자는 그에게 감사 인사를 하고 시장 밖으로 걸어갔다. 어느덧 그녀는 낡은 집에 도착하여 그곳에서 언니 아미나를 만날 수 있었다. 두 사람은 기뻐하며 서로를 얼싸안았다. 카디자는 언니에게 부모님이 슬픔에 차 있다고 알려 주었다. 둘은 식사를 마치고 그동안의 이야기를 나누었다.

• • •

파티마는 자신은 언니들과 다르다고 생각하며 숲 속에서 길을 잃지 않겠다고 다짐했다. 그러나 운명의 장난처럼 그녀 역시 아버지 한테서 몰래 빠져나온 다음 숲 속을 이리저리 헤맨 끝에 결국 해가 지고 난 뒤 숲 끝에 있는 문에 도착했다. 어둠 속에서 파티마가 중얼거렸다.

"분명 여기서 언니들이 길을 잃었을 거야. 이 담을 넘으면 새로운 세상이 있을지도 몰라."

파티마는 두렵고 외로운 가운데 지쳐 잠이 들고 말았다. 다음 날 아침 그녀는 도시 안으로 들어갔다. 빵집 주인이 가게 앞을 지나가는 그녀를 불렀다.

"얘야, 네가 세 자매 중 막내지? 앞서 이곳을 지나간 두 자매와 꼭 닮았구나. 더 예쁘고 말이야."

"아저씨, 제 언니들을 보셨나요?"

"그래, 어제와 그제 보았지. 너희는 어떻게 해서 길을 잃었지?"

파티마는 지난 이야기를 자세히 들려주었다. 이 이야기를 들은 빵집 주인이 말했다.

"그렇구나, 언니들을 찾으면 함께 이리로 오렴. 세 사람 모두 우리 집에서 쉬어도 된단다. 혹시 못 찾으면 너 혼자라도 돌아오렴."

빵집 주인은 파티마에게 빵 세 덩어리와 올리브 기름을 발라 구운 작은 파이 몇 개를 주었다. 한편 정육점 주인도 그녀에게 구운 고기를 주면서 도와주겠다고 말했다.

"금요일에 이웃 도시로 가서 네 아버지의 안부를 물어보마."

"아저씨, 너무 고마워요."

이처럼 알라께서 정하신 운명에 의해 같은 길을 간 세 자매는 낡은 집에서 만날 수 있었다. 셋은 그날 밤을 함께 보냈다. 아침에 잠에서 깬 그들은 우물 주위에서 나는 소리를 들었다. 밖을 내다보니 사냥복 차림의 젊은 남자들이 말들에 물을 먹이는 중이었다. 세 자매는 젊은이들이 왕자와 그를 따르는 부하들이라고 짐작했다. 왕자 또한 낡은 방에서 속삭이는 소리를 들었다. 왕자는 부하들을 흩어지게 한 뒤 벽에 바싹 다가가 세 자매의 대화를 엿듣기 시작했다. 아미나가 말했다.

"왕자님께서 나를 궁전의 빵 만드는 사람과 혼인시켜 주신다면 빵을 실컷 먹을 수 있을 텐데."

이어서 카디자가 말했다.

"왕자님께서 나를 그분의 요리사와 혼인시켜 주신다면 온갖 맛있는 음식을 먹을 수 있을 텐데."

언니들의 말을 들은 파티마가 말했다.

"언니들이 원하는 게 고작 빵이나 음식이야? 난 가난하게 살더라도 내 맘에 들지 않는 사람과는 절대 혼인하지 않을 거야. 설령 그 상대가 왕자님이라도 말이야."

자매들의 대화를 엿들은 왕자는 궁전으로 돌아갔다. 그는 시종을 시켜 세 자매를 궁전으로 초대하겠다는 뜻을 전했다. 세 자매는 왕자가 자신들을 부른 이유가 궁금했지만 부름에 응했다. 왕자는 궁전에 들어온 자매들을 유심히 살폈다. 자매들은 하나같이 순결해 보이고 비단같이 은은한 아름다움을 간직하고 있었다. 그들의 낯빛은 봄날 풀밭을 환하게 해 주는 들꽃 같았다. 특히 가장 아름다운 막내딸 파티마가 왕자의 눈에 들었다. 왕자는 자매들이 길을 잃은 연유를 물었다. 묻는 말마다 막내 파티마가 주저하지 않고 어찌나 대답을 잘하는지 왕자는 또 한 번 그녀의 매력에 감탄했다.

왕자가 자매들에게 물었다.

"누가 궁전의 빵 만드는 사람과 혼인하기를 원했소?"

"예, 저입니다."

아미나의 대답에 왕자가 약속했다.

"그렇다면 당신을 내 제빵사와 혼인시켜 주겠소. 그리고 멋진 가구가 딸린 집 한 채와 하녀도 주리다. 자, 그럼 누가 내 요리사와 혼인하고 싶다고 했소?"

이번에는 카디자가 대답했다.

"예, 제가 그렇게 말했습니다."

"약속컨대 요리사를 당신과 혼인시키고 집과 하녀도 주겠소. 다행히 내 요리사와 빵 만드는 사람은 둘 다 아직 혼인하지 않았다오. 그럼 당신들 중 왕자라도 마음에 들지 않으면 남편으로 받아들이지 않겠다고 했던 사람이 누구요?"

파티마가 고개를 들고 답했다.

"예, 제가 그랬습니다."

"당신은 빵 만드는 사람이나 요리사보다 훨씬 높은 지위에 있는 왕자와 왜 혼인하지 않으려는 거요?"

"왕자는 저같이 가난한 이방인 여자하고는 혼인하지 않을 테니까요."

"아니오, 당신 생각이 틀렸소. 나는 왕자로서 당신과 혼인하기를 원한다오. 당신은 비록 가난지만 지혜롭고 순수한 마음씨를 가졌소. 내가 당신을 진심으로 사랑한다면 나의 청혼을 받아 주겠소?"

"예, 왕자님. 기꺼이 받아들이겠습니다. 앞으로 당신과 함께할 테니 저는 더 이상 가난한 이방인이 아닙니다. 이를 알라께서 정해 주신 저의 운명으로 알고 받아들이겠습니다."

왕자는 파티마의 대답을 듣고 크게 기뻐했다. 약속대로 언니들의 혼인이 이루어졌고 왕자와 파티마도 서로를 아끼는 부부가 되었다.

한편 마르주크는 아내의 성화에 시달려 하루하루가 고달팠다. 그러던 어느 날 마르주크는 아내에게 말했다.

"여보, 당신은 알라의 뜻을 저버리고 있소. 딸들한테 일어난 일을 어쩌란 말이오? 내 슬픔은 당신 슬픔보다 더 크다오. 내가 딸들을 보호하지 못했으니 그 책임은 내 몫이오. 나는 참고 견디며 알라의 뜻을 믿어 왔소. 희망을 갖고 딸아이들을 찾아보겠소. 만약 찾지 못하면 집에 돌아오지 않으리다. 그렇게 되면 내가 죽은 것으로 아시오."

마르주크는 노새를 끌고 집을 나섰다. 그는 딸들의 흔적을 찾아 숲 속을 뒤지고 또 뒤졌다. 그러다가 저녁 무렵 숲의 끝에 있는 열린 문으로 들어갈 수 있었다. 문 뒤편의 도시 풍경은 그에게 낯설기만 했다. 마침 배고픔을 느낀 그는 세 자매를 동정했던 빵집 주인한테서 빵을 샀다. 주인은 마르주크를 보자 문득 자매들이 떠올랐다.

"여보시오, 당신은 이곳이 처음인 것 같군요. 실례지만 어디서 왔는지 물어봐도 되겠소?"

마르주크는 한숨을 쉬며 말했다.

"예. 이곳엔 처음입니다. 제게 그럴 만한 사정이 있어 이곳까지 오게 되었답니다."

"내게 사연을 말해 보시오. 당신 말을 들어보고 싶군요. 어쩌면 내가 도움을 드릴 수도 있을 것 같으니."

"저는 이웃 도시에서 근근이 먹고사는 나무꾼입니다. 그런데 딸들이 나를 도와주겠다고 산으로 따라왔다가 모두 사라지고 말았습니다. 아무리 수소문해도 지금껏 딸 하나 찾지 못했지요. 그래서 여기까지 온 겁니다. 아내는 집에 홀로 남아 내내 울고만 있어요."

안타까운 사연을 들은 빵 가게 주인은 딸들이 어디 있는지 안다고 말했다. 그 말에 귀가 번쩍 뜨인 마르주크가 물었다.

"우리 아이들을 보았단 말입니까?"

빵 가게 주인은 자신이 세 자매를 만났던 이야기를 들려주었다.

"당신 딸들이 다시 오지 않아서 이웃인 정육점 주인한테 물어보았지요. 그 사람도 요즘 그 애들을 못 보았다고 하더군요. 다만 한 폐가에서 딸들이 입고 있던 낡은 옷 몇 벌을 찾았지요. 그렇지만 확신컨대 딸들을 찾을 수 있을 겁니다. 도움이 필요하면 언제든 찾아오시오."

마르주크는 안도의 숨을 내쉬며 희망을 가졌다. 그는 하룻밤을 편안하게 보낸 뒤 다음 날 고급 집들로 빽빽한 상류층의 주택가를 걸었다. 그때 어디선가 익숙한 목소리가 들려왔다. 분명 아미나의 목소리인 것 같아 주위를 두리번거렸으나 딸의 모습은 보이지 않았다. 자신이 잘못 들었다고 체념한 순간 그의 외투에 누군가의 손길이 닿았다. 아미나가 보낸 하녀였다.

"들어오셔서 우리 마님을 만나 보시지요."

마르주크는 하녀를 따라 나선형 계단을 올라갔다. 안내된 곳은 고급스러운 양탄자가 깔려 있고 화려한 색상의 방석이 놓인 방이었다. 곧이어 아름다운 옷을 입고 보석들로 치장한 아미나가 방으로 들어왔다.

마르주크는 소리쳤다.

"아미나구나, 내 귀여운 딸! 그동안 어떻게 지냈니?"

아버지와 딸은 부둥켜안고 울음을 터뜨렸다. 마르주크는 죽어도 좋을 만큼 기쁨에 들떠 어쩔 줄을 몰라 했다. 아미나는 아버지에게 자신과 카디자가 각각 궁전의 제빵사와 요리사랑 혼인했으며, 막내 파티마는 왕자와 혼인한 사실을 이야기했다. 이 말을 들은 마르주크는 놀라움을 금치 못했다. 그는 이제 이 나라에서 가장 유명한 세 여인의 아버지가 되었다. 특히 파티마는 상냥하고 총명한 왕자의 부인으로 널리 알려져 마르주크의 기쁨은 더욱 컸다. 갑작스럽게 생긴 사위 셋과 되찾은 딸들이 모여 모두 즐거운 시간을 보냈다.

마르주크는 궁전에 머무는 동안 막냇사위인 왕자에게 극진한 대접을 받았다. 하지만 보름 정도 지나자 아내 생각이 간절해졌다. 서둘러 아내에게 기쁜 소식을 전하고 싶다는 마음뿐이었다.

마르주크는 딸들이 어머니를 위해 마련한 많은 선물을 노새에 실었다. 제빵사인 맏사위는 그에게 당나귀 한 마리를 선물했다.

"장인어른, 이놈은 보통 당나귀와는 다릅니다. 신비한 능력을 지닌 당나귀이므로 평생 동안 부유하게 만들어 드릴 것입니다. 단 건

초 따위를 먹이지 마시고 오직 아몬드 같은 견과류만 먹여야 합니다. 그리고 깨끗한 방에 당나귀를 두도록 하십시오. 매일 아침 당나귀는 똥 대신 황금 덩어리를 쌀 것입니다."

말에 올라탄 마르주크는 귀한 당나귀와 짐 실은 노새를 데리고 길을 떠났다. 그는 빵 가게와 정육점을 지나가다가 두 사람에게 감사의 표시로 자신의 재물 중 일부를 주고 작별 인사를 나누었다. 그러고 나서 당나귀에게 먹일 아몬드와 땅콩 같은 견과류를 한 자루 가득 샀다.

마르주크가 집에 도착했을 때 아내는 몸져누워 있었다. 그는 아내에게 소리쳤다.

"여보, 기뻐하시오! 우리 딸들은 모두 무사히 잘살고 있다오. 어서 일어나 딸들이 당신한테 보낸 선물 꾸러미를 풀어 보구려."

아내는 너무 기뻐서 기절할 뻔했다. 그리고 비로소 그동안의 슬픔에서 벗어날 수 있었다. 딸들이 보낸 옷은 평생 한 번도 입어 보지 못한 훌륭한 것으로, 그녀는 옷을 입어 보며 흐뭇해했다. 게다가 금을 만들어 내는 당나귀를 가졌다는 것은 큰 기쁨이었다.

마르주크는 당나귀에서 나오는 금을 보석상에 팔았다. 그는 점점 부자가 되었고 큰 땅을 사서 저택도 지었다. 그의 이층 집은 여러 개의 난간이 있고 집 안에는 페르시아 양탄자가 깔렸으며, 멋들어진 의자와 식탁이 놓였다. 그리고 여러 명의 하인과 하녀가 주인 내외의 시중을 들었다. 마르주크의 아내는 주름 장식이 달린 화려한 옷을 입고 난롯가에 앉아 손님들과 즐겁게 이야기를 나누었다. 하지만 그가 갑작스럽게 부자가 되자 친척과 이웃들이 시기하기 시작했다. 그들은 마르주크가 왕자 사위를 두었다는 이유만으로 부자가 되었다고는 생각하지 않았다.

한편 마르주크에게는 이전부터 알고 지내던 이웃 남자가 있었다. 마르주크는 그 남자한테 선물을 주었지만 그는 만족하지 않았다. 욕심 많은 이웃 남자는 끈질기게 마르주크에게 부자가 된 비밀을 물었다. 결국 마음씨 착한 마르주크는 비밀을 알려 주고 말았다.

이웃 남자는 마르주크에게 하룻밤만 당나귀를 빌려 달라고 애원했다. 다음 날 반드시 돌려주겠다고 맹세까지 하는 통에 마르주크는 그의 부탁을 들어주기로 했다. 물론 당나귀에 아몬드와 땅콩 같은 견과류만 먹이라는 당부를 잊지 않았다.

이웃 남자는 아몬드를 한 포대 가득 사서 당나귀가 마음껏 먹도록 했다. 다음 날 아침 그는 당나귀 발 아래에 쌓인 금덩이를 보고 기쁨을 감추지 못했다.

이웃 남자는 시장에 가서 마르주크에게 빌려 온 당나귀하고 크기와 색깔이 비슷한 당나귀 한 마리를 샀다. 그리고 마르주크에게 정말 고맙다는 말과 함께 새로 산 당나귀를 돌려주었다. 이 가짜 당나귀는 똥으로 마르주크의 방과 가구들을 더럽혔다. 이웃 남자가 준 당나귀가 가짜임을 안 마르주크는 자신의 당나귀를 돌려줄 것을 요구했지만 남자는 시치미를 뗐다. 속이 몹시 상한 마르주크는 딸들을 찾아갔다. 어느새 딸들은 귀여운 손자를 낳아 기르고 있었다. 마르주크는 손자들의 재롱을 즐기면서 그동안의 일을 잊기로 마음먹었다.

둘째 사위는 장인의 속상한 마음을 덜어 주고 싶었다.

"장인어른께 필요한 것은 돈뿐만이 아닙니다. 이제 돈은 모을 만큼 모으셨지요? 그러니 건강을 챙기실 차례입니다. 저는 사람한테는 돈보다 건강이 더 중요하다고 생각합니다. 건강을 지키시려면 잡수고 싶은 음식을 많이 드셔야지요. 제가 장인어른께 원하시는 대로 음식을 골라 주문할 수 있는 식탁을 드리겠습니다. 식탁 가장자리를 손가락으로 두드려 주시면 됩니다. 닭 요리, 케밥^{양고기 구이}, 과일, 과자 그 어떤 음식이든 상관없습니다. 곧바로 식탁에 음식이 나타날 것입니다. 다 드시고 난 뒤에는 음식물이 담긴 그릇들도 사라질 것이고 식탁도 저절로 접힐 것입니다."

요술 식탁을 받고 집으로 향하던 마르주크는 도중에 식탁을 시험해 보았다. 그는 식탁 가장자리를 두드리며 구운 생선과 바클라바^{견과류와 설탕이 쳐쳐이 들어간 과자}를 주문했다. 그러자 음식들이 순식간에 차려졌고, 그는 마음껏 맛있는 요리를 즐길 수 있었다. 식사가 끝나자 식탁은 저절로 접혔다.

집에 도착한 마르주크가 아내에게 손자들이 생겼다는 소식을 전하고, 둘째 사위가 선물한 요술 식탁을 보여 주었다. 아내는 무척 기뻐했다. 손수 음식을 만들 필요가 없어 더욱 편했다. 그 후 몇 달간 부부는 왕처럼 지냈다.

당나귀를 훔쳐간 이웃 남자는 이번에도 요술 식탁의 비밀을 알아냈다. 그 남자의 부인이 최근 마르주크의 집에서 요리하는 것을 본 적이 없다며 궁금해하자 마르주크의 하인한테서 비밀을 캐낸 것이다. 그렇지만 이번에는 마르주크를 속일 수도, 식탁을 훔쳐 올 수도 없었다.

이웃 남자는 어렵사리 왕을 찾아뵙고 말했다.

"전하, 제 이웃 마르주크한테는 요술 식탁이 있습니다. 그 식탁은 원하는 대로 음식을 척척 만들어 냅니다."

"내 눈으로 직접 보기 전에는 네 말을 믿을 수가 없구나."

"마르주크를 전하의 식사에 초대하십시오. 그러면 그도 답례로 자기 집에서 만찬을 준비하여 전하를 초대할 것이옵니다. 그때 전하께서 요술 식탁을 직접 확인하실 수 있을 것입니다."

왕은 이웃 남자의 제안을 받아들여 마르주크를 궁전으로 불러 대접하면서 셰이크의 칭호를 내렸다. 마르주크는 환대에 감사하면서 보답으로 금요일 저녁 만찬에 왕을 초대했다.

"초대는 고맙소. 하지만 우리 수행원들과 고관들이 전부 들어가 식사할 수 있을 만큼 집이 넓은지 모르겠소."

"전하, '작은 집이라도 친구 천 명을 맞이할 수 있다.'라는 옛 속담도 있지 않습니까. 손님을 집 안에 다 들이지 못하면 정원에서라도 모두를 맞이하겠습니다."

왕은 초대를 받아들였다. 그리고 초대 받은 날 궁전에 사는 사람들을 모두 데리고 갔다. 식탁은 마르주크의 주문에 따라 더 길어지고 폭도 넓어졌으며, 모두가 먹고도 남을 만큼 많은 요리를 만들어 냈다. 식사가 끝나고 식탁이 저절로 접히는 것까지 본 왕은 놀라움을 금치 못했다.

며칠 후 왕이 마르주크를 불렀다.

"미안하지만 요술 식탁은 당신보다 내게 더 필요할 것 같소. 당신 집에서 그 식탁을 쓸 사람은 당신 부부 두 사람뿐이오. 하지만 나는 한 나라의 왕으로서 많은 손님들을 맞이해야 하고, 또 나랏일을 수행하는 사람도 많이 거느리고 있소. 그 식탁이 내 것이라면 쓰임새가 더 많아질 것이오. 당신이 원한다면 그에 상응하는 금이나 은을 주겠소."

마르주크는 왕의 계략을 알아챘다. 그는 아무 보상도 받지 않고 어쩔 수 없이 식탁을 왕에게 내주었다. 마르주크는 왕에게 요술 식탁 이야기를 한 사람이 악독한 이웃 남자라는 사실을 짐작하고 있었다. 그는 자신의 잇속만 챙기는 왕과 이웃 남자에게 화가 났다.

울적한 마음을 달래려고 그는 다시 사위들이 있는 나라로 떠났다. 아내와 함께 떠난 여행에서 그는 선친의 뜻을 물려받아 왕이 된 막냇사위와 왕비가 된 딸의 모습을 보며 흐뭇해했다. 장인한테서 억울한 사연을 들은 막냇사위가 말했다.

"장인어른, 이번에는 제가 특별한 선물을 드리겠습니다."

사위는 상아로 만든 손잡이가 달린 짧은 지팡이 한 개를 마르주크에게 주었다.

"이 지팡이는 장인어른의 지시에 따라서만 다른 사람을 때리는 물건입니다. 장인어른이 아닌 어느 누구도 이 지팡이를 다룰 수 없습니다. 먼저 당나귀를 뺏은 이웃한테 당나귀를 돌려 달라고 하십시오. 그가 장인어른의 청을 거절하면 지팡이한테 때리라고 명령하십시오. 그러면 지팡이가 그를 마구 때려 줄 것입니다. 그가 장인어른 뜻대로 하겠다고 하면 지팡이한테 그만 때리라고 하십시오. 그러면 지팡이는 장인어른의 손으로 돌아올 것입니다.

못된 왕한테도 같은 식으로 하십시오. 식탁을 돌려주지 않으면 왕 역시 지팡이한테 매질을 당할 것입니다. 그러면 왕도 순순히 식탁을 돌려줄 것입니다. 이후로도 지팡이가 있는 한 어느 누구도 장인어른을 괴롭히지 못할 것입니다."

마르주크는 막냇사위의 말대로 했다. 당나귀를 돌려주지 않고 버티던 이웃 남자는 지팡이에게 매를 맞아 갈비뼈가 부러지고 나서야 당나귀를 돌려주었다.

그 다음 마르주크는 왕을 찾아가 요술 식탁을 돌려 달라고 했다. 왕은 콧방귀를 뀌며 돌려주기를 거부하고 부하들에게 그를 감옥에 넣으라고 소리쳤다. 부하들이 다가오자 마르주크가 지팡이에게 명령했다.

"왕만 놔두고 부하들을 모두 때려라."

지팡이는 부하들의 머리와 손, 몸통을 사정없이 때리기 시작했다. 때리는 강도가 점점 세졌지만 부하들은 지팡이의 공격에 속수무책이었다.

"전하, 지팡이의 힘을 보셨지요? 지팡이가 전하를 때리기 전에 어서 제 식탁을 돌려주십시오. 한 나라의 왕이신 전하께 수모를 안겨 드리고 싶지는 않습니다."

그러자 겁먹은 왕이 소리쳤다.

"무엄한 놈 같으니라고! 저자한테 식탁을 돌려주어라."

마르주크는 자신을 지켜 주는 지팡이를 곁에 두고 아내와 함께 오랫동안 행복하게 살았다. 지팡이 덕분에 그는 누구의 도움도 받지 않고 살 수 있었다. 그리고 가난한 어린이들을 위해 모스크와 학교, 병원을 지었다.

사냥꾼과 깃털 모자를 쓴 미녀

사냥 외에는 별다른 직업이나 취미가 없는 무바라크^{축복 받은 자}라는 이름의 남자가 있었다. 그는 매일같이 사막으로 나가 여기저기 돌아다니며 토끼나 영양 같은 동물을 사냥하는 재미로 살았다. 사냥은 그의 유일한 낙이자 생계 수단이었다.

무바라크가 겨냥해 활시위를 당기기만 하면 예리한 촉이 달린 화살은 어김없이 목표물에 꽂혔다. '백발백중'이라는 말의 주인공이 바로 그였다. 사냥하는 동안 그는 살아가는 즐거움과 활력을 느꼈다. 사냥감이 많은 날도 있고 그렇지 않은 날도 있었지만 그는 상관하지 않았다. 설령 사냥감이 없더라도 그는 불평하지 않았고, 또한 많이 잡더라도 마구 먹지 않았다. 먹고 남은 고기는 사냥감이 없을 때를 대비해 볕에 말려 두었다.

어느 날 그는 여느 때와 다름없이 사냥에 나섰다. 사냥철인데도 그날따라 사냥감이 한 마리도 눈에 띄지 않았다. 더운 낮에 돌아다니느라 지친 그는 산기슭에 있는 맑은 연못으로 갔다. 단단한 바위

틈에서 솟아나는 깨끗한 물로 채워진 연못이었다. 깊고 물도 많아서 사시사철 마르지 않는 연못이었지만 잘 알려지지 않아 인적이 뜸했으며 목마른 야생 동물들만 물을 마시러 들렀다. 사냥꾼은 물을 마시고 연못가에서 한숨 돌린 다음 그 연못에 물 마시러 오는 동물을 사냥하려고 가까이 있는 굴에 숨었다. 오랫동안 기다리다 지루해져서 꾸벅꾸벅 졸던 사냥꾼은 연못 위를 나는 비둘기 세 마리를 보았다. 잠시 후 그 비둘기들이 땅에 내려앉았다. 사냥꾼은 숨을 멈추고 돌처럼 가만히 지켜보았다. 땅으로 내려온 비둘기들은 연못이 내려다보이는 큰 바위 위에 올라가서 좌우를 살피며 사람이나 동물이 근처에 없는지 확인하는 것 같았다. 주변에서는 어떤 인기척이나 소리도 들리지 않았다.

사냥꾼 무바라크는 비둘기들 중 한 마리라도 잡으려고 활을 쏠 준비를 했다. 그런데 갑자기 비둘기 세 마리가 눈부시게 아름다운 처녀들로 변했다. 뜻밖의 광경에 놀란 무바라크는 정신을 잃을 뻔했다. 그는 활을 내려놓고 넋을 잃은 채 처녀들을 바라보았다. 아주 매혹적인 처녀들이었다. 그중 한 처녀라도 아내로 삼고 싶은 욕구가 무바라크의 마음을 뒤흔들었다.

세 처녀는 모두 옷을 벗어 가까이 있는 동굴 속에 두고, 이어서 머리에 쓴 깃털 모자를 벗어 옷 위에 두었다. 무바라크가 보기에 처녀들은 깃털 모자에 유난히 신경을 쓰는 것 같았다. 손 닿기 쉬운 곳에 두어 만일의 경우 재빨리 그것을 집으려는 모양이었다.

무바라크는 그중 한 처녀에게 특별히 관심을 가지면서 그녀의 옷과 모자가 어디에 있는지 눈여겨보았다. 연못가로 다가간 처녀들은 하나씩 물에 뛰어들었다. 그리고 몸을 앞뒤로 뒤집으며 즐겁게 헤엄쳤다.

처녀들은 전혀 지루한 기색 없이 물에서 여러 가지 놀이를 하며 시간을 보냈다. 이 놀라운 광경을 지켜보던 무바라크는 문득 기회를 놓쳐서는 안 되겠다는 생각이 들었다. 그래서 조심스럽게 처녀들 옷이 놓여 있는 동굴로 갔다. 그의 심장이 긴장으로 쿵쾅거렸다. 행여 처녀들이 그의 움직임을 눈치 채고는 황급히 옷을 걸치고 날아가지 않을까 걱정되었기 때문이다.

무바라크는 수그린 자세로 땅을 기어서 처녀들이 옷을 둔 곳까지 갔다. 그는 마음에 둔 처녀의 깃털 모자를 집어서 자기 자리로 돌아와 안전한 곳에 감추었다. 그리고 혹시 모자가 갖고 있을지도 모르는 신비한 힘을 막으려고 무거운 바위로 단단히 눌러 버렸다. 그런 뒤 사냥꾼은 여자들에게 다가갔다.

무바라크의 마음속에는 처녀를 향한 사랑과 두려움이 뒤엉켜 있었다. 비둘기 모습을 하고 날아다니는 그녀들은 어쩌면 마녀일지도 모른다는 생각이 들었다. 온갖 희한한 일을 일으키고 사람들의 정신을 홀린다는 마법의 힘이 두려웠다. 그러나 사랑의 힘과 처녀를 얻고 싶다는 간절한 바람으로 그는 위험에 뛰어들었다. 무바라크는 아름다운 여인을 얻기 위해서라면 그 정도의 모험은 당연한 일이라고 굳게 믿었다.

그는 용기를 내어 처녀들에게 달려갔다. 처녀들은 그를 보자마자 재빨리 헤엄쳐 물 밖으로 나온 다음 옷 있는 곳으로 뛰어갔다. 모자부터 집어 쓴 두 처녀는 서둘러 옷을 입고 비둘기로 변해서 날아올랐다. 그러나 남은 처녀 하나는 모자를 찾지 못해 허둥댔다. 두려움에 떠는 그녀에게 무바라크가 다가왔다. 처녀는 순간적으로 이 남자가 바로 자기 모자를 숨겼을 거라고 생각했다. 또한 모자를 쓰지 못해 날아갈 수도 없고 뛰어서 도망간다고 해도 자기보다 빠른 남자에게 잡힐 것이 분명하다고 여겼다. 그녀는 할 수 없이 그 자리에 그대로 서 있을 수밖에 없었다.

무바라크는 자신의 옷을 벗어 처녀의 몸을 덮어 주었다. 그리고 그녀를 데리고 근처 동굴로 갔다. 비둘기들은 땅에 남은 친구를 걱정하며 두 사람 머리 위를 맴돌았다. 그들은 잡혀 있는 친구를 위해 아무것도 해 줄 수 없어 슬펐다. 하지만 남자가 자신들에게도 해를 끼칠지 모르므로 일단 피해야겠다고 생각했다. 비둘기들은 친구를 운명의 손에 맡겨 둔 채 자신들의 나라로 돌아가야만 했다. 남은 친구가 행복할지 불행할지, 살지 죽을지 알 수 없었다.

무바라크가 처녀에게 말을 건넸다.

"당신들은 진이요, 사람이요?"

처녀는 자신들은 사람이라고 대답하면서 그들의 나라와 그곳 백성이 어떻게 사는지를 설명했다. 이름을 묻자 그녀는 살마라고 대답했다. 무바라크는 살마에게 자신의 신발을 신기고, 자신은 맨발로 걸어 밤늦게 도시에 도착했다.

무바라크의 집에는 홀어머니만 있었다. 어머니는 밤이 되어도 아들이 돌아오지 않자 몹시 애를 태우고 있었다. 혹시 아들이 사막에서 사나운 동물을 만나 해를 입지는 않았는지, 다른 사고를 당하지는 않았는지 걱정하고 있었다.

무사히 집에 돌아온 아들을 본 순간 어머니는 그동안의 근심을 잊고 안도의 한숨을 내쉬었다. 그런데 아들은 이전에 본 적이 없는 처녀와 함께 왔다. 어머니는 그 처녀가 누군지 궁금했다. 집이 환해질 만큼 빛이 나는 처녀의 아름다운 얼굴에 어머니는 입을 다물 줄 몰랐다. 처녀에 대해 묻자 아들은 자초지종을 얘기했다.

"이 처녀는 믿을 수 있는 여자예요. 저는 내일 이 여인과 혼인하겠습니다."

그날 밤 무바라크는 자기 방에서, 그리고 살마는 어머니와 함께 잠을 잤다. 다음 날 아침 일찍 그는 재판관에게 가서 살마와의 혼인을 신청했다. 집으로 돌아온 무바라크는 살마에게 말했다.

"알라와 사도의 말씀에 따라 당신과 혼인하고 싶소. 나와 혼인해 주겠소?"

그의 심장은 두근거렸다. 혹시 그녀가 청혼을 거절하지 않을까 하는 걱정 때문이었다. 무바라크는 건장하고 잘생긴 청년으로 성격도 너그러웠다. 비록 살마가 날 수 없도록 모자를 숨긴 것이 마음에 걸렸지만, 그녀에게 친절했으며 예의를 갖춰 보살폈다. 청혼을 받은 살마는 받아들인다는 뜻으로 고개를 끄덕였다. 무바라크는 살마와 함께 증인을 데리고 재판관에게 갔다. 재판관은 살마가 혼인할 마음이 있는지 알아본 다음 혼인을 허락했다.

혼인 계약이 맺어졌고 혼인식이 열렸다. 무바라크와 살마는 행복하게 지냈다. 남편은 넓은 마음으로 아내를 대하며 그녀가 편안하게 지내도록 해 주었다. 또한 낯선 곳에서 생활하는 아내의 마음을 위로하면서 항상 따뜻한 관심과 배려를 아끼지 않았다. 두 사람은 서로에게 아낌없는 사랑을 주었다. 생각이 다르거나 집안일에서 갈등이 생기면 둘은 서로 양보하여 항상 슬기롭게 문제를 해결했다. 이렇게 두 사람은 사랑과 기쁨을 만끽하며 하루하루를 지냈다.

혼인 후 일 년이 지나자 살마는 아들을 낳았고, 그 이름을 살림이라고 지었다. 무바라크는 이 아이가 자신과 아내 사이의 사랑을 더욱 굳게 맺어 줄 것이라고 믿었다. 아내는 아들에게 온갖 애정과 정성을 쏟았다. 또한 아이가 있다고 해서 남편을 소홀히 하지 않고 극진히 받들었다. 아들이 생기자 그녀는 더 큰 행복을 느꼈고, 일할 때도 활기에 넘쳤다. 이전에 맛본 적이 없는 기쁨이었다.

또 한 해가 지나자 부부는 딸을 낳았고 살와라는 이름을 지어 주었다. 살마는 자신의 마음이 이미 남편과 아들을 향한 사랑으로 가득 차 딸에 대한 사랑이 부족하지 않을까 걱정할 정도였지만 가족 모두에게 자신이 가진 사랑을 아낌없이 나눠 주었다.

딸까지 생기자 무바라크는 더욱 안심했다. 마음껏 사랑을 나눌 가족이 항상 곁에 있으니 아내가 더는 고향을 그리워하지 않을 것이라고 확신했던 것이다. 이제 그는 아내와 평생 동안 함께할 것이라고 생각했다. 그들의 삶은 순조로웠고 집 안에는 사랑과 화목이 가득했다. 아이들은 집안에 생기와 활력을 불어넣었다. 남편은 여느 때처럼 사막을 다니며 동물을 사냥했다. 그리고 산 채로 잡은 동물은 시장에 내다 팔아서 가족을 부양했다.

이따금 살마는 사냥하러 나가는 남편과 농담을 했다.

"오늘도 많이 잡아 오세요. 다만 비둘기는 빼고요. 비둘기한테는 다가가지도 마세요."

그때마다 남편도 맞장구를 쳤다.

"첫 번째 비둘기를 잡은 뒤로 다신 잡고 싶은 생각이 들지 않소. 내가 돌보는 첫 번째 비둘기의 뜻에 따라 앞으로 절대 비둘기를 사냥하지 않겠다고 맹세하겠소."

살마는 남편의 대답에 기뻐했다.

"저는 당신이 저보다 더 예쁜 비둘기에 반해서 그동안 맺었던 약속과 애정이 사라지지 않을까 두려워요."

그러면 무바라크는 확신에 찬 말투로 아내를 안심시켰다.

"나는 알라께서 내게 주신 당신 하나로 만족하오. 첫 번째 비둘기가 내 첫사랑이자 마지막 사랑이오. 내 말을 믿어 주시오. 내 말이 곧 나의 약속이자 내 진심임을 말이오."

그제야 살마는 웃으면서 남편에게 무사히 사냥하고 오라고 격려했다.

정겨운 농담을 주고받은 뒤 사냥에 나서는 무바라크의 마음은 날아갈 듯 가벼웠다. 오가는 즐거운 대화는 아내의 마음에 이따금 찾아오는 근심과 걱정을 거두어 갔다.

그러던 어느 날부터 무바라크가 아무것도 잡지 못한 채 돌아오는 일이 잦아졌다. 그 지역에 오랜 기간 비가 오지 않아 땅은 메말랐고 동물들은 물과 풀이 있는 먼 지역으로 옮겨 갔다. 사막에 남은 것이라고는 운명처럼 끈질긴 가뭄으로 인한 황폐함뿐이었다. 무바라크는 더 이상 사냥만으로는 먹고살 수 없다고 판단하고 다른 방도를 찾기로 했다. 그는 일자리를 찾아 떠나기로 결심한 뒤 아내와 어머니에게 잠시 동안 헤어져야 한다고 알렸다. 아내는 슬퍼하면서도 남편이 아무 일 없이 돌아오기를 기원했다.

무바라크에게는 한 가지 큰 걱정이 있었다. 그것은 상자에 넣어 자물쇠로 잠가 보관 중인 아내의 깃털 모자였다. 그는 열쇠를 항상 자기 주머니에 넣고 다녔지만 집을 떠나기로 결심한 뒤에는 어머니에게 비밀을 털어놓아야겠다고 생각했다.

"어머니, 제 아내가 모자를 숨긴 곳을 알고 이를 찾아내면 그녀는 비둘기로 변해 자신의 고향으로 날아갈 겁니다. 살마는 제게 생명처럼 소중한 사람입니다. 그녀 없이 저는 살 수가 없습니다. 모자가 든 상자와 열쇠를 어머니께 맡기겠습니다. 눈에 안 띄게 상자를 감추고 열쇠도 잘 가지고 계세요. 살마가 전혀 모르게 말이에요."

"얘야, 네 심정 이해하고도 남는다. 너와의 약속을 지킬 테니 아무 걱정하지 말고 잘 다녀오려무나."

무바라크는 가족과 작별 인사를 나눈 뒤 일자리를 찾아 오랫동안 집을 떠나게 되었다.

무바라크의 어머니는 아들이 집을 비우자 며느리에게 각별히 신경을 썼다. 어머니는 마을에서 흥겨운 행사가 열릴 때마다 살마를 데리고 가서 함께 시간을 보냈다. 살마는 예의 바르고 품성이 뛰어난 며느리여서 그녀를 만나는 사람마다 칭찬을 아끼지 않았다. 마을 여자들은 살마가 이상적인 아내이자 어머니라고 얘기하곤 했다.

즐겁게 지내던 어느 날 살마는 시어머니에게 무심코 깃털 모자에 관해 물어보았다. 그러자 시어머니는 당황해하며 대충 얼버무렸다. 순간 살마는 시어머니가 깃털 모자가 어디 있는지 알고 있다는 생각이 들었다. 그러나 그것에 대해 더 이상 묻지 않았다.

'시어머니께서 내가 모자에 대해 계속 궁금해한다는 것을 아시면 아예 입을 다무실 테고, 그러면 영원히 내 깃털 모자를 찾을 수 없을지도 몰라.'

살마는 적당한 기회를 엿보기로 하고 평소처럼 집안일과 아이들에게 관심을 기울이면서 나날을 보냈다. 시어머니는 며느리의 행동에 크게 흡족해했다.

그러던 중 술탄의 부인이 개최하는 큰 행사가 열리게 되었다. 왕비는 상류층 사람들을 이 행사에 초대했다. 도시의 상류층 사람들과 잘 아는 무바라크의 어머니와 살마도 초대를 받았다. 살마와 시어머니는 다른 여자들처럼 웅장한 행사에 걸맞은 옷과 장신구를 걸치고 참석했다.

참석한 여인들은 춤이나 노래를 부르며 자신들의 솜씨를 뽐냈다. 드디어 살마의 차례가 되었다. 그녀는 자리에서 일어나 기묘하고도 화려한 춤을 춰서 다른 이들을 매혹시켰다. 사람들은 살마에게 박수를 보내고 환호하면서 춤을 더 보여 달라고 청했다. 그녀의 춤을 처음부터 끝까지 지켜본 왕비도 감탄을 금치 못했다. 왕비는 자신의 방으로 살마를 따로 불러 춤 솜씨를 칭찬했다.

"참석자들이 춤을 더 보여 달라고 야단이오. 힘들겠지만 춤을 한두 가지 더 보여 줄 수 있으면 잔치를 연 나로서는 큰 기쁨이 될 거요. 이렇게 행사를 빛내 준 그대한테 모두를 대신해 감사하오. 오늘의 감동은 오래도록 전해질 만큼 모두한테 즐거운 추억으로 남을 거요."

살마는 예의를 갖춰 답했다.

"이처럼 성대한 잔치에 초대해 주셔서 오히려 제가 큰 영광입니다. 저는 왕비님께서 청하시는 춤을 보여 드릴 준비가 되어 있습니다. 다만 제가 가장 자랑할 만한 춤을 보여 드리기 위해서는 제 시어머니가 보관하고 있는 깃털 모자가 있어야 합니다. 왕비님께서 어머니한테 그 모자를 제게 빌려 주라고 말씀해 주십시오. 그래 주신다면 모두가 깜짝 놀랄 만한 새로운 춤을 보여 드리겠습니다."

왕비가 부탁을 받아들이자 살마는 시어머니에게 가서 왕비의 말을 전했다. 살마는 자신은 그러고 싶지 않지만 왕비의 강력한 요청에 따를 수밖에 없다고 설명했다.

어머니와 얘기하는 동안 왕비가 보낸 사신이 두 사람을 데리러 왔다. 두 사람은 왕비에게 나아갔다. 그러자 왕비가 살마의 시어머니에게 말했다.

"내가 댁의 며느리한테 깃털 모자를 쓰고 춤을 추어 달라고 청하였소. 그러니 며느리한테 모자를 주어 그녀가 춤을 춘 뒤 돌려받도록 하시오."

그러나 무바라크의 어머니는 아들과 약속한 바가 있어서 그럴 수 없다고 간곡한 어조로 양해를 구했다. 거절당한 왕비는 강한 어조로 말했다.

"깃털 모자를 내게 건네주시오. 내가 책임을 지겠소. 이 일로 일어나는 모든 피해는 내가 책임지고 갚아 주리다."

난처해진 어머니는 하는 수 없이 깃털 모자를 가져와 왕비에게 주었다. 이리하여 모자가 살마의 손에 들어갔다. 잔치에는 살마의 두 아이도 함께 와 있었다. 살마는 깃털 모자를 쓰고 무대로 나갔다. 그녀는 날아갈 듯이 기뻤다.

살마는 모두를 경탄케 하는 멋진 춤을 추었고, 사람들은 박수를 보냈다. 춤이 끝나자 사람들은 한 번 더 춤을 보여 달라고 청했다. 그러자 살마가 왕비에게 말했다.

"왕비님, 저는 처음보다 더 멋진 춤을 출 수 있습니다. 그 춤을 추려면 제 두 아이와 함께 무대에 서야 합니다."

왕비는 사람들의 청에 따라 아이들을 무대에 오르도록 허락했다. 무대에서 살마는 춤을 추기 시작했다. 그러면서 양팔에 각각 아이 하나씩을 안았다. 그녀는 계속 화려한 춤을 추며 구경하고 있는 모든 사람들의 넋을 빼놓았다. 시간이 지나면서 그녀의 몸은 조금씩 땅 위로 떠올랐다. 사람들은 이것 역시 또 다른 춤 동작으로 여겼다. 살마는 높이 날아올라 마침내 벽의 맨 꼭대기에 우뚝 섰다. 사람들은 자신들의 눈을 믿을 수가 없었다.

살마가 시어머니에게 말했다.

"어머니, 저는 이제 고향으로 돌아갑니다. 만약 남편이 저를 찾으면 라이한 섬으로 오라고 해 주세요. 사랑하는 그이한테 인사를 전합니다. 남편은 참으로 품위 있는 남자이고, 그의 곁에서 저는 참으로 행복했습니다. 그동안 그는 제게 정말 잘해 주······."

살마는 미처 말을 끝맺지 못한 채 아이들을 데리고 하늘로 날아갔다. 사람들은 놀라워하며 사라지는 그녀를 바라보았다. 이 이야기는 온 왕국에 널리 퍼져 사람들 입에 오르내렸다.

무바라크의 어머니는 마음 아파하며 집으로 돌아왔다. 아들이 돌아오면 이 슬픈 소식을 어떻게 알리고, 자신이 약속을 어긴 사실을 어떻게 말해야 할지 걱정이 태산이었다.

살마가 떠나고 며칠이 지나 무바라크가 집으로 돌아왔다. 그의 심장은 사랑스러운 아내와 자식들, 보고픈 어머니를 만날 생각으로 몹시 두근거렸다. 그러나 기쁨에 들떠 도착한 집에는 인기척이 사라지고 정적만 감돌 뿐이었다. 10년은 더 늙어 보이는 어머니만이 홀로 집에 남아 있었다.

무바라크는 다급히 살마와 아이들에 관해 어머니께 물었다. 온갖 불길한 느낌이 그의 머릿속에 가득 찼다. 어머니는 살마가 아이들을 데리고 날아간 이야기를 전부 말해 주었다. 무바라크는 큰 충격을 받았지만 꾹 참았다.

"모든 일은 알라께서 정하신 것입니다. 우려하던 일이 드디어 일어났습니다만 누굴 탓하거나 잘잘못을 따질 수는 없습니다."

그는 정신을 가다듬었다.

'잘못은 내게 있다. 비밀을 지킬 수 없는 어머니께 비밀을 알려 드린 것 자체가 내 잘못이야.'

무바라크는 살마가 떠나면서 어머니께 남겼다는 말을 떠올렸다. 시간이 지나자 감정이 가라앉고 마음의 안정도 되찾았다.

'그래, 아내는 내가 싫어 도망친 게 아니다. 사랑하는 여자를 얻으려면 남자는 고난을 겪어야만 한다. 여자는 쉽게 얻을 수 있는 사소한 존재가 아니라 온갖 노력을 기울여야 얻을 수 있는 귀한 존재

이다.'

처음 살마를 만났을 때 그는 일방적으로 그녀를 집에 데려오고, 진실한 마음으로 사랑을 구하지도 않았다. 무바라크는 이번에는 살마를 얻기 위해 그 어떤 어려움이라도 기꺼이 겪겠다고 다짐했다. 그렇게 해서 살마를 얻어야만 자신이 그녀를 진심으로 원했음을 보여 줄 수 있을 것이다. 그는 시간과 노력이 얼마나 들지 모르지만 반드시 아내를 찾아가리라고 결심했다. 그녀가 없는 집은 황량한 무덤과 같고 살아온 동네마저 낯설게 느껴졌다. 그는 살마를 찾아 라이한 섬으로 떠나기로 굳게 마음먹었다. 섬의 정확한 위치는 모르지만 이전에 여행하면서 그곳에 관해 들은 적이 있었다.

무바라크는 떠나기 전 집에 홀로 남을 어머니를 위해 생활에 필요한 모든 것을 마련하고 하녀를 두어 보살피도록 했다. 여행이 얼마나 걸릴지, 무사히 돌아올 수 있을지 알 수 없었다. 이번 여행이 마지막이 될지도 모를 일이었다.

무바라크는 밤낮으로 여행을 계속했다. 잠과 휴식은 꼭 필요할 때만 취하고 계속 앞으로 나아갔다. 그렇게 한참 헤맨 끝에 그는 땅끝에 있는 어느 도시에 도착했다. 이제 그의 앞에는 깊고 넓은 바다만이 있었다. 그는 자신이 타고 온 낙타와 갖고 있는 물건을 전부 팔아서 필요한 돈을 마련한 뒤 한 여관에 머물렀다.

숙소를 잡은 무바라크는 시장 거리를 오가면서 사람들 얼굴을 살펴보았다. 그는 인자하게 보이는 어느 상인을 만나서 라이한 섬에 사는 조카를 찾아가고 싶으니 그 섬으로 가는 길과 방법을 알려 달라고 했다. 그러자 상인은 놀란 표정을 지었다.

"여보시게, 젊은 양반. 라이한 섬이 여기서 얼마나 멀리 떨어져 있는지 알고 있소? 그리고 그 섬에 도착하기 전에는 거친 파도와

싸워야 하는데 견딜 수 있겠소? 험한 바다를 겁내서 웬만한 배들도 거기에는 가려 들지 않는다오. 그 섬에 가는 배가 몇 척 있기는 한데, 출발 시간은 따로 정해진 것이 없소. 하지만 내 소개라면 배를 탈 수 있을 거요. 바람의 방향이나 세기에 따라 다르지만 섬까지는 두세 달 가량 걸릴 거요."

무바라크는 상인에게 부탁하여 배를 탈 수 있었다. 그가 탄 배는 밤낮으로 항해를 계속했다. 어느 때는 항해를 가로막는 거센 폭풍이 몰려오기도 했다. 그러나 무바라크의 단호한 결심 앞에서는 어떠한 폭풍이나 장애물도 문제가 되지 않았다. 그들은 폭풍과 험난한 파도가 울부짖는 바다를 헤쳐 나갔다. 목숨을 건 항해를 하는 동안 배를 탄 사람들은 서로 힘을 모으고 도우면서 어려움을 이겨 나갔다.

어느덧 배가 섬 부근에 가까워졌다. 무바라크의 가슴은 뛰기 시작했다. 간절한 소망이 이루어질 순간이 다가왔다. 그는 머릿속으로 아내와 아이들을 떠올리면서 만날 방도를 궁리하기 시작했다.

'아마도 아내는 이 나라의 왕이나 족장, 또는 큰 상인의 딸일 거야. 어떻게 하면 그녀를 찾아낼 수 있을까? 그녀를 만날 좋은 방법이 없을까?'

무바라크는 섬에 내려 묵을 곳을 정한 뒤 바로 도시를 돌아다니면서 며칠 동안 아내를 찾아다녔다. 어느 날 큰 궁전을 지나다가 그는 문득 그 안에 아내가 있을 것이라는 예감이 들었다.

무바라크는 궁전 문 앞에 서서 안을 들여다보다가 정원에서 어린애 하나를 보았다. 아이는 아들 살림과 비슷하게 생겼지만 거리가 멀어서 확인할 길이 없었다.

'저 애가 내 아들인지 아닌지 알 수 있으면 좋으련만.'

무바라크가 그런 생각을 하고 있을 때 신기하게도 한 아이가 다가왔다. 몸집으로 보나 얼굴로 보나 틀림없는 자신의 아들 살림이었다. 무바라크는 스스로 감정을 가라앉혀야만 했다. 자칫 감정에 치우쳐 자신의 존재를 알렸다가 아내에게 누를 끼칠지도 모를 일이었다. 그는 숙소로 돌아와 가족을 찾은 기쁨으로 벅찬 가슴을 진정시켰다. 하지만 어떻게 가족에게 자신이 왔음을 알린단 말인가? 그는 골똘히 생각하며 여러 가지 방법을 떠올렸지만 만족할 만한 해결책을 찾지 못했다.

그러던 어느 날 해결책이 생겼다. 무바라크의 노력에 감동한 여관 주인이 말해 준 방법이었다. 주인은 사람을 보내 무바라크의 아내에게 남편이 이곳에 머문다는 소식을 알리면 아내가 남편을 위해 좋은 방안을 찾아낼 것이라고 조언했다.

"어머니께 궁 안에 다녀오라고 부탁하겠소. 당신 아내가 믿을 수 있도록 당신이 끼고 있는 반지를 전해 줍시다."

무바라크는 그의 제안에 동의했다. 남편의 소식을 전해 들은 살마는 그리움으로 가슴이 벅차올랐다. 다만 한 가지 걱정은 무바라크의 신분이 귀족인 자기 집안의 높은 신분과 차이가 난다는 점이었다. 살마는 부모님께 남편의 방문을 알리고 어떻게 해야 할지 여쭤 보았다. 아버지는 상인 하나를 보내어 아무도 모르는 곳에서 무바라크를 만나도록 했다. 그 상인은 물품을 가득 실은 배를 무바라크에게 마련해 주었고 그는 이 배를 몰고 다른 섬으로 가서 물건을 팔아 많은 돈을 벌었다. 그리고 그 돈으로 큰 배 한 척과 라이한 섬에서 필요한 물건과 가족한테 줄 선물을 샀다.

무바라크는 라이한 섬으로 떠나기 전 장인에게 사람을 보내 자신이 물품을 가득 싣고 라이한 섬에 도착할 것이며, 장인 집에서 손님으로 머물 것이라는 소식을 전했다.

살마의 아버지는 사위가 온다는 말에 크게 기뻐했다. 그는 상인들에게 부자 상인 하나가 많은 물건을 싣고 이 섬으로 오고 있으니 모두 그를 극진히 맞이하자고 제안했다.

"여러분, 우리 섬나라는 이 상인과 좋은 관계를 맺음으로써 큰 결실을 맺을 것입니다."

섬에 도착한 무바라크는 라이한 섬의 상인들과 유지들에게 대환영을 받았고, 살마의 아버지는 그를 귀한 손님으로 맞아들였다.

살마의 아버지는 섬의 모든 상인과 유지 들을 만찬에 초대했다. 이 만찬 후에도 상인, 유지 들이 무바라크를 귀빈으로 초대해서 며칠 동안이나 잔치가 계속되었다. 이제 무바라크는 그 나라에서 유명한 인물이 되었다.

시간이 지난 뒤 무바라크는 정식으로 살마에게 청혼하고 그녀의 가족은 그 청혼을 흔쾌히 받아들였다. 재판관과 증인들 앞에서 혼약이 이루어졌고, 성대한 혼인식이 열렸다. 그 후 무바라크는 사랑하는 아내, 아이들과 함께 오래도록 행복하게 살았다.

세 자매가 겪은 기이한 이야기

옛날에 딸을 셋 둔 부부가 살고 있었다. 그런데 불행하게도 아내는 셋째딸을 낳고 얼마 지나지 않아 그만 세상을 떠나고 말았다. 남편은 큰 슬픔에 잠겼다. 이제 그는 딸 셋을 위해 혼자 부모 노릇을 감당해야만 했다.

세 딸은 무럭무럭 자랐다. 아버지는 딸들이 커 가자 집안일 등 남자가 할 수 없는 일들을 해 줄 아내의 필요성을 절실하게 느꼈다. 그는 혼인을 결심하고 마음에 드는 여자를 만나 청혼했다. 청혼을 받은 그 여자는 애정을 갖고 남자의 세 딸을 잘 돌보겠다고 말했다. 남자는 기뻐하면서 새로운 생활에 큰 기대를 걸었다. 집으로 온 새 아내는 처음에는 열심히 일하면서 집안의 크고 작은 일에 모든 정성을 다했다.

그러나 몇 년이 지나자 새 아내는 딸들에게 푸념을 늘어놓기 시작했다. 그녀는 딸들이 어린애 같은 행동을 한다며 불만을 쏟아 냈다. 처음에 남편은 너그러운 마음으로 아내의 불평을 들어주고, 딸들을 호되게 꾸짖기도 했다. 그러자 아내는 꾸지람만으로 안 되니 딸들을 때리거나 가두라고 말했다. 또 하지 말라는 일을 딸들이 할 때는 엄하게 대하라고 했다. 하지만 남편은 새 아내의 말처럼 자신의 딸들을 모질게 대할 수는 없었다.

새 아내는 딸들이 자기 말을 듣지 않는다는 둥 시킨 일을 게으름을 피며 하지 않는다는 둥 착하고 얌전한 딸들에 대한 푸념을 계속 늘어놓았다. 또한 어린 여자애들이 으레 하는 사소한 실수를 꼬투리 삼아 딸들에 대한 불만을 입에 달고 살았다.

그러다가 계모는 마침내 계략을 꾸미며 그것을 곧바로 실행에 옮겼다. 그녀는 아랫도리에 빛나는 장식물을 달았다. 장식물은 서로 조금만 닿아도 남편을 유혹하는 매혹적인 소리를 냈다.

어느 날 밤 남편이 잠자리를 함께하려고 하자 아내가 이를 물리쳤다. 그녀의 차가운 태도를 이상히 여긴 남편이 이유를 묻자 아내가 답했다.

"사는 게 지겨워졌어요. 더구나 당신 딸들과 함께 사는 것은 더욱 싫어요. 나 아니면 딸들, 둘 중 하나를 고르세요."

"내게는 당신과 딸들 모두 소중하오. 어느 하나를 버리고 다른 하나를 택할 수는 없소."

남편의 완고한 태도에 아내는 계속 유혹하면서 생각을 바꿔 보려고 했다. 남편은 아내의 무리한 요구에 화가 났으나 그녀 몸에 달린 장식물이 부딪치는 황홀한 소리에 마음을 빼앗기기 시작했다. 그는 결국 아내 쪽으로 마음이 기울어서 급기야 딸들을 버리기로 마음먹었다.

'그래, 새 아내한테서 다시 자식을 얻을 순 있지만 자식한테서 아내를 얻을 수는 없어. 맞아, 아내가 먼저고 자식은 그다음이야.'

남편은 딸들을 사막으로 데리고 가서 알라의 뜻에 맡긴 채 내버려두고 돌아오기로 했다. 알라께서 딸들을 살리기로 하신다면 그들은 살아남을 것이고, 그렇지 않으면 알라 곁으로 가는 수밖에 없다고 생각한 것이다.

어느 날 아침 남편은 세 딸에게 가까이 사는 친척집에 가자고 했다. 딸들 중 막내딸은 특히 아버지를 잘 따랐다. 잠을 자도 꼭 아버지 곁에서 자고 자기 손으로 아버지를 잡고 있어야 안심할 정도였다. 그래서 잠잘 때 한 손은 아버지 수염을, 또 다른 손은 옷자락을 붙잡고 잤다. 남편 역시 막내딸을 몹시 귀여워하여 원하는 것이면 무엇이든 들어주었다.

남편은 아내에게 딸들을 사막에 버리고 오겠다고 했다. 그러나 밤낮으로 자신의 수염과 옷을 붙잡고 자는 막내딸을 어떻게 해야 할지 모르겠다고 말했다. 그러자 부인이 답했다.

"염소 수염을 가져가세요. 막내가 당신 곁에서 잠들 때 염소 수염과 옷을 붙잡게 하세요. 그런 뒤 옷자락만 잘라 버리면 되잖아요."

남편은 딸들과 함께 사막으로 가서 밤이 되자 회양목 아래에 낙타를 쉬게 하고 자리를 잡았다. 그리고 저녁을 먹은 다음 나무 밑에 잠자리를 마련하고 모두들 잠을 청했다. 막내딸은 아버지 곁에 누워 아버지 옷자락과 수염을 잡고 잠들었다. 남편은 새 아내의 계략대로 염소 수염을 막내 손에 쥐어 주었다. 그러고는 막내가 잡은 옷자락을 자르고 짐을 챙겨 낙타에 올라탔다. 그는 잠든 딸들을 내버려두고 떠나면서 중얼거렸다.

"회양목이여, 내 딸들을 잘 보살펴 주오. 딸들한테 남은 유일한 이웃은 당신뿐이라오."

다음 날 아침 햇살을 받으며 잠에서 깬 딸들은 주위를 둘러보았으나 아버지가 보이지 않았다. 딸들은 아버지가 자신들이 사막에서 굶어 죽든 늑대 먹이가 되든 상관하지 않고 버리고 갔음을 깨달았다. 먹을 것이라고는 어제 먹다 남은 음식이 전부였다.

그럭저럭 하루를 버틴 딸들에게 개 한 마리가 다가왔다. 개는 음식이 가득 든 바구니를 목에 걸고 다가와서는 바구니를 내려놓고 가 버렸다. 딸들이 바구니 뚜껑을 열자 그 안에 좋은 냄새가 나는 음식이 잔뜩 들어 있었다. 딸들은 배가 부르도록 실컷 먹고 난 다음 바구니를 제자리에 두었다.

저녁이 되자 개는 음식이 가득 든 또 다른 바구니를 목에 걸고 다가와 빈 바구니와 바꿔 놓았다. 그렇게 며칠 동안 개는 계속해서 음식을 가져왔다. 개가 가져다주는 음식 덕분에 딸들은 편안히 지낼 수 있었다. 가난과 질투, 미움이 가득하던 자신들의 집에서는 누려 보지 못하던 행복이었다.

세 딸 중 막내가 가장 활달하고 호기심이 많았다. 막내는 음식을 날라다 주는 개의 정체를 알고 싶었다. 그래서 하루는 개가 음식을 놓고 갈 때 어디로 가는지 뒤를 따라가 보기로 마음먹었다. 개는 뒤도 돌아보지 않고 계속 길을 갔다. 큰 바위 앞에 도착한 개는 한 발로 바위를 쳤다. 그러자 바위가 열리고 개는 땅 밑으로 내려갔다. 막내딸이 그 뒤를 따라 땅속으로 들어가자 바위가 닫혔다. 막내는 가까운 나무 둥치 뒤로 몸을 숨겼다. 안에서는 진들이 악기를 연주하며 노래를 부르고 있었다.

마이와 자으파란이여, 너는 왜 우리에게서 보이지 않지?
연못들은 헤너꽃을 피우고 연못들 샛길마다 국화가 있네.

마이는 막내의 이름이고 자으파란은 둘째의 이름이었다. 막내는 노랫말을 마음속에 새기며 나무 뒤에 숨어 있었다. 어느새 개가 음식을 갖고 땅 위로 나갈 시간이 되었다.

개는 아까와 같은 방법으로 밖으로 나왔다. 막내는 뒤따라 나와 바위 근처에 숨었다. 그리고 개가 음식이 담긴 바구니를 주고 돌아올 때까지 기다렸다가 다시 땅속으로 들어가는 것을 보고 나서야 언니들에게 돌아갔다. 걱정하던 언니들은 막내를 나무라면서도 무사히 돌아온 것에 기뻐했다.

막내는 자기가 본 것을 언니들에게 말해 주었다. 열렸다 닫히는 바위, 노래하는 진들에 대한 이야기와 자신이 외운 진들의 노랫말도 빼놓지 않았다. 세 자매는 이 노래를 부르며 춤을 추었다. 마침 음식을 갖고 오던 개가 이들의 노래를 들었다. 개는 자신들이 진이라는 사실이 알려졌음을 눈치 챘다. 딸들에게 음식 바구니를 내려놓고 나서 개가 말했다.

"우리가 누군지 안 이상 너희는 이곳에 머무를 수 없다. 너희 중 누가 우리에 관해 알아냈느냐?"

두 언니는 막내 마이를 가리켰다. 그러자 개는 막내의 한쪽 다리에 침을 뱉었고, 마이의 다리는 순식간에 개의 다리로 변했다. 그 모습이 너무 보기 흉해 과연 그녀가 혼인할 수 있을지조차 의심스러울 정도였다. 개는 자매들에게 도시 쪽을 가리키며 말했다.

"이제 너희 세 명은 도시로 가라. 그곳에 도착하면 첫째는 농장에서, 둘째는 맷돌에서, 막내는 야자나무 숲에서 생계를 구하게 될 것이다."

흉한 다리를 갖게 된 막내를 보자 개는 불쌍한 마음이 들었다. 그래서 막내를 불러 자루를 건네주면서 말했다.

"이 자루를 잘 갖고 있다가 내 도움이 필요하면 안에 있는 것을 불에 태워라. 그러면 내가 네 앞에 나타날 것이다."

막내 이야기

세 자매는 길을 떠났고 어느덧 도시 근처에 이르렀다.

개의 말대로 막내 마이는 시냇물을 따라 걸어가 야자나무 숲 속으로 들어갔다. 밤이 오자 무서워진 막내는 숲 속을 헤매다가 집 한 채를 발견했다. 그녀는 집 안으로 들어가 어두운 한쪽 구석에 몸을 숨기고 잠을 잤다. 아침이 되자 하인이 일꾼들이 먹을 음식을 그곳에 가져다 놓았다. 배가 고파진 막내딸은 숨은 곳에서 나와 음식을 먹고 다시 구석으로 들어갔다. 이렇게 그녀는 이틀 동안 일꾼들 몫의 음식을 조금씩 훔쳐 먹었다. 일꾼들은 전에 비해 음식이 모자라자 이 사실을 주인에게 알렸다.

주인에게는 다 큰 아들이 하나 있었다. 일꾼들의 말을 들은 주인은 아들을 시켜 음식을 지켜보게 했다. 아들은 집 안에 숨어서 기다렸고 막내딸은 아무것도 모르는 채 살금살금 기어 나와 음식을 먹었다. 마이를 발견한 아들은 천천히 다가가 그녀를 붙잡고 물어보았다.

"너는 사람이냐, 아니면 진이냐?"

"저는 진짜 사람입니다."

아들은 대답을 듣고 마음을 놓았다. 그는 마이에게 자신의 겉옷을 덮어 주고는 집으로 데려갔다. 아들은 그녀의 아름다움과 총명함에 반해 혼인하고 싶다고 아버지에게 말했다. 그러나 아버지는 혼인을 반대했다.

"너의 혼인 상대로 조건이 훨씬 좋은 네 사촌이 있지 않느냐? 우린 이 낯선 처녀의 집안조차 모른다."

그러나 아들은 사촌과 혼인하고 싶지 않았다. 마이와의 혼인이 자신의 운명이라고 믿었다. 아들이 계속 졸라 대자 결국 아버지는 아들의 소원을 들어줄 수밖에 없었다. 그는 아들과 마이를 마을 원로에게 데리고 가 혼인을 치러 주었다. 그 후 두 사람은 행복하게 지냈다. 주인집 아들은 마이의 한쪽 다리가 개의 다리인 것을 알면서도 사랑으로 모든 것을 덮어 주었다.

그러던 어느 날 큰 행사가 열려 마을의 모든 여자들이 초대되었다. 마이도 머리를 다듬고 치장을 한 다음 행사에 가기로 했다. 마이의 얼굴 화장을 해 줄 미용사 노파가 와서 그녀를 예쁘게 매만져 주다가 흉한 한쪽 다리를 보았다. 노파는 처음에는 자신의 눈을 의심했다. 다시 확인하고 싶어진 노파는 마이의 머리 장식 한 개를 주머니에 감추고 말했다.

"장식 한 개가 마님 옷에 떨어졌는데 좀 찾아봐 주세요."

마이는 노파의 말대로 옷에서 장식을 찾아보았으나 아무것도 보이지 않았다. 노파는 장식이 아래에 있을지 모르니까 다시 찾아보라고 했다. 마이는 앉은 채로 몸을 흔들어 보았으나 장식은 나오지 않았다. 그러자 노파가 다시 말했다.

"앉아 계셔서 장식이 보이지 않을 수도 있으니 한번 일어나 보시겠어요."

마이는 어떻게 해서든 이 상황을 피하고 싶었다. 만일 노파 앞에서 일어선다면 다리가 드러나게 되고, 시댁 식구들과 다른 사람들에게 자신의 비밀이 탄로날 것이기 때문이었다. 그러나 노파가 계속 재촉하는 바람에 어쩔 수 없이 일어설 수밖에 없었다. 그녀는 흉한 다리를 감추려고 애썼지만 노파는 눈을 크게 뜨고 이상한 모양의 다리를 살펴보았다. 그리고 사실을 확인한 다음 마이의 시부모에게 가서 이를 알렸다.

"글쎄, 당신네 며느리 다리가 개 다리 모양이네요."

"이봐요, 할망구. 입 조심하시오. 그런 헛소문을 퍼뜨려 순진한 우리 며느리를 헐뜯다니!"

그러자 노파는 펄쩍 뛰며 대꾸했다.

"내 말은 사실이라오. 내 목숨을 걸고 맹세하겠소. 대신 내 말이 사실로 밝혀지면 당신네 며느리 목을 쳐서 그 머리 무게만큼의 금을 내게 주시오. 만일 내가 거짓말을 했다면 내 머리를 잘라 그 무게만큼의 금을 당신 며느리에게 주면 될 것 아니오?"

시부모는 어쩔 수 없이 내기를 받아들이기로 했다. 만일 며느리에게 이상이 있다면 아이들도 같은 흠을 가지고 태어나게 되고, 이는 가문에 큰 누가 되는 일이었다. 시부모는 내기의 내용을 문서로 작성하고 증인도 세웠다. 시부모가 노파에게 물었다.

"우리 며느리 다리가 개 다리라는 것을 어떻게 알아볼 수 있소? 증인들이 어떻게 그것을 확인할 수 있느냔 말이오?"

확신에 찬 표정으로 노파가 답했다.

"구덩이를 하나 팝시다. 그런 다음 댁의 며느리와 다른 처녀들한테 그 구덩이 위를 뛰어 건너라고 하지요. 그러면 구덩이 앞에 선 증인들이 여자들의 다리를 볼 수 있을 겁니다."

시부모는 그 생각에 동의해서 구덩이를 파고 며느리의 다리를 확인할 날짜도 정했다. 노파는 자신의 계획이 들어맞는다면 많은 재물을 얻을 수 있으리라 생각하며 기뻐했다.

한편 마이의 남편은 아내에 관해 퍼진 나쁜 소문과 노파의 계략을 알고 있었다. 그는 아내가 죽음을 피할 길이 없으리라 여기며 서

슬픈 마음을 억누를 수가 없었다. 이를 지켜본 마이는 슬퍼하는 남편을 위로했다.

"너무 걱정하지 마세요. 알라께서 선한 자를 구해 주실 테니까요. 이번 일로 죽임을 당할 사람은 제가 아니라 그 사악한 노파일 거예요."

마이는 도시로 오기 전 개한테서 받은 주머니를 풀어 속에 든 물건을 꺼낸 다음 불 속에 던졌다. 짙은 연기가 자욱하게 앞을 가리자 돌연 전에 만났던 개가 연기 속에서 나타났다. 마이의 이야기를 듣고 난 개는 그녀의 발과 다리를 문질렀다. 그러자 개 다리였던 그녀의 다리가 정상으로 돌아왔다. 수심에 싸였던 남편은 아내가 내기에서 이길 것이 확실해지자 진심으로 기뻐했다.

약속한 날이 되자 마을에 사는 여자들 아홉 명과 함께 마이가 왔다. 내기를 판정할 증인들과 시댁 식구들도 와 있었다. 시부모는 노파와 합의한 대로 여자들에게 구덩이 위를 뛰게 했다. 여자들은 한 명씩 구덩이 위를 폴짝 뛰었다. 마침내 마이의 차례가 되었다. 그녀는 보란 듯이 구덩이 위를 뛰어 건넜다. 그때 증인들 모두가 본 그녀의 다리는 보통 사람의 정상적인 다리였다. 노파는 자신의 눈을 믿을 수가 없어 다시 한 번 뛰어 보라고 했다. 여자들은 한 번 더 구덩이 위를 뛰었고, 마이도 그녀들과 함께 폴짝 뛰면서 매끄러운 다리를 보여 주었다. 역시 마이의 다리는 정상이었다. 노파는 혼란스러웠다.

"그럴 리가 없습니다. 증인 여러분, 그녀의 다리를 직접 자세히 살펴보십시오. 아마 여러분이 너무 멀리서 보았기 때문에 마이의 개 다리를 보지 못했을 수도 있으니까요."

노파의 요구대로 마이는 따로 증인들 앞에 섰다. 그들은 마이의 발과 다리를 살펴보았지만 노파가 말한 개 다리는 찾을 수 없었다.

"도대체 개 다리란 것이 어디 있단 말이오?"

노파는 아무 대답도 하지 못하고 소리 내어 울기 시작했다. 이제 노파는 정해진 운명에서 벗어날 수 없었다. 사람들은 칼을 가져와 닭 머리를 치듯 노파의 머리를 잘랐다. 그러고는 저울로 머리 무게를 달아 노파가 가져왔던 금 중에서 그 무게만큼 덜어 마이에게 주었다. 그 후 마이는 남편과 함께 자식을 낳고 행복하게 살았다.

둘째 이야기

한편 자매들 중 둘째 자으파란은 어떻게 되었을까?

자으파란은 개가 시킨 대로 도시로 들어가 맷돌이 놓인 곳에 머물기로 했다. 마침 그곳에 밀을 빻으려는 여자가 왔다. 자으파란은 곁에서 그녀의 일을 도와주었다. 밀을 다 빻고 난 여자는 감사의 뜻으로 자으파란에게 밀 한 줌을 주었다. 자으파란은 여자한테서 받은 밀과 맷돌 옆에 떨어진 밀가루 부스러기를 한데 모았다. 그런 뒤 입 안에 넣고 씹어서 제법 큰 반죽 덩어리를 만들었다. 그리고 돌을 가져와 그 위에 반죽을 얹어 뒤집으면서 내리쬐는 햇볕에 둥그런 모양의 빵을 구웠다.

자으파란은 구워진 빵을 가지고 여자들이 모여서 얘기를 나누는 곳으로 갔다. 여자들은 누구누구가 혼인하고 헤어졌으며, 누구 애들에게 무슨 일이 있었다는 등 잡담을 늘어놓고 있었다. 자으파란이 여자들에게 말했다.

"여러분 중 누가 이 빵을 사시겠어요? 이 빵은 맷돌로 갈지도 않았고, 물로 반죽하지도 않았으며, 불로 굽지도 않았지요."

여자들은 놀란 눈으로 빵을 쳐다보았다. 그들이 빵 값을 묻자 자으파란이 답했다.

"이 빵은 돈으로 살 수 없어요. 여러분 중 한 사람의 남편과 이 빵을 맞바꾸겠습니다."

여자들은 어떻게 남편과 빵 하나를 바꿀 수 있느냐고 어이없어 했다. 그러다가 한 여자가 나서서 빵 값으로 자신의 남편을 주겠다고 말했다. 그 여자는 단지 빵을 얻고 싶은 마음에 농담을 했던 것이다. 여자는 자으파란에게 빵을 받은 뒤 여러 조각으로 나누어 여자들한테 주었다. 그들은 빵을 먹으며 더욱 즐겁게 이야기를 나누었다. 헤어질 시간이 되자 여자들은 각자 집으로 돌아갔다. 자으파란은 남편을 주겠다며 빵을 가져갔던 여자 뒤를 쫓아갔다. 계속 자신의 뒤를 따라오는 자으파란에게 여자가 물었다.

"대체 왜 내 뒤를 졸졸 따라오는 거예요?"

"당신 집에 가려고요. 이제 당신 남편은 제 것이니까요."

"아니, 당신 지금 무슨 소리예요? 진담이에요, 아니면 농담이에요? 머리가 어떻게 된 거 아니에요?"

여자가 비아냥대자 자으파란이 답했다.

"내 정신은 말짱해요. 당신은 남편을 내게 팔고 빵을 가져가지 않았나요? 그런 다음 당신 친구들과 나눠 먹었잖아요."

"빵 값이 1키르슈^{아랍의 화폐 단위}지. 자, 특별히 5키르슈를 줄 테니 어서 받아요."

"난 약속한 대로 빵 값으로 당신 남편만 받겠어요. 더 긴 얘기도 싫고 돈도 필요 없어요. 당신의 전 재산을 준다고 해도 소용없어요. 오직 당신 남편만 가질 거예요."

자으파란의 얼굴은 진지했다. 빵을 샀던 여자는 자으파란이 자기 남편을 빼앗으려고 작정했음을 알아챘다. 겁에 질려 집으로 도망친 여자는 안으로 들어오지 못하게 문을 걸어 잠그려 했으나, 자으파란은 문을 밀고 집 안으로 들어왔다. 둘이 옥신각신 다툼을 벌이던 중에 여자의 남편이 집에 들어와 무슨 일이 있느냐고 물었다. 그러자 여자가 말했다.

"이 미친 여자가 말도 안 되는 소릴 지껄이고 있어요."

자으파란은 그녀의 말을 무시하며 남자에게 물었다.

"당신은 당신을 팔아 버린 자에 속하나요, 아니면 당신을 산 사람한테 속하나요?"

그러자 남편이 답했다.

"당연히 나를 판 자가 아니라 산 사람의 것이지요."

"그렇다면 당신은 제 것입니다."

자으파란은 영문을 몰라 하는 남자에게 사건의 자초지종을 이야기했다. 남편은 자으파란의 주장이 옳다고 말했다.

"당신 말이 맞소. 나는 나를 판 사람의 것이 아니라 사 준 사람의 것이오."

남편의 대답에 충격을 받은 여자는 필요한 살림 도구를 챙긴 다음 화를 내며 친정으로 가 버렸다. 남자는 자으파란과 함께 재판관에게 갔고, 증인 앞에서 혼인 서약을 했다. 이후 두 사람은 자식을 낳고 오래오래 잘살았다.

맏딸 이야기

그렇다면 자매 중 맏딸은 어떻게 되었을까?

맏딸은 어느 농장에 들어가서 농장 주인에게 말했다.

"당신 농장에서 일을 도와드리며 지내고 싶어요. 돈은 주지 않으셔도 괜찮습니다. 잠자리와 입을 옷만 주세요."

농장 주인은 그녀의 제안을 흔쾌히 반기며 농장 일을 하도록 허락했다. 맏딸은 밤낮으로 쉬지 않고 일했기 때문에 주인은 그녀를 마음에 들어 했다. 맏딸은 돈을 받고 일하는 사람들보다 성실했던 것이다. 주인은 부지런한 여자를 아내로 맞이하고 싶은 생각에 맏딸과 혼인하기로 마음먹었다. 맏딸은 주인의 청혼을 받아들여 두 사람은 부부가 되었다.

하루는 맏딸이 농장을 거닐다가 오랫동안 사용하지 않은 우물을 보게 되었다. 호기심에 그녀는 우물 안에 무엇이 있는지 궁금해하며 아래를 내려다보았다. 우물 바닥에는 한 노인이 누워 우물 안의 벽이 떨릴 정도로 크게 코를 골며 자고 있었다. 노인의 코 고는 소리를 들은 맏딸은 웃음을 터뜨리지 않을 수 없었다. 그러자 노인이 고개를 들어 그녀에게 말했다.

"안녕, 내 콧숨에서 나온 딸아."

"저는 당신 콧숨에서 나온 딸이 아닌데요."

그러자 노인은 자리에서 일어나 앉더니, 입 안에 침을 모아 그녀 얼굴에 뱉었다.

"네가 내 콧숨에서 나온 딸이 아니면 이 침이나 받아라."

얼굴에 침이 묻은 맏딸은 당황해하면서 집으로 달려갔다. 물로 씻어 보았지만 얼굴의 침은 없어지지 않았다. 그녀는 거울에 얼굴을 비추어 보았다. 작은 말똥풍뎅이들이 붙어 있어 무척 흉한 모습이었다. 그녀는 이런 저런 방법을 다 써 보았지만 얼굴에 붙은 벌레를 없앨 수가 없었다. 남편이 오자 그녀는 일어난 일을 모두 이야기했다. 다행히 남편은 개의치 않았다. 혹시 흉한 얼굴 때문에 버림받지 않을까 걱정하던 아내는 안도의 숨을 쉬었다. 사실 남편은 아내가 누구보다도 농장 일을 잘해서 혼인한 것이어서 아내의 외모나 다른 것은 안중에도 없었다.

　말똥풍뎅이들은 평소에는 맏딸 이마에 붙어 있다가 음식이 나오면 얼굴에서 내려와 음식을 먹고, 그런 다음 다시 얼굴로 되돌아갔다.

　맏딸은 자신의 얼굴을 망친 말똥풍뎅이들의 행패를 어떻게든 참아 보려고 했으나, 시간이 지날수록 신물이 나기 시작했다. 마침내 그녀는 그것들을 죽이든가 아니면 자신이 죽든가 끝장을 내기로 마음먹었다.

　그녀는 화덕에 불을 피웠다. 그리고 말똥풍뎅이들이 얼굴에서 내려와 돌 위에 모여 빵 부스러기를 먹느라 한눈을 파는 사이에 놈들이 앉아 있던 돌을 집어 화덕에 던졌다. 말똥풍뎅이들은 한 마리만 빼고 모두 불에 타 죽고 말았다. 맏딸은 살아남은 한 마리마저 화덕에 넣어 죽이려고 했다. 그러자 살아남은 말똥풍뎅이가 애원하며 말했다.

　"저를 살려 주세요. 살려만 주시면 다시는 당신 얼굴에 붙지 않겠다고 맹세할게요. 당신한테서 멀리 떨어져 지내면서 온순한 딸처럼 당신 말에 따르겠어요."

　맏딸은 그 말똥풍뎅이를 불쌍히 여겨 살려 주었다. 말똥풍뎅이는 약속대로 집 안 여기저기 옮겨다니며 마치 처녀처럼 노래도 부르고 재미난 이야기도 들려주었다. 집 안은 온통 말똥풍뎅이의 아름다운 소리로 가득 찼다.

　한편 맏딸의 남편에게는 아직 혼인하지 않은 사촌 동생이 있었다. 어느 날 말똥풍뎅이의 노랫소리를 들은 동생은 이를 혼인할 나이가 된 처녀의 목소리라 여겼다. 사촌 형의 딸이리라 생각한 그는 형에게 집에서 노래를 부르는 처녀와 혼인하게 해 달라고 말했다. 사촌 동생의 말을 들은 남편은 자기에게는 나이 찬 딸이 없다고 했다. 하지만 사촌 동생은 분명히 처녀 목소리를 들었노라고 말했다. 남편은 그제야 동생이 생각하는 처녀가 누구인지 짐작했다. 그는 노래의 주인공이 사촌 동생의 혼인 상대로 맞지 않아 소개해 줄 수 없다고 말했다. 하지만 사촌 동생은 처녀가 누구든 상관없으며, 심지어 벌레라고 하더라도 흔쾌히 혼인하겠다고 큰소리쳤다.

사촌 동생의 이러한 결심에 하는 수 없이 남편은 그와 말똥풍뎅이를 혼인시키기로 했다. 사촌 동생은 마흐르_{결혼 지참금}를 지불하고 혼약을 맺었다. 첫날밤이 되었다. 맏딸과 남편은 말똥풍뎅이를 보자기에 싸서 신랑 방에 넣어 주었다. 신부가 말똥풍뎅이라는 것을 모르는 신랑은 계속해서 신부를 찾았으나 끝내 보지 못했다. 목소리는 들을 수 있었지만 그가 꿈꾸던 여자는 어디에도 보이지 않았다. 그는 오랫동안 온갖 방법을 써서 신부를 찾아보았으나 헛수고였다. 그때 어디선가 목소리가 들려왔다.

"신부도 못 찾는 신랑이여, 당신 옷 속에 신부가 있어요."

그는 그 소리를 듣고 옷 안을 뒤졌지만, 이미 말똥풍뎅이는 다른 곳으로 재빨리 움직인 뒤였다. 또다시 목소리가 들려왔다.

"신부도 못 찾는 신랑이여, 옷 소매에 신부가 있어요."

이번에도 신랑은 아무것도 찾지 못했다. 그러다 그는 지쳐 버렸다.

다음 날 아침 신랑은 보이지 않는 신부에게 일을 맡겨 봐야겠다고 생각했다. 만약 신부가 정상적인 여자라면 맡긴 일을 제대로 해낼 것이고, 그렇지 않다면 신부의 정체가 드러날 것이기 때문이었다. 그는 보이지 않는 신부에게 말했다.

"여보, 나는 일이 있어 밖에 나갔다 오겠소. 저녁에 손님 세 분과 함께 돌아올 테니 식사 준비를 해 주시오."

신랑이 밖으로 나가자 말똥풍뎅이는 그릇 두 개에다 하나는 물을, 다른 하나는 밀가루를 담아 음식을 만들 준비를 했다. 말똥풍뎅이는 물속에 풍덩 뛰어든 다음 물 밖으로 나와서 물에 적신 몸에 밀가루를 묻혔다. 그런 다음 밀가루 위에서 곡예를 하듯 빠르게 몸을 놀리며 반죽을 만들기 시작했다. 우스꽝스럽기 짝이 없는 광경이었다.

그런데 그 모습을 진의 아들이 바라보고 있었다. 이 어린 진은 목구멍에 생긴 심한 종기 때문에 제대로 음식을 먹지 못하는 중병을 앓고 있었다. 진의 가족은 아이가 죽을 운명이라고 체념하고 마음 아파하며 지내는 중이었다. 어린 진은 말똥풍뎅이가 보여 주는 기막힌 묘기에 재미있어 하며 큰 소리로 웃어 댔고, 그 순간 목구멍을 막고 있던 종기가 터졌다. 어린 진은 금세 얼굴에 생기가 돌고 이내 자리에서 일어나 걸을 수 있었다. 진의 가족은 놀라움과 기쁨을 감추지 못하며 어린 아들을 바라보았다. 병이 어떻게 나았는지 묻자 아들은 말똥풍뎅이를 보고 있다가 그렇게 되었다고 말했다.

진의 어머니는 딸과 함께 말똥풍뎅이를 찾아갔다. 둘은 말똥풍뎅이 덕분에 아들이 나았으니 고맙다며 일을 돕기로 했다. 그들은 맛있는 음식을 만들어 주고 집 청소도 거들었다. 손님을 맞기 위한 모든 준비가 끝나고 말똥풍뎅이의 신랑이 돌아올 시간이 되자 진의 어머니가 말똥풍뎅이에게 말했다.

"당신은 죽어 가던 우리 아들을 고쳐 주었습니다. 당신이 우리에게 베푼 은혜는 절대 잊을 수 없습니다. 소원이 있으면 무엇이든 말해 보십시오, 들어드리겠습니다."

"한 가지 소원이 있습니다. 지금의 흉한 말똥풍뎅이 모습 대신 진짜 사람이 되어 남편의 충실한 아내로 살고 싶습니다."

진의 어머니와 딸은 말똥풍뎅이의 소원을 들어주었다. 주문을 외우자 말똥풍뎅이는 아름다운 여인으로 변했다.

  집으로 돌아온 신랑은 아름다운 신부와 그녀가 손님들을 위해 만든 맛있는 음식을 보았다. 신랑은 은총을 내려 주신 알라께 감사를 드렸다. 그리고 두 사람은 죽을 때까지 행복하게 살았다.

이프리트에게 납치된 처녀

　아랍의 어느 마을에 무즈나^{비,비구름}라는 예쁜 딸을 둔 부자가 있었다. 무즈나의 아버지는 낙타와 양도 많이 가지고 있고 집에는 가축을 돌보거나 집안일을 하는 하인들도 두었다. 무즈나는 그 집의 애지중지하는 귀염둥이 딸로 무엇 하나 부족함 없이 자랐다.
　무즈나가 어엿한 처녀가 되자 여러 곳에서 그녀와 혼인하고자 하는 남자들이 몰려왔다. 남자들은 무즈나의 미모와 장차 물려받을 많은 유산을 보고 그녀와 혼인하기를 원했다. 무즈나의 아버지는 청혼자들을 손님으로 맞아 대접했지만 딸에게는 이미 약혼한 사촌이 있고 조만간 여행에서 돌아올 것이라며 정중히 그들의 청혼을 거절했다. 청혼자들은 아버지의 깍듯함에 감동 받아 청혼 거절에도 전혀 자존심 상해하지 않고 오히려 융숭한 대접에 감사하면서 돌아갔다.
　무즈나에게는 시중드는 하녀와 자신만이 타는 낙타, 침실용 천막이 따로 마련되어 있었다. 무즈나는 친한 동네 여자 친구들과 어울려 집 가까이 있는 계곡에 놀러 다니곤 했다. 사람들의 시선과 그녀가 어떤 행동을 하든 품위 없이 군다고 타이를 웃어른들의 눈을 피할 생각이었던 것이다. 무즈나와 친구들은 동네 안에서 지내기가 지겨우면 몰래 약속을 한 뒤 계곡에 모여 즐거운 시간을 보냈다. 그들은 마을의 점잖은 어른들 눈을 피해 어린애들처럼 마음껏 놀고, 실컷 논 다음에는 아무 일도 없다는 듯 시치미를 떼고 마을로 돌아왔다.

무즈나와 친구들은 그렇게 오랫동안 함께 지냈다. 그런데 그들이 계곡에 올 때마다 무즈나를 지켜보는 무섭게 생긴 이프리트가 있었다. 이프리트는 무즈나에게 마음이 끌려서 몹시 사랑하게 되었다. 그래서 무즈나를 눈여겨보았고 그녀의 일거수일투족을 놓치지 않았다. 그녀를 향한 그의 사랑은 더욱 커져만 갔다.

하루는 무즈나가 친구들과 어울려 계곡으로 산책을 나왔다. 그런데 함께 놀던 친구들이 잠시 자리를 비워 무즈나 홀로 남게 되었다. 그 틈을 타 이프리트는 큰 새로 변하더니 무즈나에게로 날아가 자신의 두 날개로 그녀를 집어 올렸다. 이프리트는 땅이 아득하게 보일 만큼 높이 날았다. 그리고 잠시 후 담이 높고 대문은 철로 되어 있으며 수많은 방이 있는 자신의 궁전으로 그녀를 데리고 갔다.

궁전에 도착한 이프리트는 원래 모습으로 돌아왔다. 그는 무즈나의 손을 잡고 놀란 그녀를 달래며 말했다.

"당신은 이 궁전의 여주인입니다. 궁에 있는 하인들과 창고에 가득 쌓아 놓은 보물은 모두 당신 것입니다."

이프리트는 무즈나를 데리고 다니면서 넓은 궁전 안을 보여 주고 즐거운 이야기를 해 주었다. 그는 두려워하는 무즈나를 안심시키고 싶었던 것이다. 그래서 그녀를 위해 특별히 마련된 방으로 안내했다. 방은 놀라울 정도로 화려하고 온갖 고급스러운 옷과 장식, 향수가 들어 있는 가구들이 있었다. 그녀는 매혹적인 그 방을 보며 크게 흡족해했다. 이프리트는 그녀 방 바로 옆에 있는 자신의 방을 보여 주었다. 이프리트의 방 역시 멋진 가구들로 꾸며져 있었다. 그렇지만 벽에는 칼, 단도, 창, 활 등 각종 무기로 가득했다. 이프리트는 무즈나를 데리고 다시 그녀의 방으로 갔다.

"자, 이제 마음껏 휴식을 취하고 필요한 것이 있으면 말씀해 주십시오."

이프리트는 궁을 나와 다시 큰 새로 변해 하늘로 날아갔다. 이프리트의 모습을 바라보던 무즈나는 이제 자신의 새 운명에 맞춰 살아가리라고 마음을 굳게 다졌다.

무즈나는 여러 날을 이프리트의 궁전에서 보냈다. 그러면서 이프리트의 잠자는 시간과 습관, 사냥 나가는 시각 등 그의 모든 일상생활을 낱낱이 알게 되었다.

하루는 이프리트가 무즈나에게 궁전의 창고를 보여 주었다. 금과 은으로 가득 찬 방과 양모, 면, 비단 같은 온갖 종류의 옷감으로 채워진 방 등 창고는 온통 값비싼 물건들로 가득 차 있었다. 그런데 창고 한쪽에는 자물쇠가 채워진 방이 있었다. 이프리트는 다른 방에는 들어가도 상관없지만 그 방만큼은 절대 들어가서는 안 된다고 그녀로부터 몇 번이나 다짐을 받았다.

궁전에서만 지내던 무즈나는 사방이 벽인 그곳의 똑같은 생활에 점점 싫증을 느꼈다. 먹고 입는 것은 무엇 하나 부족하지 않았으나 그녀는 사람들과 어울려 사는 생활이 그리워졌다. 궁전 안을 돌아다니던 그녀는 잠겨 있는 방에 호기심을 느꼈다.

'이프리트가 없을 때 비밀 방을 열고 안에 무엇이 있나 보자.'

마침내 무즈나는 그 방을 열고 안으로 들어갔다. 방 한가운데에는 사람들의 시신과 죽은 당나귀, 낙타, 양, 염소 등이 다리가 묶이고 피가 엉겨 말라붙은 채 걸려 있었다. 그러나 이상하게도 시체들에서 고약한 냄새가 나지 않았다. 아마 이프리트가 몸에서 피를 빼낸 다음 살이 썩는 것을 막는 신비로운 처리를 한 것 같았다.

무즈나는 겁에 질려 방에서 나왔다. 그녀는 자신도 그 방에 걸린 시체들처럼 될까 봐 걱정했다. 그렇지만 똑똑한 그녀는 이프리트가 눈치 채지 않도록 방에 들어갔던 일을 감추었고, 무서움을 내색하지 않고 아무 일도 없었다는 듯이 자연스럽게 행동했다.

그 일이 있은 뒤로 그녀는 궁전이 더 좁고 답답하게만 느껴졌다. 무료한 생활 가운데 이따금 무즈나는 궁전 담 너머 세상을 건너다보았다. 밖에는 넓은 사막이 펼쳐져 있었다. 그녀는 예전에 사막에서 재미있게 보내던 시절이 그리워졌다.

어느 날 무즈나는 우연히 궁 밖에서 들려오는 한 남자의 목소리를 들었다. 그것은 바로 무즈나 집의 하인이 부르는 노랫소리였다.

무즈나의 낙타가 주인을 그리워하네…….

무즈나는 정신을 집중하여 노랫소리에 귀를 기울였다. 기쁘고 흥분된 그녀는 하인의 노래에 맞추어 노래를 불렀다.

나를 부르는 이여, 내 마음은 고향이 그리워 번민에 휩싸이고 눈물은 뺨을 적셔요. 멀리 떨어진 궁전에 무즈나가 있어요.

하인은 멀리서 무즈나의 희미한 목소리를 들었다. 그는 노래를 주고받으며 무즈나가 있는 곳으로 가까이 다가왔다. 소리가 어디서 나는지 알아낸 하인은 마침내 무즈나가 있는 궁전을 발견했다. 그리고 마을로 급히 뛰어가 그녀의 가족들에게 이 소식을 전했다.

무즈나의 가족은 그녀가 잘 있다는 소식을 듣고 기뻐했다. 그들은 무즈나를 구해 내기 위해 회의를 하고 오빠가 하인과 함께 이프리트의 궁전으로 가기로 결정했다. 궁전에 도착한 무즈나의 오빠는 필요한 무기와 식량만 몸에 지닌 채 하인에게 말을 데리고 마을로 돌아가라고 했다.

궁전을 한두 바퀴 돌아 본 오빠는 궁전 자체가 그야말로 철옹성임을 알게 되었다. 그는 궁전의 담벼락 한쪽에서 소리를 질렀다. 마침 그 소리를 들은 무즈나는 높은 곳으로 올라가 오빠를 볼 수 있었다. 그녀는 지금 이프리트가 궁 안에 있으니 몸을 숨기고 있다가 신호를 보내면 그때 안으로 들어오라고 했다.

궁전 근처에 숨어서 기다리는 동안 오빠는 머릿속에 온갖 생각이 떠올랐다.

'이프리트와 어떻게 싸운단 말인가? 그 괴물을 없앨 수 있는 방법은 무엇일까? 이프리트는 엄청난 힘을 가졌을 뿐 아니라 꾀가 많고 마술도 부린다는데 어떻게 그놈을 속일 수 있을까? 힘으로 보나 지혜로 보나 놈은 나보다 훨씬 강하다. 이프리트 혼자 이 궁을 지키는 것만 보더라도 놈이 얼마나 강한지 알 수 있다. 내 도전은 힌마디로 무모한 일이다. 성공보다는 실패할 확률이 더 높다.'

온갖 불길한 생각이 들었지만 무즈나의 오빠는 굴하지 않았다. 그는 결과야 어찌 됐든 동생을 구하기 위해 괴물과 맞붙어 보리라 굳게 마음먹었다. 용기와 단호한 의지로 싸우면 승리를 얻을 수도 있으며, 만일 승리하지 못하더라도 최선을 다했다면 결코 부끄럽지 않으리라 생각했다.

　정해진 시간이 되자 그는 일어서서 위쪽을 바라보았다. 위에서 기다리던 무즈나가 오빠에게 밧줄을 내려 주었다. 오빠는 밧줄을 잡고 장비를 등에 메고 담을 오르기 시작했다. 대문 이외에는 문이나 창문이 없어 이 방법을 택할 수밖에 없었다.

　그는 온 힘을 다해 위로 올라가 누이동생을 만났다. 그러고는 누이의 이마에 입을 맞추고 안부를 물었다. 무즈나는 무사히 잘 있었다고 답했다.

　"자, 더는 얘기할 시간이 없구나. 시간을 아껴서 이프리트를 해치울 방도를 마련해 보자. 한눈 파는 사람을 공격해서 해치는 그 무서운 괴물을 없애야만 한다. 그래야 우리 모두 안전해진다."

　무즈나는 오빠를 데리고 궁전 안으로 들어갔다.

　"지금 궁에는 이프리트가 없어요. 사람 사냥을 하러 나갔지요. 그는 정해진 시각에 돌아와요. 와서는 옷을 벗고 잠자리에 들지요. 괴물의 자는 모습은 사람과는 달라요. 자리에 누워 있을 때는 눈을 감는데, 막상 잠이 들면 눈을 뜨거든요.

　괴물에게는 머리가 일곱 개 달려 있어요. 한쪽의 가장 작은 머리에서 시작해 점차 크기가 커져서 반대쪽 끝에는 가장 크고 흉측한 머리가 있답니다. 괴물을 죽이려면 가장 작은 머리를 칼로 단번에 내리쳐야 해요. 그렇게 내리치면 괴물은 '다시 한 번 나를 내리쳐 줘. 그러면 너는 오래 살 거야.'라고 말할 거예요. 그렇지만 절대로 다시 내리치면 안 돼요. 만일 다시 내리치면 괴물이 살아날 거예요. 자, 벽에 걸린 저 칼을 사용하세요.

　이프리트가 돌아올 시간이 얼마 안 남았어요. 오빠는 저쪽에 몸을 숨기고 상황을 주의 깊게 지켜봐 주세요."

●──아랍 민담

오빠가 몸을 숨기자 무즈나는 이프리트가 사냥에서 돌아오기를 기다리면서 자연스럽게 평소 지내던 곳에 머물렀다. 드디어 이프리트가 정해진 시각에 도착했다. 자기 방에 간 이프리트는 무즈나에게 옷 벗는 것을 도와 달라고 했다. 그러고는 침대에 눕더니 졸기 시작했다. 곧 이프리트는 잠잠해졌다.

누이 말대로 괴물은 눈을 크게 뜨고 깊이 잠들어 있었다. 이프리트가 완전히 잠든 것을 확인한 오빠는 벽으로 다가가 거기에 걸린 칼을 집어 들었다. 그러나 칼집에서 칼을 빼면서 살짝 소리가 나자 깊은 잠에 빠진 줄 알았던 이프리트가 침대에 누운 채로 말했다.

"머리 자르는 칼을 둔 곳에 누가 있지?"

그러자 무즈나가 답했다.

"아저씨, 제가 눈 화장을 하고 있어요."

이프리트는 다시 조용해졌다. 무즈나의 오빠는 안심하며 칼을 조금 더 뽑았고 다시 소리가 났다. 또다시 이프리트가 물었다.

"머리 자르는 칼을 둔 곳에 누가 있지?"

이번에도 무즈나는 침착하게 답했다.

"아저씨, 제가 옷을 입고 있어요."

이프리트는 다시 깊은 잠에 빠졌다. 무즈나의 오빠는 조심스럽게 칼집에서 칼의 나머지 부분을 뽑아 들었다. 그러자 그 소리를 들은 이프리트가 말했다.

"머리 자르는 칼을 둔 곳에 누가 있지?"

무즈나가 세 번째로 답했다.

"아저씨, 제가 반지를 끼고 있어요."

이프리트는 다시 잠에 빠져 들었다. 이윽고 결판을 낼 시간이 되었다. 오빠는 칼을 들고 이프리트의 침대로 다가섰다. 그는 이프리트의 모든 신체 부위, 특히 머리 일곱 개가 달린 위치를 잘 알고 있었다. 오빠는 최대한 주의하면서 다가가 괴물에게 결정적인 일격을 가할 수 있는 자리에 멈춰 섰다.

호흡을 가다듬고 난 그는 괴물의 가장 작은 머리를 칼로 내리쳤다. 그리고 제자리에 서서 괴물의 반응을 지켜보았다. 이프리트는 조금 움찔거리더니 조용히 말했다.

"다시 한 번 나를 내리쳐 줘. 그러면 너는 오래 살 거야."

무즈나의 오빠가 답했다.

"우리 어머니는 무슨 일이든 무리하지 말라고 가르치셨어."

동생 말대로 단 한 차례만 칼로 내리치자 이프리트는 아무런 저항도 하지 못한 채 죽고 말았다. 끔찍한 괴물한테서 벗어난 무즈나와 오빠는 정말 기뻤다. 둘은 서로를 껴안고 기쁨과 승리의 눈물을 흘렸다.

무즈나는 오빠를 안내하여 궁 안을 보여 주었다. 창고를 열자 안에는 온갖 금은, 진주 등의 보화와 값비싼 옷감들로 가득 차 있었다. 오빠는 여러 마리의 낙타 등에 보물을 나누어 실었다.

마을로 가는 길에 오빠가 무즈나에게 물었다.

"이프리트의 궁전에 있는 동안 어떻게 무사했지? 이프리트가 너를 괴롭히지 않았니?"

"다행히 이프리트는 제게 아무 짓도 하지 않았어요. 단지 저를 궁전에 가두었을 뿐이죠. 아마도 쓸쓸하고 어두운 궁전의 분위기를 부드럽게 하기 위한 장식물 정도로 생각했던 것 같아요.

이프리트는 제게 너그럽고 친절하게 대했어요. 그렇지만 저는 인형처럼 하는 일 없이 무료하게 지내야만 했답니다. 항상 지루하고 불안했죠. 저는 감옥 같은 궁전의 높은 담에서 벗어날 날만을 손꼽아 기다려 왔어요."
 무즈나의 오빠는 누이동생이 아무 일 없이 지냈음을 알고 알라께 감사드렸다. 가족과 마을 사람들은 무사히 돌아온 두 사람을 맞이하며 크게 기뻐했다.

무할할의 맹세

바크르와 타글립이라는 두 개의 작은 부족으로 이루어진 마을이 있었다. 이 마을을 다스리는 우두머리의 이름은 쿨라입이었다. 그는 타글립의 부족장으로서 위엄과 덕망을 갖추었으며, 부족 사람들에게 존경 받는 인물이었다. 그 어떤 적도 그의 권위에 도전하거나 부족의 높은 위상을 떨어뜨릴 엄두를 낼 수 없었다. 더구나 그가 지키고 있는 낙타 방목지는 눈독조차 들이지 못했다.

쿨라입에게는 무할할이라는 형이 있었는데, 그 역시 뛰어난 인물로 동생 못지않은 지도력과 총명함을 갖춘 자였다. 그러나 무할할은 기둥 하나에 말 두 마리를 묶을 수 없고 칼집 하나에 칼 두 자루를 넣지 못하듯 한 부족 내에 지도자 두 명이 있을 수 없음을 깨달았다. 그래서 족장 자리를 동생에게 내주고 자신은 일부러 술을 마시고 여자들과 즐기며 지냈다. 며칠 동안 밤낮으로 먹고 마시며 흥청대기 일쑤였고, 그러다가 또 잠에 빠지면 깨어나지 못하는 식의 방탕한 생활을 택했다. 그는 잠이 들면 스스로 일어날 때까지 절대 깨우지 말라고 주위 사람들에게 엄중히 경고했다. 사람들은 불 같은 무할할의 성격을 잘 알았기 때문에 잠에 곯아떨어진 그를 아무도 깨우지 않았다.

어느 날 바크르와 타글립, 두 부족은 쿨라입의 지휘 아래 지금 머물던 곳에서 다른 곳으로 옮겨 가기로 했다. 사람들은 각자 살림살이와 재물을 챙겨 떠날 준비를 했다. 때마침 무할할은 잠을 자는 중이었다. 아무도 깨우지 못하기에 잠든 그를 그대로 두고 떠날 수밖에 없었다.

일행은 저녁 무렵 목적지에 도착했다. 부족 사람들이 무사히 도착했는지 살피던 쿨라입은 형의 모습이 보이지 않음을 알았다. 사람들에게 형이 어디 있는지 묻자 그들은 그가 잠자고 있어서 천막 안에 그냥 둔 채로 왔다고 말했다.

쿨라입은 잠든 형을 깨울 수 있는 유일한 사람이었다. 그래서 그는 형이 자는 곳으로 다시 가 보았다. 형은 그때까지 천막 안에서 깊은 잠에 빠져 있었다. 쿨라입이 깨우자 무할할은 놀란 표정으로 눈을 떴다. 도대체 어떤 놈이 감히 자신의 잠을 깨우는지 몰라도 그자를 호되게 벌주겠다는 표정이 얼굴에 역력했다. 다행히 형은 자신을 깨운 사람이 동생임을 깨닫고 이내 마음의 안정을 되찾았다. 자초지종을 듣고 난 뒤에 무할할은 옷을 걸치고 쿨라입의 뒤를 따라갔다.

무할할은 낙타를 타고 가는 동생 뒤에서 조금 거리를 두고 걸어갔다. 맨발로 걷던 무할할이 피로해 보이자 쿨라입은 자신의 신발을 벗어 형에게 주었다. 신발을 신은 형은 전보다 편하게 걸어갔다. 그렇게 한참을 가다가 쿨라입이 다시 뒤를 돌아보니 형은 무척 지쳐 있었다. 그는 형에게 같이 낙타를 타자고 권했고, 형제는 함께 낙타를 타고 편안하게 길을 갔다. 이렇게 둘은 무사히 부족의 새 거주지에 도착했다.

새로운 곳에 머물던 어느 날 바크르 족의 알바수스라는 여자의 암낙타가 쿨라입이 다스리는 지역으로 들어왔다. 쿨라입은 활을 쏘아 암낙타의 젖통을 맞혔고 낙타의 젖통은 피와 젖으로 뒤범벅이 되었다. 피를 흘리며 여주인에게 돌아온 암낙타는 이내 숨을 거두고 말았다. 암낙타는 알바수스의 유일한 생계 수단이었다. 그녀는 암낙타에서 나오는 젖을 팔아 힘겹게 살아가고 있었던 것이다.

자신의 암낙타가 다른 부족 사람에게 살해된 데 크게 화가 난 알바수스는 큰 소리로 비명을 지르다가 정신을 잃고 말았다. 그녀의 저주 섞인 비명을 들은 바크르 부족 사람들이 몰려들었다. 그들 중에는 잣사스라는 용맹스러운 남자가 있었는데, 그는 쿨라입의 처남이었다. 잣사스는 조용한 장소로 알바수스를 데리고 가서 말했다.

"이번 사건으로 바크르와 타글립, 두 부족이 장기간에 걸쳐 전쟁을 하는 일이 없었으면 좋겠소. 그 대신 당신이 바라는 것이 있으면 내게 얘기하시오."

알바수스가 분한 말투로 말했다.

"제가 당한 치욕을 상상이나 할 수 있나요? 물로도 씻어 낼 길 없는 극도의 치욕을 말이에요. 제 품위는 땅에 떨어졌어요. 유일한 재산인 암낙타를 잃었으니까요. 죽임을 당한 암낙타는 제게 다른 암낙타 열 마리보다 더 가치 있는 것이었어요. 그 무엇으로도 제 암낙타의 죽음을 보상할 수는 없어요."

잣사스가 여러 번 알바수스를 설득했으나 아무 소용이 없었다. 그녀는 심지어 바크르와 타글립 두 부족이 전쟁을 해서라도 복수를 해야만 분노가 사그라질 것이라고 말했다. 하는 수 없이 잣사스는 그녀에게 대신 복수해 주겠다고 약속했다.

"진정하고 우선 내일까지 마음을 추스리시오. 내가 당신을 대신해 복수하겠소. 당신한테 가족이나 다름없는 암낙타의 목숨을 앗아간 쿨라입을 벌하리다."

다음 날 쿨라입은 말을 타고 거주지 바깥 부근을 돌아보고 있었다. 이날 아침부터 잣사스는 호시탐탐 복수할 기회를 노리는 중이었다. 쿨라입이 인적 없는 곳에 이르자 잣사스는 이때다 싶어 뒤를 따라갔다. 잣사스가 순식간에 칼로 내리치자 쿨라입의 몸이 기우뚱거리더니 말에서 떨어졌다. 잣사스는 땅에 떨어진 쿨라입을 또 한 번 칼로 내리쳤다. 쿨라입은 잣사스의 두 번째 칼을 맞고 그만 숨이 끊어지고 말았다. 잣사스는 자신의 부족에게로 달려가 자신이 족장 쿨라입을 죽였다고 큰 소리로 알렸다. 그 말을 들은 바크르 부족 사람들은 누구 할 것 없이 앞으로 일어날 전쟁을 떠올리며 두려움에 사로잡혔다.

쿨라입의 살해를 계기로 바크르와 타글립 두 부족은 갈라서게 되었다. 양 진영은 저마다 군사를 이끌고 대규모 전쟁을 치를 준비를 갖추었다.

이때 바크르 부족의 현자가 나섰다. 그는 두 부족의 전쟁은 양쪽 모두에게 파괴와 죽음의 재앙만 가져올 거라고 말했다. 그는 타글립 부족의 새 지도자인 무할할에게 사신을 보내어 원만한 해결책을 찾아볼 것을 건의했다. 그렇게 해서 무할할이 타협에 응한다면 천만다행으로 비극을 피할 수 있다는 주장이었다.

대부분의 바크르 부족 사람들은 이 의견을 받아들여 구체적인 해결책을 궁리하기 시작했다. 결국 세 가지 해결책을 무할할에게 제시하는 것으로 의견이 모아졌다.

첫째, 살인자 잣사스를 타글립 부족에게 건네주어 그의 죽음으로 쿨라입의 원한을 갚게 만든다.

둘째, 바크르 부족 내에서 가장 명예로운 남자를 뽑아 그의 죽음으로 쿨라입의 죽음을 보상한다.

셋째, 죽은 쿨라입의 가족에게 비슷한 경우에 치르는 보상금의 두 배를 지급한다.

만약 무할할이 이 세 가지 제안 중 어느 한 가지를 택한다면 그나마 전쟁은 피할 수 있었다. 그러나 그가 제안 자체를 거절한다면 전쟁은 어쩔 수 없는 일이었다. 바크르 부족의 사신이 이 세 가지 해결책을 제시하자 무할할이 대답했다.

"나는 개인적으로 재물에 대한 욕심이 없소. 다만 죽은 동생 쿨라입의 딸들이 먹고살 수 있도록 흰 암양 일곱 마리를 주시오. 덧붙여 황토색 낙타 한 마리도 부탁하오. 그의 딸들이 그 낙타를 타고 다닐 수 있게 말이오. 내가 원하는 것은 이 두 가지 말고는 아무것도 없소이다."

사신은 무할할의 답변을 갖고 바크르 부족으로 돌아왔다. 이 소식을 들은 사람들은 다행스럽게 여기며 기뻐했다. 바크르 부족 원로들은 다시 모여 의견을 나누었다. 무할할의 제안이 과연 진실인가, 아니면 거짓인가 하는 것을 논하기 위해서였다. 사람들의 의견은 여러 가지였다. 그중 한 사람이 말했다.

"무할할은 어리석은 자입니다. 이번에 그가 내린 결정을 보면 그가 얼마나 어리석은지 알 수 있습니다. 이런 무지한 자를 두려워할 필요는 없습니다."

사람들 간에 의견이 오갔다. 그러던 중 입을 다물고 있던 한 원로가 나섰다. 이 원로는 사람들 주의를 끌려고 큰 소리로 콧방귀를 뀌었다. 거기에는 다른 원로들의 의견을 무시하는 비웃음도 섞여 있었다. 사람들이 모두 쳐다보며 의견을 묻자 그가 말했다.

"여러분은 무할할이 제안한 내용을 곧이곧대로 받아들일 뿐 진짜 의도는 제대로 파악하지 못하고 있소. 그의 말은 전쟁을 하자는 말이나 다름없소."

사람들이 왜 그렇게 생각하느냐고 묻자 원로가 말을 이었다.

"무할할이 말한 일곱 마리 흰 암양은 별자리 가운데 작은곰자리를 뜻하고, 황토색 낙타는 달을 의미하오. 우리 부족이 그에게 달과 작은곰자리를 가져다줄 수 있소?"

사람들은 입을 모아 말했다.

"물론 그건 불가능한 일이지요."

"그렇다면 이는 곧 전쟁을 하자는 뜻이오. 어서 전쟁 준비를 하시오. 앉은 채로 그에게 공격당하지 말고."

원로들은 그의 풀이가 옳다고 인정하고 부족 내 장정들에게 싸울 채비를 갖추라고 지시했다. 며칠 후 타글립 부족이 공격을 해 왔다. 양 부족 간의 전쟁은 장장 40년 동안 계속되었다. 전쟁 중 태어난 남자 아이가 어른이 되어 전쟁에 나설 정도로 긴 세월이었다. 전세는 한때 바크르 부족으로 기울기도 했으나, 크게 보아 타글립 부족이 우세했다.

복수심에 불탄 무할할은 전쟁을 시작할 때 동생 쿨라입의 원수를 갚기 위해 바크르 부족 남자 100명을 죽이기로 맹세했다. 그러나 그가 죽인 수가 99명에 달했을 때 안타깝게도 무할할은 자신의 맹세를 지키지 못한 채 죽음을 맞았다. 그의 죽음과 함께 전쟁은 끝이 났다. 전쟁의 고통을 겪은 두 부족은 서로 갈라서게 되었다. 꽃 같은 청춘들이 전쟁 속에 헛되이 지고 많은 가축이 희생되었다.

복수를 다짐했던 무할할의 맹세는 알라의 뜻에 따라 이루어졌다. 두 부족은 전쟁이 끝나고 일 년 뒤 각자의 땅으로 돌아갔다. 어느 날 바크르 부족의 한 남자가 전쟁에서 죽은 타글립 부족 사람들의 시체 더미 위에서 뼈 하나를 발견했다. 그때까지 타글립 부족에 앙심을 품고 있던 그는 그 뼈를 집어 자신의 무릎에 놓은 다음 힘을 가해 쪼개었다. 그때 부서진 뼈 조각 하나가 그 남자의 무릎에 박히고 말았다. 상처는 아물지 않고 점점 나빠지더니 마침내 큰 종기로 변했다. 종기는 점점 커져서 그 독소가 몸 전체에 퍼져 결국 남자는 죽고 말았다. 그의 죽음으로 100명을 죽이겠다고 한 무할할의 맹세가 실현된 것이다.

이프리트를 만난 부자 형과 가난뱅이 동생

부유한 형과 무척 가난한 동생이 살고 있었다. 재물을 모으는 데에만 관심이 있던 부자 형은 자식이 없었다. 반면 살림이 넉넉지 못한 동생에게는 딸이 여섯이나 있었다. 동생은 비록 간신히 생계를 이어 갈 만큼 생활이 어려웠지만 딸들을 소중히 키우면서 사는 보람을 느꼈다.

가난한 동생에게는 유일한 생계 수단인 당나귀가 한 마리 있었다. 그는 여름에 당나귀를 타고 들판에 나가 풀을 모았다가 겨울이 되면 이를 시장에 내다 팔아 생기는 얼마 안 되는 돈으로 힘겹게 살아갔다.

부자 형은 가난한 동생에게 아무런 도움도 주지 않았다. 그는 심지어 자신과 아내에게조차 인색하기 짝이 없었다. 부부는 형편없는 음식을 먹고, 가장 싸구려 옷을 걸치고, 거친 나무 침대에서 잠을 잤다. 형 부부는 전혀 남을 도울 줄 몰랐고 그들의 유일한 즐거움은 재물을 늘리는 것뿐이었다. 그런 탓에 구두쇠 형은 동생에게 단 한

푼도 베푼 적이 없었다.

그러던 어느 날 동생은 풀을 모으러 사막으로 나갔다가 궁전 한 채를 발견했다. 동생이 궁전 가까이 다가가서 보니 그 주변에는 아무것도 없었다. 사막 한복판에 이처럼 으리으리한 궁전이 있다는 사실을 이상히 여긴 그는 두려운 생각이 들었다. 그래서 일단 당나귀와 함께 낮은 곳에 몸을 숨기고 멀리서 궁을 지켜보기로 했다.

오랜 시간 기다린 끝에 궁전에서 덩치 크고 흉측하게 생긴 이프리트가 나왔다. 이프리트는 궁전 문에 자물쇠를 채우더니 구덩이를 파서 열쇠를 묻고는 흔적을 감추려고 그 위에 소변을 보았다.

이프리트의 모습이 시야에서 사라지자 동생은 당나귀를 타고 궁전 쪽으로 갔다. 그리고 구덩이에서 열쇠를 꺼내어 문을 열고 안으로 들어갔다. 궁 안은 가운데에 커다란 거실이 있고 그 주변에 잠긴 방들이 여러 개 있는 구조로 되어 있었다. 그는 음식 냄새를 맡고 부엌으로 갔다. 그곳에는 맛있는 고기 요리가 가득했다. 동생은 배부를 때까지 실컷 음식을 먹었다.

식사를 끝낸 그는 방들을 둘러보았다. 첫 번째 방에는 다리가 묶인 채 거꾸로 매달린 동물 사체가 가득했고, 두 번째 방에는 사람 시체들이 매달려 있었다. 죽은 사람들 코에는 저마다 대롱이 연결되어 있었는데, 이는 이프리트가 목마를 때마다 그릇에 피를 받아 마시기 위해 꽂아 놓은 것 같았다. 이프리트는 원래 동물과 사람의 살과 피를 먹고 마시기 때문이다.

세 번째 방에는 살아 있는 남자들이 있었다. 그러나 그들은 언제 죽을지 모를 신세였다. 그들은 동생을 보자 다급한 목소리로 말했다.

"자네만이라도 목숨을 건지게. 이프리트가 돌아와 자네를 발견하면 자네와 당나귀는 죽음을 면치 못할 걸세. 그러니 어서 궁전을 빠져나가게나."

"지금 도망치는 건 불가능합니다. 도망치다가 이프리트를 만나는 날에는 저와 당나귀는 그놈의 먹이가 될 겁니다. 오늘 밤은 여기서 숨어 지내고 내일 빠져나가겠습니다."

"자네가 정 그러겠다면 밤이 가까워질 무렵 당나귀를 데리고 저기 있는 다락방에 올라간 뒤 거기서 꼼짝 말고 밤을 지새게. 만일 자네나 당나귀가 소리를 내어 이프리트가 듣게 된다면 자네 목숨은 끝장날 걸세."

동생은 그들의 말대로 하기로 했다. 그러고 나서 궁전에 있는 물건들에 대해 묻자 그들은 방마다 이프리트가 여러 곳에서 가져온 온갖 금은보화가 가득하다고 알려 주었다.

밤이 되자 동생은 당나귀를 데리고 남자들이 일러 준 다락방으로 올라갔다. 곧이어 궁전 문을 여닫는 소리가 들렸다. 이프리트가 돌아왔음을 눈치 챈 동생은 당나귀의 입을 막고 숨소리를 죽였다. 얼마 후 이프리트는 거실과 복도를 오가면서 낯선 낌새가 있는지 살펴보았다. 그러다 문득 다락방 안에서 인기척을 느끼고는 문 앞에 멈춰 서서 소리쳤다.

"방에 있는 자여, 저녁 식사를 드시오! 양고기와 들짐승 고기를 준비했소!"

그러나 방에 숨어 있던 동생은 대답하지 않았다. 잠시 후 이프리트가 다시 소리쳤다.

"방에 있는 자여, 저녁 식사를 드시오! 양고기와 들짐승 고기를 준비했소!"

동생은 여전히 대답하지 않았고, 아무 소리도 내지 않았다. 이프리트가 세 번째로 외쳤다.

"방에 있는 자여, 저녁 식사를 드시오! 양고기와 들짐승 고기를 준비했소!"

이프리트는 아무 소리도 들리지 않고 어떤 움직임도 느껴지지 않자 방에 아무도 없다고 생각하고 자신의 일을 보러 갔다. 동생은 안도의 숨을 내쉬고 잠을 청했다.

다음 날 아침 이프리트는 늘 하던 대로 궁전 문을 잠그고 사냥감을 찾아 사막으로 나갔다. 이프리트가 떠난 다음 동생은 다락방에서 내려와 방들을 하나씩 열어 보기 시작했다. 첫째 방에는 금, 두 번째 방에는 은이 가득했으며, 세 번째 방에는 보석으로 넘쳐 났다. 네 번째 방에는 진주와 산호로 만들어진 장신구가 있었고, 다섯 번째 방에는 온갖 종류의 향수가 가득했다.

동생은 값진 물건들을 다 가져가고 싶었으나 욕심 부리지 않기로 했다. 그는 가장 쓸모가 많은 보물을 가져가기로 하고 금을 골랐다. 그리고 갖고 있던 모든 자루에 금을 채워 넣은 다음 당나귀 등에 실었다. 그는 금을 집으로 가져올 수 있었다.

동생이 집으로 돌아오자 아내와 아이들은 두려움에 떨면서 울고 있었다. 동생은 가족과 단 하룻밤도 떨어진 적이 없었다. 그래서 지난밤 동생이 집에 돌아오지 않자 가족은 그가 사나운 동물에게 잡아먹혔거나 길에서 강도 떼를 만났을 것이라고 여겼다.

그는 가족에게 이프리트의 궁전에서 있었던 일을 얘기해 주었다. 그러고는 당나귀 등에서 금이 잔뜩 든 자루들을 내려놓았다. 아내와 아이들은 번쩍이는 금을 보고 너무 기쁜 나머지 정신을 놓기 일보직전이었다. 슬퍼하던 가족은 뜻밖의 횡재에 크게 기뻐했다. 남편이 아내에게 말했다.

"이 많은 금을 어떻게 다 잰다지? 하나씩 세다간 며칠 낮 며칠 밤이 지나도 끝나지 않을 텐데."

"제게 좋은 생각이 있어요. 딸애를 아주버님 댁에 보내 저울을 빌려 옵시다. 저울만 있으면 금방 끝낼 수 있을 거예요."

남편은 아내의 생각에 동의하고 딸을 부자 형님 댁에 보냈다. 형수는 온갖 일에 끼어들지 않고는 못 배기는 성격이었다. 특히 시동생 가족이 관련된 일이라면 철저히 알아보려 들었다. 형수는 저울을 빌리러 온 조카딸에게 어디에 쓸 것인지 물었다. 조카는 모르겠다고 답했다. 그러자 형수는 저울을 내주기 전에 저울 접시 바닥에 끈적끈적한 당밀을 발라 두었다. 저울에 올릴 물건이 당밀에 달라붙어 남을 것이라는 속셈이었다.

형수는 저울을 쓴 다음 곧바로 돌려 달라고 조카에게 단단히 일렀다. 동생 가족은 금의 양을 재빨리 잰 뒤 곧바로 저울을 큰집에 돌려주었다.

저울을 돌려받은 형수는 아마도 밀가루나 보리, 옥수수 알갱이가 붙어 있겠거니 생각하고 저울 접시를 보았다. 그런데 접시 바닥에 달라붙어 있던 것은 5주나이흐짜리 금화였다.

'가난하기 그지없는 시동생 집에 어떻게 금이 생겼단 말인가? 시동생네가 우리보다 더 부유해져 높은 지위를 누리고, 안락한 생활을 하게 되면 어떻게 해야 하나?'

형수는 급히 남편에게 이 소식을 알렸다.

"당신 동생 집에 손으로 헤아릴 수 없을 만큼 많은 금이 있어요. 어찌나 많은지 저울로 잴 정도라니까요."

그러고는 저울 바닥에 있던 금화를 남편에게 보여 주었다. 남편이 깜짝 놀라 부인에게 말했다.

"대체 어떻게 된 일인지 동생한테 가서 직접 물어보겠소. 동생이 어떻게 해서 금을 얻었는지 알아내어 나도 금을 많이 얻어 오리다."

그러자 형수는 남편에게 서두르라고 부추겼다. 다음 날 아침 형은 동생을 찾아가 전에 없이 친절한 태도로 말을 건넸다.

"아우야, 우리 집에 가서 함께 차나 마시지 않겠니? 그동안 우리끼리 못다 한 이야기도 나누고 말이야."

동생은 뜻밖의 태도에 놀라며 형을 따라갔다. 차를 마시며 형이 물었다.

"우리 솔직히 얘기하자. 네가 금을 많이 갖고 있다고 들었는데, 대체 어떻게 된 일이냐? 어디서 금을 얻은 것이지?"

"형님, 우리 집에 금이라곤 없습니다. 가난한 살림에 무슨 금이 있다고 그런 말을 하세요?"

동생은 형의 말에 일단 시치미를 뗐다. 그러자 형은 주머니에서 금화를 꺼내 보이며 말했다.

"자, 이제 부인할 수 없겠지? 너희한테 빌려 주었던 저울 바닥에 붙어 있던 금화니까."

증거를 내놓자 동생은 사실을 털어놓을 수밖에 없었다. 그는 이프리트의 궁전에 들어갔던 얘기부터 시작하여 자칫하면 이프리트에게 잡아먹힐 뻔한 큰 위험 속에서 금을 갖고 어렵게 살아 나온 이야기까지 모두 들려주었다. 형은 이프리트의 궁전을 찾아갈 속셈으로 궁전의 모양과 위치, 그곳까지의 거리 등을 자세히 물었다. 그러나 동생은 형을 만류하며 말했다.

"형님, 그곳에 갈 생각일랑 아예 하지 마세요. 큰 해를 당할지도 모릅니다. 저는 그나마 운이 좋아서 그 괴물한테서 빠져나왔지만 형님께도 그런 운이 있을 거라고는 어느 누구도 장담할 수 없습니다. 만에 하나 놈의 손에 잡히기라도 하는 날에는 형님 목숨은 끝장

나고 말 거예요."

　그러나 형은 계속해서 궁전에 관해 알려 달라고 졸랐다. 이미 그는 많은 금을 얻을 욕심에 제정신이 아니었다. 형의 단호한 결심을 꺾지 못한 동생은 하는 수 없이 궁전의 위치와 거리, 이프리트가 궁에 오가는 시각과 열쇠 두는 장소 등을 빠짐없이 알려 주었다. 또 형에게 당나귀를 데리고 다락방에 숨어 있어야 하며, 숨소리를 죽여야 한다는 것도 일러 주었다. 괴물이 말을 걸더라도 절대 대답해서는 안 된다는 것도 빼놓지 않았다. 그 밖에 동생은 형에게 일어날 수 있는 모든 일과 위기에서 도망치는 방법 등을 완벽하게 익히도록 했다.

　부자 형은 동생의 당나귀를 빌렸다. 형수는 남편의 무모한 모험을 말리기는커녕 오히려 부추겼다. 그런 모험의 결과는 오직 삶과 죽음의 두 갈래 중 하나인데도 말이다.

　형은 동생이 알려 준 길을 따라갔다. 밤새 사막을 걸은 형은 아침에 궁전을 발견할 수 있었다. 그는 숨을 만한 곳을 찾아 당나귀와 함께 몸을 숨겼다.

　얼마 지나지 않아 동생 말대로 이프리트가 궁전 밖으로 나오더니, 문을 잠그고 땅을 판 뒤 구덩이에 열쇠를 묻었다. 그러고는 구덩이 위에 소변을 보고 사냥감을 찾기 위해 사막으로 갔다.

　이프리트의 모습이 완전히 사라지자 형은 숨은 곳에서 나와 당나귀를 데리고 궁전으로 들어갔다. 그 안을 둘러본 형은 동생 얘기가 사실임을 알게 되었다. 다리가 묶인 채 거꾸로 매달려 있는 사람들 시체와 동물들 사체가 있었고, 또 살아 있는 사람들도 만날 수 있었다. 그들은 형에게 충고했다.

　"여보시오, 어서 당신 목숨이나 건지시오. 혹 이곳에서 뭔가 얻겠다는 엉뚱한 생각을 하고 있다면 포기하는 게 나을 거요. 머뭇거리지 말고 어서 도망치시오."

그러나 형은 그들의 말을 귀담아듣지 않고 궁을 샅샅이 둘러보았다. 그러고는 부엌에 들어가 차려진 음식들을 배부르게 먹었다. 밤이 되자 그는 동생이 일러 준 대로 당나귀를 데리고 다락방으로 올라갔다.

시간이 지나자 궁전 문이 열리고 이프리트가 들어오는 소리가 들렸다. 그는 당나귀 입을 막고 자신도 숨을 죽인 채 이프리트를 기다렸다. 이프리트는 궁전 안을 오가면서 혹시 낯선 자가 들어왔는지를 살폈다. 다락방 앞에 선 이프리트가 소리쳤다.

"방에 있는 자여, 저녁 식사를 드시오! 양고기와 들짐승 고기를 준비했소!"

안에 숨어 있던 형은 질문에 답하지 않고 침묵을 지켰다. 괴물이 같은 질문을 되풀이했으나 역시 대답하지 않았다. 드디어 이프리트가 마지막으로 물었다. 형은 이프리트가 세 번이나 다그치자 자신이 안에 있는 게 탄로 났을 거라는 생각에 무심코 대답하고 말았다.

"당신 혼자 잘 드시고 건강하시오."

다락방 안에서 나는 소리를 들은 괴물은 그제야 안에 낯선 자가 있음을 알아챘다. 이프리트는 방으로 들어가 한 손으로는 형을, 다른 한 손으로는 당나귀를 잡아 아래층으로 끌고 내려왔다. 그리고 당나귀를 동물들이 있는 방으로 데려가 다리를 묶고 거꾸로 매달아 코에서 피가 흐르도록 했다. 다음으로 부자 형을 사람들 시체가 있는 방으로 데려가 역시 거꾸로 매달고 코 아래에 피를 받기 위한 그릇을 두었다. 그러고는 갖고 있던 도구로 형의 코를 쥐어짜 피가 그릇으로 흘러내리도록 했다.

●──아랍 민담

이처럼 끝없는 탐욕을 부리던 부자 형은 비참한 최후를 맞이했다. 사람들은 그가 지나친 욕심을 부리다 하늘의 벌을 받은 것이라고 믿었다.

카마르 알 자만 왕자와
샴스 알 둔야 공주

　부유한 왕국을 다스리는 마크수드 왕에게 네 아들이 있었다. 왕은 그들 중 똑똑한 셋째 아들과 넷째 아들을 유달리 사랑했다. 그는 죽기 전 첫째와 둘째에게 궁전 한 채와 넓은 땅, 평생 쓸 수 있는 넉넉한 재물을 주었다. 하지만 왕국의 통치권은 셋째 함단과 넷째 자이단에게 물려주고 일 년씩 번갈아 다스리도록 했다. 두 사람은 중요한 문제를 결정할 때 항상 상의를 했고, 대신들이나 담당자들의 의견을 구하는 것도 잊지 않았다. 두 사람은 혼인할 때도 자신들처럼 서로 사이가 좋은 자매를 각자의 아내로 택하기로 뜻을 모았다. 두 사람의 이러한 바람이 이루어졌다. 형제가 혼인식을 올리던 날 함단이 동생에게 말했다.
　"내게는 딸을, 그리고 네게는 아들을 달라고 알라께 기원하마. 그러면 그 두 아이를 짝 지을 수 있을 게다. 내 소원을 들어줄 수 있겠니?"
　"꼭 그러겠습니다. 알라께서 우리 형제의 소망을 들어주신다면 저는 세상에서 가장 행복한 사람일 겁니다."

자이단 왕의 아내는 혼인 후 일 년이 지나 잘생긴 아들을 낳아서 이름을 카마르 알 자만^{세월의 달}이라고 지었다. 같은 시기에 함단 왕의 아내도 보름달만큼이나 어여쁜 딸을 낳아 샴스 알 둔야^{세상의 태양}라는 이름을 지어 주었다. 두 아이는 사이좋은 오누이처럼 함께 놀고 공부하면서 자랐다. 둘은 코란 구절을 외우고 여러 과목을 배웠다.

열 살이 되자 둘은 떨어져 지내게 되었다. 샴스는 보모와 함께 지내며 여자가 익혀야 할 여러 가지 일을 배웠고, 카마르는 친구들과 함께 천문학, 금언, 여러 나라의 역사, 제왕학, 말 타는 법을 배웠다. 그는 더 이상 샴스를 만날 수 없었다. 그 이유를 물어볼 때마다 어머니는 매번 같은 대답을 했다.

"얘야, 네가 혼인하는 날까지는 색시가 될 그 아이를 만날 수 없단다."

"왜 그렇죠?"

"그래야만 네 혼인식이 즐겁고 당당하지. 그게 왕가의 법도란다."

카마르는 그런 전통이 마음에 들지 않았지만 받아들일 수밖에 없었다. 그러나 그는 샴스와 함께 지낸 어린 시절을 그리워했다.

두 사람이 혼인할 나이가 되자 온 나라가 이를 축하했다. 청년들의 검술과 승마 경기가 열리고 여인들은 노래를 부르고 춤을 추었다. 궁전에는 왕자 부부를 위한 신방이 차려졌다. 방에는 매우 아름다운 가구와 값비싼 골동품, 타조 깃털로 꾸민 아름다운 색의 커다란 방석이 있었다.

한편 함단과 자이단의 두 형은 알라께서 동생들에게 내리신 축복을 시샘했다. 그들은 아들을 갖지 못했고 다만 맏형이 딸 아홉을, 둘째 형이 딸 넷을 두었다. 그들의 딸 중에는 예쁜 여자도 있었지만 알라께서 만드신 피조물 중 걸작이라고 할 만한 샴스 알 둔야만큼 매력적이지는 않았다. 그래서 열세 명의 사촌들은 카마르와 샴스의 혼인을 막으려고 음모를 꾸몄다.

큰아버지 라시단의 궁전은 혼인식 날 신랑 행렬이 지나가는 길목에 있었다. 사촌들은 사람을 보내어 카마르에게 궁전 테라스 아래에 잠시 멈춰 서 달라고 부탁했다. 그녀들은 장식 달린 혼인 예복을 입은 카마르의 모습을 보고 싶으며, 금화를 뿌려 사촌에게 존경의 뜻을 표하고 싶다고 했다. 덧붙여 그의 모습을 잘 볼 수 있도록 거기에 혼자 있으라고 말했다.

카마르는 사촌들의 친절에 감사하면서 그러겠다는 답신을 보냈다. 그는 현명하고 재치가 있으며 항상 다른 사람의 마음을 헤아리는 선량한 자로 두 백부와 사촌들에게 애정을 가지고 있었다. 그는 잘생긴 청년이면서도 결코 잘난 체하거나 우쭐대지 않았.

열세 명의 사촌들이 테라스 위에 모였다. 주위에 발을 쳐서 밖에서는 안을 들여다볼 수 없지만 안에서는 밖을 볼 수 있었다. 카마르가 사촌 누이들이 있는 궁전 가까이 왔을 때 그들은 한창 수다를 떨고 있었다. 그는 따르는 사람들을 물러나게 했다. 그리고 자기가 와 있다는 사실을 숨겼다고 믿으며 그들의 말에 귀를 기울였다.

첫째가 말했다.

"불쌍한 카마르! 그는 자신에게 닥칠 불운에 대해 전혀 모르고 있어."

그러자 둘째가 말했다.

"그는 신부의 얼굴이 마마를 앓아서 곰보인 것을 모르나 봐."

이번에는 셋째가 말했다.

"물론 모를 거야. 어른들이 샴스를 카마르한테서 떼어 놓았잖아."

넷째가 거들었다.

"게다가 샴스는 속눈썹이 다 빠져 버렸고 반은 장님이라지."

다섯째가 큰 소리로 외쳤다.

"반 장님? 끔찍하군! 그녀가 귀머거리에다 꼽추인 것은 어떻고."

여섯째가 말했다.

"샴스는 이빨도 부러졌어."

일곱째가 말했다.

"그래, 나도 들었어. 한번은 샴스를 언뜻 본 적이 있는데 엉덩이를 다쳐서 다리를 절더라고. 하인들이 그애를 사람들 눈에 띄지 않게 하려고 무진 애쓰더군."

여덟째가 말했다.

"그애 머리카락은 어떻고! 머리카락이 절반이나 빠진 거 알고 있니? 대머리야."

아홉째가 거들었다.

"말도 제대로 못 한다더라. 말문이 덜 트인 애처럼 더듬거려."

열째가 말했다.

"걔는 왼쪽 팔이 오른쪽보다 짧아."

열한 번째가 말했다.

"불쌍해라, 어쩌다 그렇게 된 거야? 어릴 때는 예뻤잖아."

열두 번째가 말했다.

"게다가 그앤 난쟁이라고! 우리는 그애 키가 클 줄 알았는데."

카마르는 열세 번째 사촌 말까지 듣고 싶지 않았다. 그는 말고삐를 힘껏 잡아당겨 있는 힘을 다해 내달렸다. 깜짝 놀란 시종들 중 하나가 카마르의 뒤를 쫓았지만 그는 이미 도시 바깥 쪽으로 멀리 달아난 뒤였다.

카마르는 생각에 잠겼다.

'내게 닥칠 운명을 피해야 할 것인가? 어떻게 해야 이 고난에서 벗어날 수 있을까? 큰아버지와 큰어머니는 그렇다 하더라도 부모님까지 어떻게 이러실 수 있단 말인가?'

숨 막힐 듯한 분노가 그를 사로잡았다. 하지만 카마르는 고국을 떠날 수 없었다. 더욱이 그는 아무것도 가진 것이 없었다.

그래서 카마르는 여름 궁전에 숨기로 작정하고 도시 밖에 있는 녹색 정원으로 갔다. 커다란 정원에는 온갖 종류의 과일 나무와 향기로운 꽃들이 피어 있었다. 한가운데에는 일곱 가지 형태로 물이 뿜어져 나오는 분수대가 있었으며, 꽃처럼 화사한 빛깔의 물고기들이 가득한 연못도 있었다. 카마르는 가족이 봄과 여름을 보내는 이 궁전을 무척 좋아해서 이전에도 혼자서 가끔 이곳을 찾아왔다. 이곳에 몸을 피한 그는 정원사에게 자기가 이곳에 있다는 사실을 아무에게도 말하지 말라고 단단히 일러두었다.

카마르가 종적을 감춘 지 한 달이 지나자 그의 부모와 샴스의 부모는 걱정이 되었다. 하지만 카마르의 영리한 신부 샴스는 무슨 일이 일어났는지 짐작이 갔다. 그녀는 카마르가 사촌들이 모여 있던 테라스 아래에 한동안 서 있었다는 것과 그들이 자기를 얼마나 질투하고 시샘하는지 잘 알고 있었다.

샴스는 어머니에게 말했다.

"염려하지 마세요. 제가 카마르를 찾아보겠습니다. 하지만 어머니는 제가 하는 대로 그냥 놔두셔야 합니다. 제게 입이 무거운 마부한 사람과 지붕 달린 마차를 구해 주세요. 그러면 제가 카마르를 데려오겠습니다."

샴스의 어머니는 남몰래 마차를 마련해 주었다. 샴스는 온실로 수놓은 붉은 비단옷을 입고 갖고 있는 패물 중 가장 화려한 것들로 치장했다. 그러고는 검은색 긴 외투를 걸치고 베일로 머리를 가렸다. 샴스는 마차에 올라 마부에게 지시했다.

"만수르, 나를 여름 궁전의 정원에 데려다 다오. 그리고 내가 돌아올 때까지 정원 대문 옆에서 떠나지 마라. 절대로 이 사실을 다른 사람에게 말해서도 안 돼."

"알라께 맹세코 그런 일은 없을 것입니다. 공주님. 소인은 공주님의 충실한 하인이니까요."

정원 입구에 다다르자 샴스는 외투와 베일을 벗고 문을 두드렸다. 정원사는 카마르 왕자를 찾으려고 수소문하는 사람일 거라 생각하고 문을 열어 주었다. 일전에도 몇 차례 자이단 왕이 시종들을 시켜 아들에 대해 묻고 정원 구석구석을 뒤져 보았으나 정원사 방에 숨어 있는 왕자를 찾지는 못했다. 하지만 지금 온 사람은 해 질 녘 태양처럼 아름다운 여자였다.

"누구요?"

정원사는 옷매무새를 가다듬으며 물었다.

"당신은 매력적인 정원사로군요. 혹시 제 옷과 같은 붉은색 장미를 가지고 있나요?"

샴스가 아리따운 자태로 물었다. 그 모습에 정원사는 무척 놀라 숨 쉬기가 힘들 정도였다.

"제 앞으로 오십시오, 아가씨. 원하시는 게 있다면 무엇이든 말씀만 하십시오."

문에 들어서자 샴스는 우아하게 몸을 흔들며 길을 걸어갔다. 그녀는 정원의 꽃과 나무에 관해 몹시 궁금한 듯이 정원사에게 이것저것 물어보았다. 그는 질문에 답하면서 샴스와 함께 여기저기 둘러보았다. 그는 샴스에게 마음을 송두리째 빼앗긴 나머지 주인에게 드릴 꿩고기 요리를 화덕 위에 올려놓은 것도 까맣게 잊고 말았다. 음식 타는 냄새가 풍기자 정원사는 미친 사람처럼 급히 부엌으로 달려가면서 큰 소리로 말했다.

"곧 돌아오겠습니다요, 아가씨."

정원사가 사라지자 샴스는 서둘러 문을 통해 정원을 나왔다. 그녀는 외투를 걸치고 베일로 얼굴을 가린 뒤 마차에 올라탔다.

"어서 가자, 서둘러라! 돌아갈 시간이다."

다음 날 샴스는 윤기가 흐르는 비단으로 만든, 주름 장식이 달린 노란색 옷을 입고 보석과 외투와 베일을 걸치고는 다시 정원사를 찾았다. 정원사는 샴스가 문을 두드리자마자 열어 주었다.

샴스가 우아한 미소를 띤 채 말했다.

"멋쟁이 정원사님, 내 옷 색깔과 같은 노란색 장미를 가지고 있나요?"

"이리로 오십시오, 아가씨. 그리고 원하시는 게 있다면 말씀만 하십시오."

정원사는 샴스와 함께 정원을 거닐면서 그녀가 모르는 척 묻는 모든 것에 대해 이야기해 주었다. 그는 샴스의 미모에 완전히 넋이 나가 있었다. 그때 갑자기 부엌에서 음식 타는 냄새가 다시 풍겨 왔고, 정원사는 그제야 화덕에 올려놓은 음식이 생각났다. 그는 전날처럼 왕자의 노여움을 살까 두려워 곧장 돌아오겠노라고 양해를 구했다. 샴스는 속마음을 드러내지 않고 정원사가 궁전 안으로 들어가자마자 즉시 정원을 빠져나왔다.

셋째 날에도 같은 일이 되풀이되었다. 이번에 샴스는 분홍색 옷을 입고 있었다. 정원사는 문을 열어 주고 전과 같은 말을 주고받았다. 샴스는 정원을 둘러보면서 아무 뜻도 없는 질문을 건네 정원사의 주의를 흐트러뜨렸다. 역시 그날도 고기 타는 냄새가 풍겼다.

"어서 가서 요리를 살펴보세요. 이번에도 태우면 당신 주인이 용서하지 않을 거예요."

정원사는 샴스 곁을 떠나면서 어떻게 그녀가 자기 주인이 이 궁전에 있는 것을 알았을까 자못 신기하게 여겼다. 또 음식을 태운 일로 그는 몹시 곤욕을 치렀다. 그날 카마르는 정원사의 게으름을 봐주려고도, 그의 어설픈 변명을 들으려고도 하지 않았다.

"내가 숨어 지내는 한 달 내내 너는 음식을 태우는 법이 없었다. 그런데 요 사흘 내내 음식을 태웠구나. 그토록 네 정신을 빼놓은 게 무엇인지 어서 말해라. 그렇지 않으면 네놈 목을 베어 버릴 테다."

정원사는 목숨만 살려 달라고 애걸했다. 그리고 정원으로 매일같이 어여쁜 아가씨가 찾아온다는 얘기를 했고, 카마르는 더 이상 그를 꾸짖지 않았다.

"내일 나는 네 옷을 입고 네 모자를 쓰고 너의 지팡이를 쥐고 있다가 문을 열어 줄 것이다. 그 아가씨가 네게 무슨 말을 했는지, 네가 어떻게 답했는지 빠짐없이 말해 보아라."

정원사는 아가씨가 왔을 때 카마르가 어떻게 행동해야 하는지 이야기해 주었다.

넷째 날에 샴스는 카마르가 나설 거라는 사실을 미리 짐작하고는 솜털이 달린 하얀 옷을 입었다. 그 모습은 마치 흰 비둘기 같았다. 그리고 머리에는 진주를 박은 베일을 둘러 자신의 긴 머리카락이 비치게 만들었으며, 손가락에는 다이아몬드와 루비로 꾸민 반지를 여러 개 끼었다. 목에는 오팔 목걸이를, 양쪽 귀에는 귀고리를 해서 발그레한 볼이 더욱 돋보였다.

샴스가 문을 두드리자 정원사 옷차림을 한 카마르가 문을 열어 주었다. 샴스는 단번에 그가 카마르임을 알아보았지만 내색하지 않고 말했다.

"멋쟁이 정원사님, 당신은 내 옷 색깔과 같은 흰 장미를 가지고 있나요?"

카마르는 정원사가 일러 준 대로 말했다.

"이리로 오십시오, 아가씨. 그리고 원하시는 게 있으면 말씀만 하십시오."

샴스는 마치 한 마리 공작 같은 우아한 자태로 정원 안으로 들어왔다. 그녀의 모습을 본 카마르는 가슴이 두근거리다 못해 터질 것만 같았다. 샴스는 아무 뜻도 없는 질문을 여러 가지 했고, 카마르는 그에 성심껏 답했다.

'이 여인이야말로 내가 그토록 갈구하던 신붓감이 아닌가!'

샴스의 아름다운 눈동자는 카마르의 마음을 사랑의 괴로움으로 가득 채웠다.

'부모님은 왕자인 나를 귀머거리에다 말더듬이에 반 장님이며 다리를 저는 난쟁이 처녀와 혼인시키려 하시다니……. 두 분은 너무도 어리석으시다! 그분들은 나를 그저 당신들 손에 묻은 진흙 덩어리에 지나지 않는다고 여기신 걸까?'

꽃망울을 활짝 터뜨린 장미 덩굴을 본 샴스는 그 모양이 초록빛 오팔 더미에 있는 진주알 같다고 생각했다. 샴스가 꾸밈없이 질문을 했다.

"이 어여쁜 꽃은 무엇이라 부르나요?"

"그건 흰 장미랍니다. 아가씨가 지금 입고 계신 옷과 같은 색깔입지요."

―아랍 민담

"어머, 이게 장미였군요. 장미가 무슨 얘기를 하는지 아시나요?"
"모르겠습니다. 그런데 장미가 얘기를 한다고요?"
"그럼요, 장미 한 송이가 이렇게 말한답니다."

나는 꽃 중의 왕,
만지는 이를 가시로 찌르고 옥좌에 오르니
머물길 한 달, 떠나길 한 해
사랑이 영원하다고
그 누가 말해 줄까.

시를 읊은 다음 제비꽃이 핀 화단 쪽으로 걸음을 내딛던 샹스가 다시 물었다.
"향기롭고도 엷은 자줏빛을 띤 이 꽃은 무엇이라고 하나요?"
"그건 제비꽃이랍니다, 아가씨."
"어머, 그렇군요. 이제야 생각이 나네요. 제비꽃이 무어라 말하는지 아시나요?"
"제비꽃이 말도 합니까?"
"그럼요, 제비꽃 한 송이가 이렇게 말한답니다."

나는 빛깔 고운 풀의 왕
피어 있길 한 해 또는 두 해
그 누가 말해 줄까,
내게도 사랑이 머물러 있으리라고.

카마르는 시에 흠뻑 취해 큰 소리로 외쳤다.

"이번 것이 아까보다 더 훌륭하군요."

그런 다음 샴스는 키 작은 나무 한 그루를 가리키며 이름이 무엇인지 물었다.

"재스민이라고 합니다, 아가씨."

"그렇군요, 이 나무 중 하나가 이렇게 말한답니다."

나는 재스민, 정원의 자랑거리
광채를 사방에 비추며
나의 향기를 사랑하는 이에게 주었으되
나는 홀로 남아 그 님을 그리워하노라.

마지막으로 샴스의 눈길이 호수 위로 가지를 늘어뜨린 나무에 쏠렸다. 샴스가 물었다.

"여인의 풍성한 머리채처럼 매달린 이 아름다운 나무는 무엇인가요?"

"그것의 이름은 그 아름다움을 제대로 전하지 못한답니다. 사람들은 그것을 터키 호박이라고 부르지요."

샴스는 잠시 생각에 잠기더니 이내 이렇게 말했다.

터키 호박, 기슭에 피어나
연못 위로 풍성한 머리채를 풀어 내리누나
세월은 유수와 같거니와 시름 또한 사무치니
그 누가 사랑하는 이의 눈물을 멎게 해 줄까.

카마르는 눈물을 흘리면서 말했다.

"허, 이런! 무슨 수로 눈물을 그치게 만들겠습니까?"

"눈물을 흘리는 이를 어떻게 도울 수 있을까요?"

샴스는 거닐면서 계속해서 갖가지 꽃에 관한 시를 읊조렸으며, 이내 카마르의 마음을 사로잡았다. 샴스가 커다란 과일 나무를 보고 카마르에게 이름을 물어보았다.

"그건 오렌지나무인데 열매 맛이 일품입니다."

"맞아요, 전에 한번 맛본 적이 있어요. 정말이지 맛이 좋더군요. 저기 매달린 가장 굵은 알을 따고 싶은데 괜찮을까요?"

카마르는 샴스에게 사다리를 내주었다. 샴스는 옷자락을 걷어올리더니 사다리를 타고 올라갔다. 그리고 과일 한 알을 따면서 일부러 자기 손을 가시에 긁어 상처를 냈다.

"어머나, 내 손! 손에 상처가 났어요!"

카마르는 몸에 지니고 있던 손수건을 꺼내 상처를 감쌌다. 샴스가 말했다.

"이젠 괜찮아요. 그저 작은 생채기가 났을 뿐이에요. 물 한 잔과 오렌지 껍질을 벗길 칼을 가져다주세요."

카마르는 부탁한 것을 갖고 서둘러 돌아왔지만 샴스는 이미 그곳을 떠난 뒤였다. 그는 다음 날도 그다음 날도 매일 그녀를 기다렸지만 허사였다.

카마르는 무얼 먹거나 마시고 싶다는 생각도 들지 않을 정도로 깊은 사랑에 빠졌다. 정원사가 의사를 데려와야 할지 묻자 카마르가 답했다.

"아니다. 다만 남들 모르게 어머니를 모셔 오너라."

카마르의 어머니는 이미 샴스를 통해 그가 어디에 있는지 알고 있었다. 작은어머니와 함께 온 샴스는 카마르가 있는 궁전에 도착하자 이렇게 말했다.
"우선 혼자 들어가세요. 그리고 그가 어떤지 보아 주세요. 저는 작은어머니께서 부르실 때까지 여기서 기다리겠습니다."
안으로 들어간 카마르의 어머니는 카마르를 보자 울면서 말했다.
"얘야, 이게 무슨 일이냐? 왜 이렇게 몸이 상했느냐?"
카마르는 사무치는 듯 한숨을 토해 내고는 눈물을 흘렸다.
"어머니, 저는 사랑으로 병이 들었습니다. 빛나는 햇살 같은 처녀 하나가 이곳 정원에 왔었지요. 잠깐 사이에 사라져 버렸는데 그 후로는 그녀를 만나지 못했습니다. 저는 그녀가 누구인지 그 이름도 알지 못합니다. 그녀를 다시 만나지 못한다면 죽고 말 겁니다."
"샴스 공주가 너를 보려고 나와 함께 이곳에 와 있단다. 네가 그 아이를 본다면 그 어떤 여인이라도 잊게 될 것이다."
그러자 카마르는 울면서 말했다.
"그럴 리가 없습니다. 저는 그 볼품없는 공주를 보고 싶지 않습니다. 그녀가 얼마나 추한 몰골인지 말씀해 주지 그러세요? 어머니는 저를 속이셨습니다."
"어떻게 내게 그런 소리를 할 수 있느냐? 그 아이가 어릴 적에 얼마나 예뻤는지 기억하지 않느냐?"
"말씀드렸다시피 저는 공주를 보고 싶지 않습니다! 저는 제 마음을 앗아 가 버린 그 여자만 보고 싶을 따름입니다. 이곳 정원으로 저를 찾아왔던 그 여자 말입니다."
카마르의 어머니는 샴스가 아들과 어떤 일이 있었는지 몰랐으므로 난감할 따름이었다. 어머니는 계속해서 아들을 달래면서 가져온 음식을 먹으라고 재촉했다. 카마르는 어머니의 성화에 못 이겨 물 한 잔을 가져다 달라고 했다. 어머니는 이를 샴스에게 시켰다.

●──아랍 민담

샴스가 방으로 들어오자 카마르는 얼굴을 돌려 그녀를 보지 않으려 했다. 샴스는 카마르 곁에 서 있다가 들고 있던 물잔을 일부러 떨어뜨렸다. 물이 카마르의 머리와 옷 위로 튀자 그는 불쾌한 심정으로 바로 앉았다. 샴스는 카마르의 얼굴을 수건으로 닦아 주었다. 샴스 쪽으로 잠시 고개를 돌린 카마르는 화들짝 놀라며 그녀의 손을 쥐었다. 그가 울면서 말했다.
"이게 누구시오? 오, 내가 그토록 애타게 그리던 내 사랑이구려!"
"알라께서 당신을 지켜 주시길……. 오빠, 제가 샴스 알 둔야랍니다."
"아니오! 당신은 나의 태양이오!"
"전 샴스입니다. 제가 정원에 있던 당신을 찾아갔었지요. 여기 제 손가락을 감쌌던 당신 손수건이 있습니다. 저는 일부러 손가락에 상처를 내서 손수건을 쓰게 만들었지요. 자, 자리에 앉으세요. 당신께 드릴 말이 있답니다."
자리에 앉은 카마르는 벌써 기운이 났다.
"저를 피해 사라지셨을 때 당신 속마음을 알아챘답니다. 저는 당신이 백부의 궁전 테라스에서 무슨 일을 겪었는지, 또 사촌들이 저를 얼마나 시기하고 질투하는지도 잘 압니다. 그들은 저희를 갈라 놓으려고 어떤 일도 서슴지 않지요. 당신이 없어지자 저는 일이 어떻게 된 것인지 짐작할 수 있었답니다."
샴스는 자신이 어머니와 뜻을 모아 무슨 일을 했는지도 말해 주었다.

∙ ∙ ∙

두 사람은 많은 사람의 축복 속에 혼인식을 했다. 사촌들의 시기와 음모로 헤어져 있던 두 사람은 행복을 되찾았다. 카마르는 사촌들의 못된 행실을 벌하려 했지만 샴스가 이를 말렸다.

"그들은 자신들의 잘못으로 망신을 당함으로써 충분히 벌을 받았어요. 당신은 가슴속에 사사로운 원한을 품고 다니는 남자가 아닙니다. 또 그들은 우리 사촌이기도 하고요."

혼인을 하고 여섯 해가 지나서도 두 사람은 여전히 갓 혼인한 부부처럼 애틋한 감정을 갖고 지냈다. 예쁜 아이도 셋이나 낳았고 삶은 달콤하기 그지없었다. 그러나 왕자 부부는 한 가지 사실을 잊고 있었다. 행복이 최고조에 달하면 머지않아 사라져 버린다는 사실을 말이다!

사촌들은 자신들이 꾸민 일이 수포로 돌아간 것을 잊지 않고 있었다. 질투와 시기심이 그들의 마음에서 떠나질 않았다. 그들은 사랑이나 양심이라고는 조금도 없는 매부리코 노파의 의견을 들으러 갔다. 사악한 노파가 말했다.

"제가 샴스와 그 아이들을 죽일 수 있습지요. 그리 되면 카마르는 여러분 중 한 사람을 골라 아내로 맞이할 겁니다."

사촌들은 노파의 계략을 듣고 흡족해하며 많은 사례를 했다.

노파는 신앙심 깊은 여인처럼 염주를 들고 단정하게 옷을 차려 입은 뒤 샴스가 사는 궁으로 갔다. 그리고 자신의 이름을 샤히나라고 소개하고 나서 알라를 찬미하는 성스러운 시를 읊으며 샴스를 만나 운세를 말해 주고 싶다고 했다. 샴스의 어머니와 시어머니는 노파를 안으로 들이고 싶지 않았다. 하지만 샴스는 노파를 가엾게 여겼고, 그녀가 읊조리는 시로 축복 받을 것 같은 기분이 들어 정중히 대접했다. 노파는 나긋나긋한 말솜씨로 선조들의 이야기를 샴스에게 들려주는 한편, 달콤한 노래와 재미있는 이야기로 아이들을 즐겁게 해 주었다. 노파는 솜씨 좋은 미용사이기도 했기에 샴스는 노파가 머리를 다듬고 매만져 주는 것을 좋아했다.

결국에는 카마르도 노파를 만나 보고 마음에 들어 했다. 노파는 늘 알라께 기도하면서 알라의 축복에 감사하는 말을 멈추지 않고 경건한 신자처럼 단식을 했다. 궁전에 있는 하인들도 노파를 좋아하게 되었고, 그녀가 들려주는 이야기와 종교적인 교훈을 즐겨 들었다.

카마르는 자신의 젊음과 활력을 북돋기 위해 한 주 동안 사냥을 떠났다. 샴스는 남편이 떠난 사이 홀로 남게 되었지만 그의 씩씩한 모습을 그리면서 행복해했다.

그러던 어느 날 사냥에서 돌아온 카마르가 또 다른 여행을 계획하자 샴스는 눈물을 흘리며 카마르의 목에 매달려 궁전에 머무르라고 부탁했다. 왠지 카마르를 다시는 못 볼 것 같은 불길한 예감이 들었던 것이다. 카마르는 샴스의 말에 개의치 않고 말했다.

"내가 무사히 돌아오지 못할까 봐 그러오? 무엇을 걱정하는 거요? 당신은 장모님과 어머니, 아이들과 함께 즐겁게 지내지 않소? 부족한 것도 없고 말이오. 여보, 아무 걱정하지 말고 나를 보내 주구려. 알라께서 우리와 함께하실 테고 여행 중에도 나를 지켜 주실 것이오. 게다가 당신 곁에 늘 샤히나 할멈이 머물면서 재미난 이야기는 물론이고 우리 두 사람을 위한 기도도 해 줄 거요."

샴스는 남편이 무사히 돌아오기를 기원하며 작별 인사를 했다. 다음 날 아침 사악한 샤히나가 샴스를 위로하겠다면서 찾아왔다.

"일어나 보세요, 공주님. 얼굴을 씻고 옷을 입으세요. 그러면 제가 머리를 빗겨 드린 뒤에 재미난 이야기를 해 드리겠습니다. 무척이나 화창한 아침입니다, 보십시오."

샴스는 샤히나와 시녀들에게 슬픔에 잠긴 모습을 보이기가 부끄러워 자리에서 일어나 몸을 씻고 옷을 입었다. 그러자 샤히나가 샴스의 머리를 빗겨 주면서 기도문을 조용히 읊기 시작했다. 샤히나는 빗살에 무서운 독을 흠뻑 묻힌 머리빗을 갖고 있었다. 카마르가 없을 때 쓸 생각으로 몰래 지니고 있었던 것이다. 노파는 손에 힘을 주어 빗살에 묻은 독이 샴스의 머리에 스며들게 만들었다. 그런 다음 아이들의 머리도 빗겨 주었다.

그러고 나서 노파는 자기의 짐을 챙겨 후원에 난 문을 통해 궁전을 빠져나가려고 했다. 그때 경비병이 노파를 발견하고 불렀다.

"어딜 가시는 게요, 샤히나?"

"공주께서 물건을 사 오라고 하셨다오."

"그런데 어째서 옷가지를 챙겨 가시는 게요?"

"이것은 다 낡은 옷들이오. 가난한 사람들한테 나눠 줄 것이라오. 공주님께서 내게 새 옷을 주셨거든."

"알라께서 당신의 자비로운 영혼에 축복을 내리시길."

경비병이 문을 열어 주었다. 샤히나는 궁을 빠져나가 자신의 옛 여주인들에게 되돌아갔다.

샴스의 어머니가 딸과 손자들을 보러 왔을 때 이미 네 사람은 숨을 거둔 뒤였다. 어머니는 울부짖으며 시녀들을 부르고 언니와 자이단 왕, 함단 왕을 모셔 오라고 했다. 그들은 서둘러 의사를 불러 왔지만 달리 손쓸 방도가 없었다. 의사는 네 사람 모두 맹독으로 죽었다고 말했다. 노파가 없어졌음을 안 궁전 사람들은 사건의 진상을 알아차렸다.

궁전 사람들은 마치 최후 심판일을 맞기라도 한 것처럼 완전히 넋을 잃고 말았다. 샴스의 어머니와 시어머니는 자신들의 머리를 쥐어뜯고 뺨을 때리며 통곡했다. 두 왕도 샴스와 손자 셋을 잃은 비극에 몹시 괴로워했다. 날랜 기수들을 카마르에게 보냈지만 카마르는 황야 깊숙이 들어가 있어 그를 찾는 데 사흘이나 걸렸다. 목숨을 잃은 네 사람은 그전에 이미 땅에 묻혔다.

소식을 듣고 거의 제정신을 잃은 카마르는 타고 온 말이 죽을 정도로 서둘러 궁전으로 돌아왔다. 흐릿한 정신으로 궁전에 도착한 카마르는 아내와 아이들을 미친 듯이 찾다가 자기 옷을 찢고 여인들이 하는 것처럼 자기 얼굴을 때렸다. 그는 한 달 내내 고열에 시달리며 정신을 잃고 누워 지냈다. 의사들은 카마르의 위중한 병세를 걱정하면서 온종일 곁에서 돌보았고 원로들도 조언을 했지만 아무 소용도 없었다. 카마르의 유일한 위안은 비몽사몽간에 들려오는 샴스의 목소리였다.

"카마르, 부디 우리 부모님을 잘 보살펴 주세요. 그러려면 어서 기운을 차리셔야 해요. 이제 저를 그리워하기보다는 어른들을 잘 모셔 주세요. 저는 하늘나라에서 알라의 보살핌 속에 잘 지낸답니다. 그리고 우리 아이들은 당신을 보호하는 천사랍니다. 희망을 잃지 마세요. 강해지셔야 해요. 알라께 의지하세요."

카마르는 자신에게 들리는 말이 샴스의 말인지, 아니면 현자들의 조언이 그녀의 말처럼 들리는 것인지 알 수 없었다. 하지만 무엇인가 자신을 일으켜 세우는 힘을 느낀 그는 슬픔을 억누르고 불행을 이겨 보리라 마음먹었다.

카마르는 음식과 약으로 몸을 추스르기 시작했다. 말을 탈 수 있을 정도로 건강을 되찾은 그는 당분간 마음을 가다듬고 번민을 잊기 위해 여행을 떠나기로 했다.

여행길에 나서려고 카마르는 말에 안장을 얹고 옷가지와 먹을 것, 돈이 담긴 주머니를 마련했다. 카마르의 어머니는 그런 아들의 마음을 돌리려 했으나 소용없었다.

"어머니, 저를 이해해 주십시오. 제가 겪은 마음의 상처가 너무 깊습니다. 행복했던 시절의 추억이 생각나는 이곳에 계속 머무른다면 저는 더 심한 고통으로 몸을 상하게 될 겁니다. 여기서는 제 마음을 다스릴 수가 없습니다. 알라께서 만드신 드넓은 땅을 돌아다녀 보겠습니다. 그러다가 제가 겪은 일보다 더 큰 비극을 찾아내면 어머니께 돌아오겠습니다. 제가 돌아오지 않으면 그때는 어머니와 이 세상에 작별을 고한 것으로 아십시오."

카마르가 궁을 떠나자 그의 가족은 슬픔에 빠졌다. 그러나 카마르의 아버지와 큰아버지는 국왕으로서 나라를 다스려야 한다는 사명감에 꿋꿋이 고난을 견뎠다. 또한 두 어머니도 알라께서 인간의 삶과 죽음을 다루신다는 믿음과 인내심을 갖고 마음을 추스렸다.

● ● ●

카마르는 갈 곳도 정하지 않은 채 길을 나섰다. 그는 말이 쉬거나 들판에서 풀을 뜯는 짧은 시간에만 눈을 붙이고 열흘 내내 말을 타고 달렸다. 갖고 있던 음식이 떨어지자 그는 들판에서 자라는 열매를 따 먹거나 꿩을 잡아 구워 먹었다.

카마르는 마침내 사람들로 북적대는 어느 도시에 도착했다. 그곳에는 여행자가 묵을 만한 곳도 많고 말과 노새를 매어 둘 만한 넓은 마구간도 있었다. 카마르는 도시 한복판에 있는 가장 큰 여관으로 갔다. 그리고 거기에서 푹 쉬고 난 다음 여관 주인이 알려 준 고급 목욕탕에 갔다. 목욕을 마치고 깨끗한 옷으로 갈아입은 카마르는 엉망이 된 머리카락과 덥수룩하게 자란 수염을 깎기 위해 이발소로 갔다.

이발사는 말이 많지만 친절하고 똑똑한 사내였다. 그는 카마르가 먼 곳에서 왔으며 얼굴 표정으로 보아 슬픔에 가득 차 있음을 알았다. 이발사는 손님들한테서 들은 흥미진진한 이야기들과 이 도시에서 벌어진 갖가지 일을 카마르에게 들려주었다. 카마르는 마이문이라는 이 이발사가 마음에 들어 자주 그에게 들렀다. 마이문은 괴로워하는 카마르를 동정하였고 그의 사연이 알고 싶어졌다. 그래서 하루는 그를 자기 집으로 초대하기로 마음먹었다.

"이방인 형제여, 아무쪼록 당신을 우리 집에 모실 수 있는 영광을 내게 주었으면 합니다. 나와 함께 빵을 나눕시다. 음식을 같이하지 않는 한 진정한 우정이란 존재하지 않는 법이오."

카마르는 기꺼이 초대에 응했다. 손님들로 북적거리는 이발소에서는 솔직한 얘기를 나눌 수 없었기 때문이다. 카마르는 이 특별한 친구의 집에서 고통과 슬픔을 털어놓고 위로 받고 싶었다.

젊은 이발사는 왕궁 옆에 있는 아름다운 집에서 어머니와 함께 살고 있었다. 그의 집이 왕궁과 붙어 있는 까닭은 어머니가 공주의 미용사로 일하기 때문이었다. 어머니는 늘 공주 곁에 가까이 있으면서 공주를 맵시 있게 꾸며 줘야 했다.

카마르는 집 안에서 풍기는 밝고 다정한 분위기로 그동안 어두웠던 마음이 밝아지는 것을 느꼈다. 점심을 들고 나서 카마르와 이발사는 함께 자리에 앉아 이야기를 나누었다.

카마르를 반갑게 맞이한 마이문의 어머니가 그를 보고 마음에 들어 하며 말했다.

"얘야, 어째서 여관에 머무는 게냐? 보다시피 우리 집은 무척 넓단다. 네가 마이문과 형제가 되었다면 나는 네게도 어머니란다."

이 말을 듣고 깊은 감동을 받은 카마르는 두 눈에 눈물을 글썽이며 이야기를 청했다.

"혹시 제게 위로가 될 만한 이야기를 아십니까?"

"나는 이야기로 가득 찬 바다와 같단다. 모든 사람의 사연이 내 몸 안에 쌓여 있지."

카마르는 모자의 친절한 마음을 받아들였다. 마이문은 산뜻하고 편안한 침대가 있는 널찍한 방을 마련해 주었다. 카마르는 마이문에게 자신의 지난 얘기를 하면서 기분이 나아지는 것을 느꼈다. 사연을 들은 이발사는 그를 안쓰럽게 여겼지만 위로해 줄 말을 찾지 못했다. 그만큼 그가 들은 이야기는 애달픈 것이었다. 한참을 묵묵히 앉아 있다가 마이문이 말을 꺼냈다.

"왕자님, 당신은 강한 남자입니다. 큰 불행으로 말미암아 잠시 병들고 약해졌지만 진정한 사나이라면 이러한 일을 견딜 수 있어야 합니다. 인생은 때로 쓰디쓰지만 달콤할 때도 있는 법입니다. 사나이는 젊고 숨을 쉬는 한 자기가 겪는 문제들을 이겨 낼 수 있답니다. 언젠가 알라께서 왕자님의 마음을 위로하고 잃어버린 것을 갚아 주실 겁니다. 알라의 은총은 끝이 없으며 오로지 감사할 줄 알고 참는 자만이 그분의 은총을 누릴 수 있습니다."

"마이문, 나는 당신한테 내 비밀을 밝혔습니다. 이 비밀을 지켜 주길 바라오. 또 나는 내 이름이 아무한테도 알려지지 않았으면 합니다. 그리고 여태까지 그랬듯이 나를 아우라 부르시오."

"성심을 다하겠습니다. 하지만 비밀을 가진 이들을 알아보고 슬픔을 치유할 해독제를 지닌 제 어머니께는 감출 것이 없습니다. 어머니는 일생 동안 불운한 일을 많이 겪으셨답니다. 아이 다섯을 앞서 보내고 젊어서 혼자가 되셨지요. 가까운 친척들도 전부 잃으셨습니다. 저 하나만이 어머니께서 가지신 전부입니다. 하지만 왕자님도 아시다시피 제 어머니는 늘 웃으시고 마치 세상에서 가장 행복한 사람처럼 지내시지요. 어떻게 생각하십니까? 어머니께 한번 얘기해 볼까요?"

카마르는 마이문의 의견에 따랐다. 마이문의 어머니는 카마르의 사연을 듣고 난 뒤 마음속 깊이 간직했다. 그녀는 자신이 아는 가장 슬픈 얘기를 몇 가지 들려주었지만 카마르의 고통을 덜어 주지는 못했다.

마이문의 어머니가 궁전에 들어간 사이 카마르는 집 난간에 우두커니 앉아서 지냈다. 그는 행복하던 지난 시절을 떠올리기도 하고 사랑하던 이들을 위해 슬픔에 찬 노래를 부르기도 하면서 스스로를 달래는 중이었다.

마이문의 어머니가 모시는 싯트 알 이흐산 공주의 정원은 이발사 집 난간 가까이에 있었다. 자그마한 그 정원은 버들가지로 둘러싸이고 포도송이가 주렁주렁 매달린 덩굴로 뒤덮여 있었다. 향내 짙은 꽃이 가득 피어 있는 정원에서 공주는 하녀도 없이 혼자 자유롭게 노닐었다.

하루는 정원을 거닐던 공주가 애절한 감정이 섞인 노래를 듣게 되었다.

아, 그들은 사라졌구나! 나를 남겨 둔 채.

열쇠 없는 차꼬를 내 손에 채워 놓고.
내가 알았던 사랑하는 이들은 사향과 같이 흩어져 버렸다!
그들에게 작별을 고할 수 있었더라면!
아, 그들은 정처 없이 헤매는 나를 남겨 둔 채 떠났다!
사람들은 이별을 어렵다 말하고, 나는 그들의 말을 되뇌인다.
아, 살아남은 방랑자는 어찌 살아야 하나?

공주는 한참 동안 슬픈 탄식과 고통, 번민을 담은 이 노랫말을 듣고 있었다. 노랫소리가 들리는 이웃집에는 이발사 마이문과 그의 어머니만 산다고 알고 있었는데, 이 슬픔에 찬 노래를 부르는 나그네는 누구란 말인가? 공주는 나무 발판 위에 올라서서 정원 밖을 내다보았다. 그러자 나뭇가지 사이로 훤칠한 키에 진주 같은 눈물방울을 떨어뜨리는 잘생긴 젊은 사내의 모습이 눈에 들어왔다. 그 순간 공주는 우수에 찬 그 미남 청년에게 반해 버렸다.

그날 저녁 공주는 마이문의 어머니를 궁전으로 불러들여 그 집에 있던 매력적인 청년에 대해 물었다. 마이문의 어머니가 답했다.

"그 사람은 저희 집에 머물고 있는 손님입니다. 제 아들이 이발소에서 만나 그한테 호감을 갖게 되었지요. 이 도시로 찾아온 나그네입니다."

"그의 이름이 무엇이더냐? 또 그한테 무슨 사연이 있는 거지? 그는 여인네처럼 고통스럽게 울고 있더구나."

마이문의 어머니는 자못 초조해졌다. 카마르의 비밀을 들으면서 그의 이야기를 아무에게도 하지 않기로 약속했기 때문이다.

"황공하오나 소인은 그 청년의 사연을 아뢸 수가 없사옵니다. 다른 이한테 말하지 않기로 하늘에 맹세했나이다."

"그렇다면 그를 이리로 데려오너라. 내가 그 사람을 설득할 수 있을지도 모르잖느냐."

"하오나 무슨 이유를 들어 그 사람을 데려오겠습니까. 게다가 허락 없이 사내를 궁전으로 들일 수는 없습니다."

"그 일이라면 간단하다. 그 사람한테 여자 옷을 입히면 내가 경비병과 시종들에게 일러두어 안으로 들이겠다. 자네가 딸아이와 같이 궁전에 들어온다고 말해 놓겠다."

"좋은 생각입니다. 제가 그의 뜻이 어떤지 알아보겠습니다."

그날 밤 마이문의 어머니는 카마르에게 그를 만나고 싶다는 공주의 뜻을 전하고 설득하기 시작했다.

"애야, 그리 해가 될 일은 없다. 진정 너는 모든 것을 얻을 것이다. 공주님은 눈이 부실 정도로 고운 분이시지. 공주님을 뵈면 그분의 모습과 아름다움에 반할 게다."

"무슨 말씀을 하시는 겁니까? 샴스 알 둔야보다도요? 천만에요. 저는 다른 여자는 쳐다보지도 않을 겁니다, 절대로! 제 마음은 다른 여자를 절대로 받아들일 수 없습니다. 설령 솔로몬 왕의 연인인 빌키스_{고대 남부 아라비아 사바 왕국의 여왕}라 하더라도 말입니다!"

마이문의 어머니는 계속해서 카마르를 설득했지만 그는 완강히 청을 뿌리쳤다. 마침내 어머니가 물었다.

"애야, 너는 공주님이 나를 궁전에서 쫓아내길 바라는 거냐? 내 일자리를 잃게 할 셈이냐?"

그러자 할 수 없이 카마르가 대답했다.

"절대 그렇지 않습니다! 어머니는 세상 누구보다도 저에게 잘해 주셨습니다. 제가 오히려 은혜를 갚아야지요. 어머니를 위하여 말씀에 따르겠습니다."

그녀는 카마르에게 여자 옷을 한 벌 내주었다. 갈색 비단으로 만든 외투와 왕자의 얼굴과 수염을 가릴 수 있는 두꺼운 베일도 있었다. 이윽고 마이문의 어머니는 카마르의 손을 이끌고 궁전으로 갔다. 별 탈 없이 궁전으로 들어오자 그녀는 카마르를 공주가 있는 곳으로 이끌고 갔다. 싯트 알 이흐산 공주는 손님을 만나는 방에서 품위 있는 모습으로 기다리고 있었다.

카마르는 공주에게 예를 올린 뒤 눈길을 아래로 하고 자리에 앉았다. 인사를 드리며 살짝 훔쳐보았지만 그것만으로도 공주와 샴스 알 두냐가 닮았다는 것을 알기에 충분했다. 카마르의 눈가에 자신도 모르게 눈물이 솟아올랐다.

공주는 카마르의 사연을 물어보았고 그는 숨김없이 자신이 겪은 일들을 털어놓았다. 그러자 공주는 부드러운 말로 카마르의 고통을 달래 주었다. 아직 한창 나이인 그는 공주의 위로와 자상함에 마음이 끌렸다.

그 후 두 사람은 자주 만나면서 마음으로 서로를 감싸 주며 사랑을 키우게 되었다. 마침내 공주는 카마르에게 훌륭한 옷을 입힌 뒤 아버지 와히드 알 자만 왕에게 혼인할 사람으로 소개했다. 카마르는 와히드 왕에게 공손히 예를 올리고 공주와의 혼인을 승낙해 달라고 청했다. 왕은 밝은 미소로 카마르를 반기고 그가 자이단 왕의 아들이라는 사실에 매우 기뻐했다. 자이단 왕과 함단 왕의 명성이 자자했기 때문이다. 와히드 왕은 카마르의 청혼을 기꺼이 받아들였다. 혼인식은 왕이 마련한 식탁에서 손님들이 40일 동안 먹고 마시는 그야말로 큰 행사였다.

와히드 왕은 딸과 아들 사이프 알 물루크에게 정성을 쏟아 왔던 터라 이들과 떨어져 지내는 것을 싫어했다. 그래서 카마르는 장인의 궁전에서 공주와 다섯 해를 보냈다. 공주는 알라께서 이전에 카마르한테서 거두어 간 세 아이의 빈 자리를 채워 주려는 듯 아들 셋을 낳았다.

생활은 행복했지만 카마르는 고향의 가족이 그리웠다.

"나는 가족과 떨어져 있는 것을 견딜 수 있지만 그분들은 나 없이 어떻게 견디고 계실까?"

카마르는 새로 얻은 아내를 데리고 가족에게 돌아가기가 못내 부끄러웠다. 샴스 알 둔야를 잊고 다른 여자와 혼인한 그를 보면 샴스 부모님의 마음이 상하지 않을까 염려해서였다. 하지만 달리 생각하면 고향으로 돌아가 잃었던 아들을 되찾는 기쁨을 주는 것도 중요했다. 카마르는 어머니가 가족을 저버린 자신을 꾸짖는 꿈을 꾸었다. 그는 자신이 왕위를 이을 유일한 사람임을 깨닫고 집으로 돌아가기로 결심했다.

공주는 카마르와 함께 가기로 마음먹었다. 카마르는 장인의 허락을 받아 달라고 공주에게 부탁했다. 딸의 이야기를 듣고 왕은 딸을 자기 곁에만 두려고 했던 생각이 얼마나 잘못된 것인지를, 또 카마르가 부모를 얼마나 그리워할지를 깨달았다. 그리하여 흔쾌히 사위가 고향으로 돌아가는 것을 허락했다.

와히드 왕은 딸에게 재물을 아낌없이 주고 시녀와 하인들을 딸려 보내면서 아들 사이프에게 국경까지 이들을 호위하도록 했다. 동생 내외를 바래다 주고 돌아온 사이프는 아버지에게 기회가 닿을 때마다 언제든지 장인어른을 찾아뵙겠다는 카마르의 약속을 전했다.

카마르는 40일 간의 긴 여행 끝에 드디어 고국에 도착했다. 도성 근처에 이르자 그는 넓은 들판에 짐을 내리고 아내와 아이들, 시종들을 위해 천막을 쳤다. 궁전에 들어가기 앞서 일행이 휴식을 취해야 했고, 또한 갑작스럽게 찾아뵈면 부모님이 너무 놀라시지 않을까 걱정했기 때문이다. 카마르는 소식을 알리려고 혼자서 먼저 궁전으로 향했다.

궁전의 경비병과 시종들은 왕자의 모습을 보고 이 기쁜 소식을 큰 소리로 알렸다. 카마르의 어머니는 소식을 듣고 정신을 잃었고 큰어머니도 놀라서 쓰러질 지경이었다. 그의 아버지와 큰아버지도 너무 기쁜 나머지 들뜬 마음을 가라앉힐 수가 없었다. 카마르는 그들과 함께 얼싸안으며 재회의 기쁨을 나누고 벅찬 가슴을 진정시킨 뒤 자신이 겪은 일을 처음부터 자세히 말씀드렸다.

카마르의 아버지가 말을 꺼냈다.

"한데 어째서 네 아내와 아이들을 데려오지 않았느냐?"

"저는 이 기쁘고 놀라운 소식에 부모님께서 정신을 잃으실까 봐 염려가 되었습니다."

카마르는 다시 돌아오겠노라 말씀드리고 궁전에서 나왔다.

다음 날 아침 두 왕이 환영 인파를 이끌고 왔다. 샴스의 어머니도 울음과 웃음이 뒤범벅된 채 공주를 얼싸안고 이렇게 외쳤다.

"저 세상에 갔던 딸과 손자들이 다시 살아서 돌아왔구나!"

공주가 남편에게 말했다.

"그 사악한 노파와 당신 사촌들은 어떻게 되었나요? 그들의 못된 본성이 다시 살아날까 두렵습니다. 앞서 샴스 공주(오, 알라여! 그녀의 영혼에 안식을 내리소서.)는 그녀들을 용서해 달라고 당신께 청했다가 화를 당했습니다. 당신은 그 충격으로 황야를 떠돌았고요. 그들을 그대로 놔둔다면 더 큰 재앙이 일어날지 모를 일입니다."

그리하여 카마르는 부하들에게 노파와 사촌들을 끌고 오라고 명했다. 카마르는 노파를 특이한 방법으로 처형했다. 긴 줄의 한쪽 끝을 말발굽에 묶고 나머지 한쪽 끝을 노파 허리에 감았다. 그런 다음 채찍으로 말을 몰아 거친 들판 위로 노파의 몸을 끌고 다니면서 온몸이 갈기갈기 찢어져 죽게 했다. 그리고 사촌 누이들은 천한 양치기로 일하는 열세 명의 노예와 혼인시켜 옛 영화를 잃고 부끄러움을 맛보게 했다. 그러자 첫째와 둘째 큰아버지는 딸들의 죄를 부끄러워하며 나라를 떠났다. 둘 중 한 사람은 길에서 죽고, 나머지 한 사람의 행방은 알라만이 아실 뿐이다.

   이후로 카마르와 공주는 자식들과 함께 행복하게 살았다.

아랍 민담을 소개하며

·····

오늘날 아랍 국가라고 하면 중동 지역과 북아프리카 일대에 걸쳐 이어진 20여 개국을 말한다. 그중에는 아라비아 반도와 그 주변에 위치한 사우디아라비아 · 예멘 · 쿠웨이트 · 이라크 · 시리아 · 요르단 등과 북아프리카의 이집트 · 알제리 · 튀니지 · 모로코 등이 있다. 이들 국가의 유일한 공통점은 바로 단일 언어인 아랍 어를 모국어로 사용하고 있다는 점이다. 곧 이들은 아랍 어라는 매개체로 통합된 문화와 역사 의식을 공유하고 있다.

이 방대한 지역의 민담 자료를 수집해 우리말로 번역 · 소개하는 일은 많은 시간과 노력을 필요로 한다. 본 아랍 민담 편역서는 아랍 문화의 발상지라고 할 수 있는 아라비아 반도 지역에서 전해 내려오는 민담 23편을 중심으로 팔레스타인, 레바논 지역의 민담 4편「영리한 하산과 엄마 수루르」,「죽음의 문턱에서 살아난 룸마나 공주」,「나무꾼 마르주크와 세 딸」,「카마르 알 자만 왕자와 샴스 알 두야 공주」을 더하여 구성했다.

● ── '아랍 인'의 기원

아랍 민담의 '아랍'은 무엇을 의미하는가? 그것은 인종인가, 단일 민족 개념인가, 지역 명칭인가? 원래 아랍이란 단어는 '아라비아 반도와 시리아 사막에 살았던 유목민'을 뜻한다. 다시 말해 도회지나 경작지의 정주민定住民이 아니라 사막에서 초목이나 오아시스를 찾아 양이나 낙타 등의 가축을 몰고 다니는 일을 생업으로 하는 자들을 가리킨다.

사료에서 '아랍'이라는 단어는 고대 아시리아^{기원전 1350~기원전 612}의 기록에 처음 등장한다. 그 자료에는 "기원전 854년 진디부라는 아랍 인이 천 마리의 낙타 부대를 이끌고 카르카르 전투에서 살마네세르 3세^{기원전 9세기에 활동한 아시리아의 왕}와 대적하였다."라고 기록되어 있다. 이것을 보면 아랍 인은 낙타와 관련되어 있다는 사실, 곧 아랍 인은 낙타를 기르는 사막 유목민이라는 추측을 가능케 한다.

이후의 역사 기록에서도 아랍 인과 사막 생활의 밀접성을 보여 준다. 기원전 600년경 예레미야는 "사막에 있는 아랍 인과 같이"^{렘 3:2}라는 직유법을 사용했고, 그보다 한 세기 전 이사야는 "천막을 세우는 아랍 인"^{사 13:20}을 언급하고 있다. 이런 근거로 미루어 아랍 인은 사막에서 생활하는 유목민을 지칭한다. 유목민을 아랍 어로 '바드우'^{Badwu, 베두인 Bedouin}라고 하는데 '아랍'의 원형적 의미는 바로 이 바드우에 닿아 있다.

이러한 초기의 '아랍' 개념은 7세기 초 이슬람교의 등장과 함께 새로운 의미를 갖는다. 이슬람교의 사도 무함마드^{570~632년, 7세기 초에 아라비아 반도에서 이슬람교를 창시한 자}는 생애 중 우상 숭배와 다신교 전통이 만연해 있던 아라비아 반도 내 정주민과 사막 유목민을 단일 종교의 기치 아래 통합하는 데 성공했다. 반도 전역이 이슬람화되고, 이후 무슬림^{이슬람 교도}들은 반도 밖으로 진출하여 영토 확장을 전개하기 시작했다. 그들은 동서로 진출하여 페르시아, 아르메니아, 베르베르 등 타민족의 영토를 복속시키면서 이슬람교를 전파했다. 이로써 이슬람 경전인 코란의 언어인 아랍 어는 자연스럽게 새 정착지에서 지배적인 언어로 자리를 잡아 갔다.

이 시기부터 '아랍'은 새로운 의미를 지니게 되었다. 즉 이슬람으로 개종한 후 조상 대대로 쓰던 고유 언어를 버리고 대신 아랍 어를 채택한 사람들 모두를 가리키게 된 것이다. 이렇게 해서 다양한 족속이 아랍 인의 범주에 들어오게 되었으며, 이들은 북부 아프리카와 서남아시아의 방대한 영역에서 압도적인 인구 구성원이 되었다. 대체로 7-8세기에 형성된 새로운 개념의 '아랍'이

접한 지역적 분포는 오늘날까지 크게 변화하지 않은 채 유지되고 있다.

● ──자유로운 공상과 보편적 가치관 사이의 즐거운 모순

아랍 민담은 사막의 유목 문화가 내뿜는 거친 숨결과 인간의 순수한 욕구를 음미할 수 있다는 점에서 매우 흥미롭다. 거기에는 사막을 활보하는 아랍 유목민의 기개와 더불어 애증과 해학이 버무려져 있다. 아랍 민담은 종교와 사회 규범에 억눌린 아랍 인들뿐만 아니라 빈틈없이 짜여진 디지털 세상에 살고 있는 우리 현대인에게도 원시 사막의 자유로운 공기를 마실 수 있게 해 준다.

사실 이슬람이라는 종교 제도는 자칫 강자의 논리를 앞세워 무질서와 분열로 치달을 수 있는 사막 문화를 일정한 도덕적 가치관을 준수하는 규범 문화로 변모시키는 데 성공했다. 곧 혼돈을 잠재우고 질서를 부여함으로써 본능적인 욕구를 억제하고 절대신 알라에 대한 신앙심과 모범적 품성을 지니도록 훈육했다. 그들 사이에 첫째 가는 덕목은 이슬람 제도에 순응하며 유일신만을 경외하는 독실한 신앙을 갖춘 자가 되는 것이다.

그러나 아랍 인의 내면에는 원시적 혼돈 상태의 자유와 자아 충족을 희구하는 본능이 있다. 그것은 현실에서 누릴 수 없는 욕구이자 자연의 일부로서 인간이 지닐 수 있는 순수한 소망이기도 하다. 아랍 민담에 빈번하게 등장하는 미녀와의 만남, 금은보화 발견, 귀족이나 왕족으로의 신분 상승에 관한 모티프나 주제들은 바로 이러한 인간의 욕구를 반영한 것이다. 이러한 욕구는 상상의 날개를 타고 마음껏 펼쳐져 행운이나 마술, 마물의 힘을 빌려 충족된다.

아랍 민담에서 등장인물의 대화 중 알라에 대한 믿음을 고백하거나 알라의 보호나 용서를 구하는 구절이 있지만, 그것은 결코 이야기의 중심이 아니다. 알라는 민담의 주된 역할을 맡는 요소가 아니다. 오히려 기이한 존재인 진이나 예지력을 지닌 신비한 노인, 또는 마술적 능력이나 신통력을 가진 동물 등 우리가 꿈에서나 상상할 수 있는 신묘한 현상들이 압도적이다. 또한 신앙에 의지

하기보다는 인간의 감정에 따른 충동적 욕구나 어설픈 의지가 이야기를 이끌어 나가는 힘이 되고 있다. 곧 절대신이 아니라 인간, 그리고 이 세상에서 인간이 만날 수 있거나 상상 속에 꿈꾸는 존재가 바로 아랍 민담의 주인공인 것이다. 이처럼 인간의 삶을 인간 자신이 직접 바라보는 측면이 강한 아랍 민담은 아랍 문학의 다양한 장르 중에서 인본주의를 가장 잘 구현하고 있다. 또한 아랍 민담은 원시적 상상력이 충만할 뿐만 아니라 아랍 민중이 그들의 자유로운 사고와 무한한 감정을 발산하는 장이 되고 있다. 아랍 민담은 민초民草들의 이야기다. 지배자와 귀족의 이야기가 아니라 어질고 순박한 아랍 서민의 꾸밈없는 문학인 것이다. 거개가 보통 사람들의 이야기이며 그들의 작은 소망이나 꿈을 담고 있다.

한편 아랍 민담은 인간 삶의 풍부한 지혜와 경험을 후세 사람들에게 전해 주기도 한다. 오랜 기간 전승되어 오는 가운데 아랍 민담은 이상적인 인간 사회의 보편적 가치와 덕목, 대인 관계에서의 처세술, 역경의 해결책을 실어 전하게 되었다. 다시 말해 인간 생존에 필요한 요소를 정제하여 그 결정체를 담고 있는 것이다. 도덕적인 이상 중시, 미덕 찬미, 권선징악, 보은報恩, 통치자의 선정善政에 대한 기대감, 근면에 대한 권고와 태만에 대한 질책, 물질보다 지혜·경험·지식을 더 존중하는 태도, 질투와 시기의 부정적 결과 등 인간 사회의 다양한 이상을 제시한다.

노력하지 않고 약은 수를 쓰다가는 낭패를 당한다는 교훈「돌팔이 의사와 아들」, 상대방을 업신여기면 그에 상응하는 후환이 있을 것이라는 가르침「공주에게 발은 수모를 되갚은 왕자」, 물질에 대한 부질없는 욕심의 허망함「나무꾼과 보물」, 다른 사람의 결점을 공개하려 들지 말라는 교훈「세 자매가 겪은 기이한 이야기 — 막내 이야기」, 진담과 농담을 구분하라는 가르침「세 자매가 겪은 기이한 이야기 — 둘째 이야기」, 성실함이 약점을 극복한다는 격려「세 자매가 겪은 기이한 이야기 — 맏딸 이야기」 등의 이야기는 현대를 사는 우리의 삶에도 시사하는 바가 크다.

● ――아랍의 도깨비, 진(jinn)

　아랍 민담에는 '진'이 자주 등장한다. 이 신비한 존재는 마치 한국 민담에 빈번하게 등장하는 도깨비를 연상케 한다. 과연 진은 아랍 인에게 어떤 존재인가?
　아랍 인들 대다수는 유일신 알라를 믿는 무슬림이지만, 한편으로 그들은 이슬람 이전 시대부터 전해 오는 미신을 오늘날까지 면면히 간직해 오고 있다. 아랍 인은 전설과 미신의 본고장이라고 할 수 있는 인도를 비롯하여 페르시아, 로마의 영향 아래 자신들의 상상력을 덧붙여 독특한 미신의 세계를 만들어 냈다. 아랍 인의 미신은 그들 종교적 삶의 일부를 구성하며, 어떤 것들은 이슬람 경전 코란에 의해 승인을 받기도 했다. 이들 미신 가운데 가장 두드러진 것이 진에 대한 믿음이다. 진은 아랍 인에게 있어 두려움의 대상이다.
　진은 아담 이전부터 있었다고 전해지는데, 천사와 인간의 중간 단계에 속하며 불로 창조되었다고 한다. 진은 인간이나 짐승, 괴물의 형상을 취할 수 있고 보통은 사람의 눈에 보이지 않는다. 진은 먹고 마시고 사람처럼 자손을 번식할 수 있고 죽음을 맞기도 하며 수명은 수세기라고 한다. 진들 중에는 이슬람을 믿는 자들과 믿지 않는 자들이 있다. 이중 믿지 않는 진들은 사탄으로 불리며, 이블리스가 그들의 우두머리다. 아랍 인은 선한 진과 악한 진 모두에게 두려움을 갖고 있으며, 선한 진에게는 존경심도 지니고 있다.
　아랍 인은 땅의 단단한 표층으로 침투한 진들이 하부의 천국에 다가가 미래의 일에 관한 천사들의 대화를 엿들음으로써 점쟁이나 마법사를 도와주는 역할을 한다고 믿는다. 진들은 강, 폐가, 우물, 욕조, 화덕, 변소에 살고 있다고 한다. 특히 아랍 인은 변소에 들어갈 때나 우물에 두레박을 내릴 때, 불을 붙일 때 진의 허락을 구하는 말을 한다.
　또한 아랍 인은 이프리트라는 것을 믿기도 하는데 이는 대개 진과 같은 의미로 쓰이거나, 악한 진을 가리킨다. 이프리트는 아랍 인에게 두려움의 대상이다. 이와 더불어 굴의 존재도 아랍 인에게 공포감을 불러일으킨다. 굴은 악한

● ――해설　323

진의 부류에 속하는 것으로, 다양한 동물과 괴물의 형태로 나타난다고 한다. 굴은 묘지나 외딴 곳에 출몰하고 시신을 먹는 것으로 알려져 있다.

27편을 수록한 본 책에서 진은 2편「영리한 하산과 명마 수루르」,「세 자매가 겪은 기이한 이야기」, 이프리트는 4편「돈을 주고 산 격언」,「용감한 청년 쿠리아」,「이프리트에게 납치된 처녀」,「이프리트를 만난 부자 형과 가난뱅이 동생」, 굴이 2편「굴의 방귀에서 생긴 말」,「죽음의 문턱에서 살아난 룸마나 공주」, 사탄이 1편「나무꾼과 보물」에 등장한다. 결국 27편 중 9편, 다시말해 전체의 3분의 1 정도에서 진이나 그와 유사한 기이한 존재가 등장함을 알 수 있다. 이처럼 아랍 민담과 불가분의 관계에 있는 기이한 존재들은 아랍 민간 신앙의 중심에 있는 소재인 것이다.

아랍 민담에서 진은 민중의 심리에 도사린 자연에 대한 두려움이나 경이로운 일을 마음껏 상상 속에 펼쳐 보고 싶은 욕구를 반영한 것으로 보인다. 알라가 절대신으로 존재한다면 진은 어딘지 모르게 인간에게 친근하게 다가오는 존재다. 민담에 나오는 진, 이프리트, 굴은 주로 인간보다 뛰어난 능력과 괴력을 갖고 있어 인간이 힘만으로 그들을 이기는 것은 역부족이다. 이프리트나 굴은 주로 인간을 해치는 편이다. 반면 진은 인간과 함께 지내고 싶어 하거나 인간을 측은히 여기기도 하고 일의 잘잘못을 가릴 때 공정한 편이다. 대체로 이러한 존재들은 인간보다 강하지만 항상 인간을 억압하지만은 않는다. 자기 마음에 들거나 자기 지혜에 버금가거나 온정을 나눌 만한 인간과 만나면 의리를 쌓고 도와주기까지 한다.

아랍 민담의 구성을 보면 일부 이야기에서 우리가 『아라비안나이트』 같은 장대한 민담집에서 익숙해 있던 액자식 구성, 곧 이야기 속의 이야기 형식을 볼 수도 있다「세 동행자가 겪은 고난」,「세 자매가 겪은 기이한 이야기」. 또한 몇몇 이야기의 경우 전승되는 과정에서 여러 가지 이야기가 하나로 합해졌다는 인상을 주기도 한다「나무꾼 마르주크와 세 딸」,「카마르 알 자만 왕자와 샴스 알 두야 공주」. 즉 이야기가 끝날 듯하면서 곧 새로운 사건이 일어나 또 다른 이야기가 전개되는 경우가 있다. 이러한 구성은 민담이 구전되어 오는 가운데 이야기꾼의 재량에 따라 자연스럽게 여러 편의 이야기가 연결된 것으로, 구비 문학으로서 아랍 민담의 참맛을 알게 해 준다.

거침없이 몰아치는 상상 속의 장면과 신이 아닌 인간이 지향하는 보편적 가치관의 존중이라는 모순의 변증법으로서 아랍 민담은 우리에게 흥미와 더불어 삶을 되돌아볼 기회를 준다. 우리네 어릴 적 할머니들이 손자들을 앉혀 놓고 옛날 이야기를 들려주었듯이 아랍 민담을 들려주는 이들도 할머니들이다. 아랍 할머니가 들려주는 환상과 원시의 이야기 세계 속으로 빠져들어 잠시 일상의 피로에서 벗어나는 것도 좋으리라.

엮은이 **김능우**

한국외국어대학교 아랍어과와 같은 대학원을 졸업하였다. 수단 카르툼 국제아랍어연구소에서 아랍어 교육학 석사 학위를 요르단 대학교 대학원에서 아랍어문학 전공으로 문학 박사 학위를 받았다. 현재 한국외국어대학교 '아랍어 기층문화 연구팀' 전임 연구원이며 학부 아랍어과, 대학원 중동어문학과, 통역대학원 한국어-아랍어과 강사이다. 저서로『한국어-아랍어 사전』(공저)『중동여성문학의 이해 1, 2, 3』(공저) 등이 있으며「중세 아랍시에 나타난 '몽골과 이슬람 세계와의 충돌'에 관한 연구 : 13세기 초-15세기 초」등을 비롯한 여러 논문이 있다.

세 계 민 담 전 집 13

아 랍 편

1판 1쇄 찍음 2008년 4월 21일
1판 1쇄 펴냄 2008년 4월 28일

엮은이 김능우
편집인 목유경
발행인 박근섭
펴낸곳 ㈜황금가지

출판등록 1996. 5. 3(제16-1305호)
135-887 서울 강남구 신사동 506 강남출판문화센터 5층
영업부 515-2000 / 편집부 3446-8773 / 팩시밀리 514-2643
www.goldenbough.co.kr

값 13,000원

ⓒ ㈜황금가지, 2008 Printed in Seoul, Korea
ISBN 978-89-8273-593-7 04840
      978-89-8273-580-6 (세트)